Valerie Riedesel

Der Flieger im Widerstand

VALERIE RIEDESEL
Freifrau zu Eisenbach

Der Flieger im Widerstand

Cäsar von Hofacker, das Stauffenberg-Attentat und der Umsturz in Paris

Mit 18 Schwarz-Weiß-Abbildungen

PIPER

Mehr über unsere Autorinnen, Autoren und Bücher:
www.piper.de

Unser Versprechen für mehr Nachhaltigkeit
• Klimaneutrales Produkt
• FSC®-zertifiziertes Papier
• Hergestellt in Deutschland

FSC www.fsc.org MIX Papier | Fördert gute Waldnutzung FSC® C014496

ISBN 978-3-492-07273-1

Satz: Eberl & Koesel Studio, Kempten
Gesetzt aus der Minion Pro
Litho: Lorenz & Zeller, Inning am Ammersee
Druck und Bindung: GGP Media GmbH, Pößneck
Printed in Germany

Inhalt

Persönliche Einführung

Mein Großvater ist Cäsar von Hofacker. Wer kennt ihn eigentlich? Wer weiß schon von den dramatischen Ereignissen in Paris an jenem schicksalhaften 20. Juli 1944, von einem Umsturz, der zunächst gelang und den Krieg hätte beenden können? Hier geht es um die bislang unerzählte Geschichte eines Widerstandskämpfers, der eng an der Seite seines Cousins Claus Schenk Graf von Stauffenberg stand – um menschliche Irrwege und den vergeblichen Versuch, den NS-Terror zu beenden.

Mit neun Jahren hatte ich zum ersten Mal das Gefühl, dass mein Großvater so etwas wie ein Held war. Die Schule hatte am 20. Juli 1973 geflaggt – keiner von uns wusste, warum. Die Lehrerin erzählte etwas von einem Attentat auf Hitler. Das kam mir bekannt vor, ich meldete mich – »Da war mein Opa auch dabei!« – und erntete große Bewunderung.

Die Beteiligung meines Großvaters am versuchten Staatsstreich des 20. Juli 1944 war mir schon als Mädchen bewusst, ebenso wie seine maßgebliche Rolle in der Widerstandsgruppe im besetzten Paris und die Folgen des Scheiterns des Attentats für ihn und seine Familie. Auch seine anfängliche Begeisterung für Hitler war für uns Kinder kein Geheimnis. Sein gerahmtes Foto – ein dunkelhaariger, gut aussehender, ernst blickender Mann in Uniform – gehörte nach jedem unserer häufigen Umzüge zum vertrauten Wohnzimmerinventar. Wenn wir fragten, erzählte meine Mutter von einem fröhlichen Vater, der bei seinen seltenen Besuchen aus Paris mit ihnen Räuber und Gendarm spielte und

Der junge Cäsar, 1926 [1]

dem ihr Dackel Schim nicht von den Fersen wich. Es lag immer ein Anflug von Wehmut in ihrer Stimme – wir fragten deshalb nicht viel, und schon gar nicht kritisch.

Meine Mutter war fast 15 Jahre alt und Sippenhäftling im KZ Stutthof, als ihr Vater im Dezember 1944 in Berlin-Plötzensee gehängt wurde. Ich wusste von der engen Vater-Tochter-Beziehung zwischen ihnen und kannte die Gedichte, in denen sie das Unfassbare zu verarbeiten versuchte. Doch seine Briefe aus Paris hütete sie bis ins hohe Alter wie einen geheim gehaltenen Schatz. Briefe aus dem Jahr 1943 an sein tieftrauriges Kind, das den Tod der besten Freundin nicht verwinden konnte. Briefe voller Anteilnahme, liebevoller Fürsorge und väterlichem Trost sowie Gedanken über den Sinn des Lebens und des Todes, über Glauben und Bestimmung. Wie ernst dieser Vater seine dreizehnjährige Tochter nahm!

Auch Humor und Selbstironie sprachen aus diesen Zeilen, deren Schriftzüge in schwarzer Tinte – mal kräftig schwungvoll,

Cäsar mit Annele, ca. 1934 [2]

mal blass und kratzig – über die Zeit hinweg so lebendig wirkten, dass ich beinahe die Stimme dahinter erahnen konnte: »Deine zwischen den Zeilen leicht tadelnden Bemerkungen über gewisse neue schlechte Gewohnheiten von Schim habe ich – etwas zerknirscht – zur Kenntnis genommen! Wie soll ich das wieder gut machen? Ich ahne Schlimmes, wenn ich erst einmal als schwacher, gutmütiger Opa Deinen richtigen Kindern schlechte Manieren beibringe.«[1]

Wie gern hätte ich diesen Großvater erlebt! Nicht nur den Widerstandskämpfer, über den es die eine oder andere Veröffentlichung schon gibt. Diese kurzen politischen Porträts werden an einer Stelle etwas verschwommen: dem Übergang vom überzeugten Bewunderer des »Führers« zum leidenschaftlichen Hitler-Gegner. Es gibt wenige Zeugnisse dieser inneren Wandlung, denn meine Großmutter hatte nach dem Attentat die meisten verfänglichen Briefe vernichtet. Nicht aber meine Mutter, die ihre Korrespondenz mit dem Vater vor der Gestapo versteckte, sie allerdings später keinem Historiker anvertraute. Diese persönlichen Briefe enthalten kein politisches Statement, doch zwischen den Zeilen zeigen sie deutlich eine neue Ausrichtung des inneren Kompasses.

Ich wollte diesen Großvater näher kennenlernen: den Widerstandskämpfer, den Familienvater, den national denkenden Deutschen, den politischen Studenten, der so unbelastet völkischen Idealen nachhing; den Achtzehnjährigen, der 1914 mit jugendlicher Begeisterung fürs deutsche Vaterland in den Krieg zog. Ich wusste nicht, worauf ich mich einließ, als ich in die unzähligen Briefe, Aufsätze, Redemanuskripte und Kindheitsandenken eintauchte, die seine liebevolle Mutter vor mehr als 100 Jahren aufbewahrt hatte. Mein Großvater hat viel und gern geschrieben.

Ich lernte neue, fremde Seiten an ihm kennen, nicht nur seine Überzeugungen, sondern auch seine Zweifel. Mich ergriff seine Liebesgeschichte, sein leises Aufbegehren gegen familiäre Erwartungen, denen er sich verpflichtet fühlte. Ich feierte den modernen Vater, der lernen wollte, seine Babys zu wickeln, und es berührte mich unangenehm, wenn er für seine Töchter Aufgabe und Erfüllung allein in Ehe und Mutterschaft sah. Selbst sein mutiges, provozierendes Auftreten vor dem Volksgerichtshof hinterließ bei aller Bewunderung einen kleinen Stachel: Er hatte dem geifernden Präsidenten Freisler kühl entgegnet, dass er am 20. Juli 1944 mit dem gleichen Recht gehandelt habe wie Hitler am 9. November 1923. Rechtfertigte er im Umkehrschluss damit nicht auch Hitlers Putschversuch gegen die Weimarer Verfassung? Blieb er also bis zuletzt ein Gegner der Demokratie?

Immer wieder galt es, Abstand zu gewinnen vom eigenen historischen und politischen Selbstverständnis, von der Überlegenheit, nach so vielen Jahren alles genau zu überblicken, was damals kaum vorstellbar war. Genauso brauchte ich Distanz von meinem Großvaterbild, das mal in Glanz erstrahlte, um sich dann wieder zu verdunkeln. Die Widersprüche lagen weniger in seiner Person als in der Diskrepanz zwischen meinen Erwartungen und der Wirklichkeit eines facettenreichen menschlichen Lebens, das immer wieder neu herausgefordert wurde. Seine entscheidende

Prüfung war wohl nicht erst das offen widerständige Handeln, sondern schon zuvor das stille Eingestehen seines eigenen großen Irrtums.

Als ich, seine Enkelin, vor ein paar Jahren mit meiner Recherche für das Buch begann, trennten mich Welten von der Zeit, in die ich eintauchte. Ich empfand es als selbstverständlich, in einem Land zu leben, das all diese politischen Versuchungen und Verfehlungen für immer hinter sich gelassen hatte.

Heute fehlt mir diese unerschütterliche Gewissheit. Die Akzeptanz autoritärer Regierungsformen beschränkt sich nicht mehr nur auf Staaten, denen gewachsene demokratische Strukturen fehlen. Populistische Phrasen und nostalgische Anspielungen auf eine Vergangenheit, in der sich Probleme angeblich leichter lösen ließen, alles besser und Politik vermeintlich selbstbestimmter war, verbreiten sich zunehmend auch in westlichen Demokratien wie Deutschland. Vor diesem Hintergrund gewinnen der Lebensweg meines Großvaters und die Botschaft der Männer und Frauen des 20. Juli 1944 einen sehr relevanten aktuellen Bezug.

Sie handelten – so heißt es im Entwurf ihrer leider nie gehaltenen Regierungserklärung – für die Wiederherstellung der »Majestät des Rechts«, für die »Freiheit des Geistes, des Gewissens, des Glaubens und der Meinung«. Diese demokratischen Grundrechte erscheinen uns heute als selbstverständlich; dabei vergessen wir schnell, dass sie dies lange Zeit nicht waren. Genau das steht wieder auf dem Spiel, wenn wir uns nicht bewusst gegen populistische Phrasen, gegen die Verführung durch einfache, autoritäre Lösungen stellen – und wenn wir die Ängste und Frustrationen der Menschen nicht ernst nehmen, die sich von diesen Phrasen angezogen fühlen.

»Geschichte wiederholt sich nicht, aber sie reimt sich«, lautet ein althergebrachtes Zitat unbekannten Ursprungs. Aus diesem Grund wurde es mir ein noch stärkeres Anliegen, dieses Buch zu schreiben. Denn mit dem Andenken an den Widerstand festigen wir genauso die Erinnerung an das, was ihn notwendig gemacht hat: die schlimmen Erfahrungen von politischer Verführbarkeit, von freiwilliger Unterwerfung unter den Willen eines Diktators, von der Preisgabe eigener Handlungsspielräume und vom Verlust menschlichen Mitgefühls. Es liegt in unserer Verantwortung, es nie wieder so weit kommen zu lassen.

1
Letzte Absprachen

Das ländliche Haus in der Tristanstraße in Berlin-Wannsee mit dem romantischen Torbogen und dem überdachten Holzbalkon inmitten von Vorgärten, Büschen, Bäumen und abendlichem Vogelgezwitscher stand in seltsamem Kontrast zu der zerbombten Hauptstadt ein paar Kilometer weiter nordöstlich. Genauso wenig passte die friedliche Stimmung zu der Atmosphäre äußerster Angespanntheit der neun Männer, die sich hier an einem sommerlichen Sonntag im Haus von Claus und Berthold Schenk Graf von Stauffenberg zusammengefunden hatten. Sie waren zahlreicher als sonst, für gewöhnlich suchten sie das Gespräch in unauffällig kleiner Runde. Die Gestapo hatte überall ihre Spitzel, und gerade erst mit Julius Leber und Adolf Reichwein zwei Männer aus dem inneren Zirkel der Verschwörung verhaftet. Die Lage spitzte sich zu. Wiederholt war man in den vergangenen vier Wochen dicht dran gewesen an dem Attentat auf Hitler, das für alle der hier Versammelten ein so hohes Risiko bedeutete. Es gab kein Zurück mehr – oder doch?

Es war der Abend des 16. Juli 1944. Am Tag zuvor hatte Claus Stauffenberg im Führerhauptquartier Wolfsschanze Hitler einen Vortrag gehalten, den Sprengstoff in der Aktentasche, doch offensichtlich ohne Gelegenheit, den Zünder unbemerkt scharf zu stellen. Seine engsten Mitarbeiter und Vertrauten in Berlin hatten wie besprochen frühzeitig die »Operation Walküre« ausgelöst, das heißt, das Wachbataillon und die Heeresschulen rund um

Berlin in Alarmbereitschaft versetzt. Schließlich bestand das Ziel nicht nur darin, Hitler – und möglichst auch Himmler und Göring – zu töten, sondern auch das nationalsozialistische Terrorregime zu stürzen. Dafür mussten umgehend Rundfunksender sowie Partei- und Regierungsgebäude besetzt werden. Gerade noch rechtzeitig gelang es nach Stauffenbergs Telefonanruf, das ganze Manöver wieder abzublasen und glaubhaft als Übung darzustellen. Der Schreck saß allen Beteiligten in den Gliedern.

Am nächsten Abend versammelte sich der engste Berliner Kreis um Claus Schenk Graf von Stauffenberg und seinen zwei Jahre älteren Bruder Berthold in ihrem Haus in der Tristanstraße, um Näheres über die Geschehnisse des Vortages zu hören und noch einmal zu beraten, wie es weitergehen sollte. Zu diesem inneren Zirkel gehörte der entfernte Vetter Peter Graf Yorck von Wartenburg, die Freunde Fritz-Dietlof Graf von der Schulenburg und Ulrich-Wilhelm Graf von Schwerin von Schwanenfeld sowie der junge Diplomat Adam von Trott zu Solz. In enger Zusammenarbeit mit Stauffenberg hatten sie ein Widerstandsnetzwerk in unterschiedliche politische Kreise gepflegt, nicht nur in Vorbereitung des Staatsstreiches, sondern vor allem auch zur Planung einer staatlichen Neuordnung danach. Die Offiziere Albrecht Ritter Mertz von Quirnheim und Georg Alexander Hansen sollten dagegen beim Putsch selbst wesentliche Aufgaben übernehmen. Der neunte in der Runde war mein Großvater, Cäsar von Hofacker. Er kam aus Paris, brachte hochaktuelle Nachrichten von der Westfront mit und drängte zur Eile.[1]

Keiner der neun Männer hat die Verfolgung der Nationalsozialisten nach dem gescheiterten Attentat vom 20. Juli 1944 überlebt. Keiner von ihnen konnte später von diesem Zusammensein berichten, die stille Nervosität schildern, das spürbare Knistern in der Luft beschreiben, die sicher vom Dunst zahlreicher Zigaretten rauchgeschwängert war. Mein Großvater wollte immer wieder das Rauchen reduzieren – jetzt war nicht der Moment dafür.

1 Kurzbiografien zentraler Widerständler befinden sich hinten im Anhang.

Claus Schenk Graf von Stauffenberg und Albrecht Ritter Mertz von Quirnheim, 1944 [3]

Was wir über jene Zusammenkunft wissen, stammt aus zusammengefassten Wiedergaben von Gestapoverhören. Die konzentrierte Angespanntheit dieses letzten gemeinsamen Austauschs vor dem Attentat geht aus jenen Zeilen hervor, die von Himmlers Bürokraten in den Büros des Reichssicherheitshauptamts auf ihren Schreibmaschinen getippt und an Hitlers Sekretär Martin Bormann geschickt wurden, der sie wiederum dem »Führer« vorlegte. Die Berichte bezweckten immer zweierlei: Aufschluss zu geben über eine Planung, die es eigentlich nie hätte geben dürfen, und die Beteiligten in ihren »niederen Motiven«, ihrem »Defaitismus« und ihrer angeblichen Würdelosigkeit bloßzustellen. Letzteres ist nicht gelungen. Die Aussagen der Verschwörer zeugen oft von Charakterstärke, Verantwortlichkeit und aufrichtiger Auseinandersetzung mit einem verbrecherischen Regime, in das auch einige ihrer Lebenswege verstrickt gewesen waren.

Doch der erste Zweck, Aufschluss zu geben über die Vorbereitung des Attentats, wurde erfüllt. Der Informationsgehalt dieser sogenannten Kaltenbrunner-Berichte[1] für die Nachwelt ist ungeachtet des notwendigen Vorbehalts gegenüber der Quelle groß. Die minutiöse Aufarbeitung der Planung, die Wiedergabe vorbereiteter Aufrufe und Verlautbarungen und auch unterschiedlicher Auffassungen wäre bei der notwendigen Geheimhaltung aller Vorbereitungen ohne die Recherche der Gestapo verloren gegangen. Auf diese Weise sind die meisten der Verschwörer vor ihrem Tod noch einmal zu Wort gekommen – wenn auch unter Druck, zum Teil unter Folter und ohne etwas dagegen unternehmen zu können, wenn ihre Worte verdreht wurden. Und dennoch entsprachen die Aussagen in den meisten Fällen sicher nicht dem, was Hitler erwartet hatte und hören wollte.

»Grafenkreis« lautete später die verächtliche Bezeichnung der Gestapo für diese Gruppe angesichts der vielen adeligen Namen. Einige der Männer hatten sich schon Ende der Dreißigerjahre in unregelmäßigen Abständen zu kritischen Gesprächen zusammengefunden. Das Etikett sollte die von Hitler ausgegebene Losung eines kleinen, elitären und reaktionären Täterklüngels bestätigen. Eine Fehleinschätzung, die sich auch nach dem Krieg noch lange Zeit hielt und dem Widerstand vom 20. Juli 1944 genauso wenig gerecht wurde wie die Bezeichnung Militärputsch. Auch wenn die konkrete Umsetzung des Staatsstreiches in der Hand von Offizieren lag und eines breiten militärischen Netzwerks bedurfte, gehörten weit mehr Zivilisten – Juristen, Verwaltungsbeamte, Gewerkschafter, Kaufleute, Diplomaten, Landwirte und auch Geistliche – in das weite Umfeld der Verschwörung.

Der innere Zirkel um Stauffenberg, der sich am Abend des 16. Juli zusammenfand, war ebenfalls nicht überwiegend militärisch geprägt. Lediglich Mertz und Hansen teilten als Berufsoffiziere mit Claus Stauffenberg langjährige Erfahrung in der Wehrmacht. Trott hatte nie eine Uniform getragen; die anderen blieben weitgehend ihrer zivilen Herkunft und Prägung verhaftet, auch wenn sie im Krieg als Reserveoffiziere dienten.

Bei meinem Großvater war es ähnlich. »Ich bin viel mehr und lieber Soldat als Kaufmann, aber meine eigentliche Berufung ist doch die politische. Und weil dem so ist und ich infolgedessen als Politiker den eigentlichen letzten Sinn des Krieges verneine, deshalb kann ich vielleicht heute ein brauchbarer und im Einzelfall sogar passionierter, aber kein innerlich überzeugter Soldat sein«,[2] schrieb er meiner Großmutter im Winter 1939. Auch sie mochte sich nicht so recht an sein militärisches Leben gewöhnen. »Du bist für mich ein anderer Mensch in Uniform, irgendwie fremd, und ich habe keinen Anteil an diesem Dasein. [...] Als Soldatenfrau wäre ich wohl ungeeignet.«[3]

Mein Großvater hatte im Ersten Weltkrieg mit Leidenschaft als Flugzeugführer gekämpft – das Wort Pilot benutzte er damals noch nicht – und in den Dreißigerjahren an mehreren Wehrübungen teilgenommen. Gemäß den Bestimmungen des Versailler Vertrags blieb Deutschland die militärische Luftfahrt versagt, doch Hitler hatte sich über das Verbot genauso hinweggesetzt wie über die restlichen Rüstungsbeschränkungen, was ihm innerhalb der neu aufgestellten Luftwaffe zusätzlichen Kredit verschaffte.

Der dem Heer eigene traditionsgebundene, alte Korpsgeist der Generalstabsoffiziere, der bis zuletzt Hitlers Misstrauen hervorrief und bis zu einem gewissen Grad vor Denunziation schützte, fehlte unter Görings Fliegern und auch in der Marine. Dass außer meinem Großvater keine Luftwaffen- und nur wenige Marineoffiziere dem militärischen Widerstandskreis des 20. Juli angehörten, hatte jedoch noch einen anderen Grund: Für einen Staatsstreich in Berlin brauchte man Panzer, keine Flugzeuge oder Kriegsschiffe.

Die hohen Offiziere des Heeres, die aktiven Generäle und Feldmarschälle galten überwiegend als regimetreu. Nur Einzelne kamen in Betracht, um überhaupt angesprochen und in Umsturzpläne eingeweiht werden zu können. Bis auf wenige Ausnahmen hatten sie jedoch den Staatsstreichgedanken abgelehnt oder hielten sich vorsichtig abwartend in der Deckung, bereit mitzumachen, wenn Hitler erst einmal beseitigt wäre.

Eine dieser Ausnahmen schien Generalfeldmarschall Erwin

Rommel zu sein, lange Zeit als Hitlers »Lieblingsgeneral« angesehen und außerordentlich beliebt bei den Soldaten und in der Bevölkerung. Selbst die Engländer zollten dem »Wüstenfuchs« Respekt. Rommel wäre für den Widerstand von unschätzbarem Wert gewesen, nicht nur als Befehlshaber der deutschen Truppen in der Normandie, sondern auch als Aushängeschild gegenüber dem deutschen Volk und dem Ausland. Im Frühjahr 1944 hatte es einen ersten vorsichtigen Kontakt zwischen dem zum Widerstand gehörenden deutschen Militärbefehlshaber in Paris, Carl-Heinrich von Stülpnagel, und Rommel gegeben – offensichtlich ergebnisoffen, denn die Verschwörer hofften weiterhin auf den Feldmarschall. Jetzt aber brachte mein Großvater den Freunden die Nachricht, dass Rommel vollends auf ihrer Seite stünde.

Cäsar von Hofacker hatte am 9. Juli 1944 ein einstündiges Vieraugengespräch mit Rommel geführt und war danach zu dieser Ansicht gelangt. Ohne weitere Zeugen fehlen jedoch bestätigende Aussagen von Dritten; Rommels aktive Zustimmung zum Staatsstreich und Anschlag auf Hitler gilt in der Geschichtsforschung nach wie vor als nicht eindeutig erwiesen. Keinen Zweifel gibt es hingegen an seiner Einschätzung der militärischen Lage, die mein Großvater in Berlin in aller Dringlichkeit an die Mitverschwörer weitergab: Der Nachschub des Feindes werde in etwa 14 Tagen eine erschütternde Übermacht an Menschen und Material geschaffen haben. Die sich in der Abwehr verzehrende Invasionsfront werde bestenfalls noch sechs Wochen Widerstand leisten können.[4] Jeder Tag zählte.

Diese wichtige Information sorgte für zusätzlichen Druck. Nach einem militärischen Zusammenbruch im Westen wäre es für einen Staatsstreich zu spät, dann gäbe es für die Alliierten keinen Grund mehr, sich auf irgendwelche Verhandlungen mit Deutschen einzulassen – selbst wenn diese Deutschen gerade Hitler umgebracht hätten. Vor allem die Älteren unter den Verschwörern hingen teilweise illusionären Vorstellungen einer Friedensordnung an und glaubten an ein Deutsches Reich in den Grenzen von 1939 oder gar 1940 ohne große Gebietsverluste. Die Realisten wussten, dass es einschneidende Veränderungen geben würde.

Die Alliierten hatten sich bereits Anfang 1943 nach der Schlacht von Stalingrad auf die Forderung einer bedingungslosen Kapitulation festgelegt und bislang wenig Interesse gezeigt, auf die vorsichtigen Kontaktversuche der Verschwörer einzugehen. Doch war die Tat erst einmal vollbracht, so die Hoffnung, würde man schon Wege der Verständigung für einen annehmbaren Frieden finden.

Nachdem mein Großvater seine Ausführungen beendet hatte, übernahm Claus Stauffenberg wieder das Wort. Die dramatische Schilderung der Lage in Nordfrankreich bestätigte seine eigene Einschätzung. Dann wandte er sich an Adam Trott. Der hochgewachsene, nachdenkliche Diplomat war ihm in den vergangenen Wochen zum nahen Freund geworden und hatte ihn immer wieder über seine meist entmutigenden Gespräche mit Vertretern der Alliierten im Ausland unterrichtet. Dennoch zeigte sich Trott an diesem Abend vorsichtig optimistisch. Würde das Regime in Deutschland von Grund auf verändert, wäre man auf Feindesseite verhandlungsbereit, so seine Aussage.[5] Ohne diese Hoffnung, ohne den Glauben, Deutschland vor dem Schlimmsten bewahren zu können, wäre es kaum möglich gewesen, so viel zu riskieren. Der Schatten des Versailler Vertrags von 1919, die Sorge vor einem »Friedensdiktat«, aber auch vor einer neuen Dolchstoßlegende lastete auf der Verschwörung. Gleichzeitig galt es, als Deutsche selbst den beispiellosen Verbrechen ein Ende zu setzen, die im Namen des eigenen Volkes begangen wurden – aus eigener Kraft die Verantwortlichen abzusetzen und vor Gericht zu bringen.

Mein Großvater wollte »die Niederlage so erträglich wie möglich gestalten«[6]. Als Ältester in der Runde hatte er die Folgen des militärischen, politischen und gesellschaftlichen Zusammenbruchs nach dem Ersten Weltkrieg bewusst erlebt und die Friedensvereinbarungen als nationale Katastrophe empfunden. Die damalige »Erfüllungspolitik« der demokratischen Regierung war ihm als Verrat am deutschen Volk erschienen. Neun und elf Jahre trennten ihn von seinen Vettern Berthold und Claus Stauffenberg, dreizehn sogar vom Jüngsten unter ihnen, Adam Trott. Es waren entscheidende, bewegte Jahre – sie zählten beinahe wie eine Generation. 1896 geboren, hatte mein Großvater seine Kindheit im Kaiserreich verbracht, war mit 18 Jahren mit patriotisch geschwellter Brust als Kriegsfreiwilliger gegen Russen, Franzosen und Engländer ins Feld gezogen und hatte als nationalistischer Student Anfang der Zwanzigerjahre gegen den Vertrag von Versailles und die Weimarer Republik opponiert. Diese prägenden Erfahrungen trennten ihn von den anderen Mitverschworenen in der Tristanstraße. Dennoch fühlte er sich ihnen innerlich zugehörig, zählte mit zu den »Jungen« im Widerstand und nicht zu den »Alten« wie Ludwig Beck, Carl Friedrich Goerdeler oder Ulrich von Hassell, die wiederum 10 bis 15 Jahre älter waren als er.

Das lag auch an den nahen verwandtschaftlichen Beziehungen: Seine und Stauffenbergs Mütter waren Schwestern. Auch zu dem ruhigen und gebildeten Juristen Peter Yorck gab es über die Mütter eine etwas weitläufigere, doch gut gepflegte familiäre Verbindung, und Peters älteste Schwester war der heimliche Schwarm meines Großvaters in der Zeit des Ersten Weltkriegs gewesen. Fritz-Dietlof Schulenburg, genannt Fritzi, wiederum gehörte zu seinen engsten Freunden schon aus Studienzeiten und beeinflusste – obwohl sechs Jahre jünger – prägend sein politisches Denken. Schulenburg mit seinem markanten Schmiss und altmodischen Monokel verkörperte für ihn den Idealtypus des unkonventionellen, preußisch geprägten, selbstsicheren Landedelmanns, der sich in keine gesellschaftliche Schublade einordnen ließ: ein Nationalkonservativer mit linken Ideen, charismatisch, unabhängig im Denken und in seinen Kontakten. Er pflegte die meisten Querverbindungen zu den unterschiedlichen Widerstandsgruppen, zu den militärischen und zivilen, konservativen und linken, »Alten« und »Jungen«. Sie alle mussten an einem Strang ziehen, wenn der Staatsstreich glücken und eine neue Regierung Rückhalt im deutschen Volk finden sollte. Manche Divergenzen ließen sich nicht beilegen, sondern nur vorübergehend dem gemeinsamen Ziel unterordnen. In angespannten Situationen brachen solche Feindseligkeiten auch mal durch, fielen Worte wie »Erzreaktionär« oder »Salonbolschewisten«.

Fritz-Dietlof Graf von der Schulenburg vor dem Volksgerichtshof [4]

Auch Schulenburgs Vetter Schwerin bewegte sich vermittelnd in verschiedenen Widerstandszirkeln. Schwerin und Yorck verbanden gemeinsame Internatsjahre in Roßleben; Stauffenberg, Mertz und Hansen wiederum Offizierslehrgänge und die Generalstabsausbildung an der Kriegsakademie. Dieses Geflecht aus verwandtschaftlichen und langjährigen freundschaftlichen Verbindungen bildete die Basis des bedingungslosen Vertrauens zwischen ihnen, ungeachtet von Differenzen. Denn auch unter diesen »Jungen« gab es durchaus unterschiedliche politische Vorstellungen. Jetzt zählte jedoch nur der einende Wille, schnell zu handeln, das NS-Regime zu stürzen, das Blutvergießen zu beenden und einen Rechtsstaat zu etablieren.

Doch die Durchführung des Attentats erwies sich bislang als nahezu unmöglich – das hatte Claus Stauffenberg schon dreimal diesen Monat und zuletzt am Vortag hautnah zu spüren bekommen. Etliche Versuche verschiedenster Regimegegner waren in den vergangenen Jahren gescheitert: sei es an unglücklichen Umständen, Hitlers sprunghaften Entscheidungen oder auch manchmal an fehlender Beherztheit im entscheidenden Moment. Kaum vorstellbar, was eine solche Tat einem einzelnen Menschen abverlangt. Inzwischen, im fünften Kriegsjahr, gelangten nur noch wenige in die Nähe des Diktators. Stauffenberg gehörte zu diesen wenigen, seit er Mitte Juni 1944 Chef des Stabes beim Befehlshaber des Ersatzheeres geworden war.

Hinter der so zweitrangig klingenden Bezeichnung »Ersatzheer« standen alle bewaffneten militärischen Verbände in der Heimat. Wie der Name schon sagte, bestand die vordergründige Aufgabe darin, für Ersatz zu sorgen, sprich für Nachschub an Menschen und Material, um die Reihen an der Front wieder zu füllen. So etwas interessierte Hitler, deshalb ließ er die verantwortlichen Offiziere auch häufig zum Rapport ins Führerhauptquartier bestellen.

Dem Ersatzheer unterstanden die Wehrkreiskommandos, die im ganzen Reich den Nachwuchs rekrutierten, die Heeresschulen und alle Soldaten auf Heimaturlaub. Es war der Rückhalt des NS-Regimes bei möglichen Aufständen in Deutschland – zum Beispiel von ausländischen Kriegsgefangenen, die zu Hunderttausenden in deutschen Fabriken arbeiten mussten. »Walküre« lautete das Codewort für das Szenario eines solchen Putsches und alle damit verbundenen militärischen Gegenmaßnahmen, die auch von Hitler abgesegnet worden waren.

Stauffenberg selbst hatte mit Henning von Tresckow 1943 die Befehle für ein militärisches Vorgehen so manipuliert, dass sie am Tag X gegen das NS-Regime angewandt werden konnten. Der Befehlshaber des Ersatzheeres war somit der Dreh- und Angelpunkt eines geplanten Putsches.

Leider konnten sich die Verschwörer auf General Friedrich Fromm nicht verlassen. Umso unentbehrlicher war für sie sein Chef des Stabes an der Schaltstelle des Umsturzes. Stauffenberg war der Einzige, der Hitler töten konnte und zu dieser Tat bereit war. Gleichzeitig musste er von Berlin aus den Staatsstreich lenken, Befehle unterzeichnen und schnelle Entscheidungen treffen. Es war ein nahezu unmöglicher Spagat, noch dazu für einen

Mann, dem nach einer Kriegsverwundung ein Auge, die rechte Hand und von der linken zwei Finger fehlten.

Aus diesem Grund kamen am Abend des 16. Juli noch einmal altbekannte Fragen auf: Sollte man Hitler doch am Leben lassen? Konnte ein Staatsstreich auch ohne vorhergehendes Attentat gelingen? Dabei spielten in diesem Kreis moralische Bedenken gegen den Tyrannenmord, der bei einem Sprengstoffattentat auch etliche weitere Opfer fordern würde, längst keine Rolle mehr. Es ging nur noch um die besten Erfolgsaussichten.

Eine Möglichkeit bestand darin, den Putsch nicht durch einen Anschlag, sondern durch eine Teilkapitulation auszulösen und die kämpfenden Truppen an der Westfront eigenmächtig zurückzuziehen – in der Hoffnung, danach mit alliierter Unterstützung zu einer Lösung mit der Sowjetunion zu gelangen. Allerdings bestand die Gefahr, dass Hitler dann SS und andere Heeresverbände gegen die eigene Westfront marschieren lassen würde. Außerdem hing bei dieser Alternative alles von der Handlungsbereitschaft der beiden verantwortlichen Feldmarschälle ab – Erwin Rommel als Befehlshaber der Invasionsfront und Günther von Kluge als Oberbefehlshaber West. Kluge teilte zwar Rommels pessimistische Lageeinschätzung und hatte in der Vergangenheit mit einem »Kinder, ihr habt mich« sein Mitwirken an der Verschwörung versprochen. Doch in eigener Verantwortung gegen höchsten Befehl und propagandistisch eingehämmerte Durchhalteparolen den Kampf einzustellen erforderte eine Entschlusskraft, auf die man sich weder beim einen noch beim anderen verlassen konnte. Jedenfalls wurde die sogenannte Westlösung wieder verworfen, daran änderte auch Cäsar von Hofackers optimistischer Eindruck von Rommel nichts.

Noch wirklichkeitsfremder erscheint die »Berliner Lösung«, die vorsah, sich 24 Stunden lang aller militärischen Nachrichtenwege zu bemächtigen und an allen Fronten den Befehl zum Rückzug zu erteilen. Danach, so die Hoffnung, wäre der Abzug auch nicht mehr von Hitler und seinen Gefolgsleuten in Partei und Armee aufzuhalten. Die massive Konzentration der deutschen Truppen an der Reichsgrenze könnte – so wiederum die Hoffnung – die Kriegsgegner dazu bewegen, sich auf Waffenstillstandsverhandlungen einzulassen.

Angesichts solch hypothetischer Überlegungen erschien die »zentrale Lösung« – nämlich zuerst das Attentat auf Hitler zu verüben, danach den Staatsstreich auszuführen und parallel dazu die Kapitulation im Westen zu veranlassen – trotz aller Risiken am realistischsten. Mein Großvater gab ihr eine Erfolgschance von maximal zehn Prozent. Zeitgleich mit dem Umsturz in Berlin sollte der Pariser Widerstandskreis handeln, SS und Sicherheitsdienst in der besetzten französischen Hauptstadt ausschalten, die Nachrichtenverbindungen ins Reich kappen und die Invasionsfront öffnen.

Die Verschwörer mussten hinnehmen, dass unmittelbar vor ihrem höchst risikoreichen Einsatz ganz entscheidende Fragen nicht geklärt werden konnten. Würde man mit den Westmächten oder vielleicht doch mit der Sowjetunion kooperieren? Sie hatten von den Alliierten trotz zahlreicher vorsichtiger Andeutungen keine Zusage erhalten. Im Gegenteil: Alle Äußerungen waren eher entmutigend. Am ehesten schien Stalin zwischen Nazis und Deutschen zu unterscheiden – aber konnte man ihm trauen? Würden die Westalliierten am Ende nicht aus Furcht vor dem Bolschewismus doch zusammen mit einem von Hitler befreiten Deutschland gegen die Sowjetunion vorgehen? Eine Hoffnung, an der sie – allen voran Claus Stauffenberg – bis zuletzt festhalten wollten.

Noch einmal gingen die Meinungen hin und her. Schließlich einigte man sich auf Verhandlungen – sowohl mit den Alliierten im Westen als auch mit den Sowjets –, am besten auf Ebene der Feldmarschälle (von Militär zu Militär) mit Unterstützung gut vernetzter Zivilisten. Der frühere Botschafter in Moskau, Friedrich-Werner Graf von der Schulenburg, wurde dabei genannt und natürlich Trott mit seinen nahen Verbindungen zu Engländern und Amerikanern. Mein Großvater sollte seine guten Kontakte zur Vichy-Regierung nutzen, um eine Fürsprache Frankreichs bei den Westalliierten zu erreichen.[7]

Als die neun Männer am Abend des 16. Juli auseinandergingen, stand der Entschluss unwiderruflich fest: Das Attentat musste zeitnah erfolgen, Stauffenberg würde bei nächster Gelegenheit die Bombe zünden und »Walküre« auslösen. Die Risiken blieben extrem hoch, die Erfolgsaussichten gering. Doch es war die einzige Möglichkeit, für Deutschland zu kämpfen und dem eigenen Anspruch an Verantwortung und sittliches Handeln gerecht zu werden – in dieser Überzeugung hatten sich die Freunde gegenseitig bestärkt.

Am nächsten Tag trat mein Großvater die Rückreise nach Paris an, ohne sich Zeit für einen Abstecher nach Oberbayern zu nehmen, um seine Frau und Kinder noch einmal zu sehen. Er stand noch spürbar unter dem starken Eindruck der Zusammenkunft des Vorabends, als er meiner Großmutter unterwegs aus dem Schlafwagen schrieb:

»Geliebte!
Ich möchte diese Reise nicht abschließen, ohne in alter und immer gleichbleibender Art und aus innerstem Herzensbedürfnis Dir etwas ganz Liebes zu sagen, Dir einfach zu zeigen, wie lieb ich Dich habe.

Der notwendige Verzicht auf den Umweg über Krottenmühl wird mir nicht so schwer wie ich dachte. Weniger deshalb, weil es aus zeitlichen Gründen schlechthin keine andere Wahl gab, sondern mehr deshalb, weil Tragweite und Inhalt meines Wirkens so geschichtliches Niveau angenommen haben, daß es auf dieser Ebene den früher häufigen Konflikt zwischen ›dienstlichem‹ und privaten Leben nicht geben kann. Ein paar Tage ›Eisengeschäft‹ konnte ich ohne weiteres und ohne schlechtes Gewissen Euch zuliebe dran geben; heute wäre jedes ungenutzte Verstreichenlassen auch nur weniger Stunden eine Sünde wider den Heiligen Geist und ein Verstoß nicht zuletzt gegen meine Pflichten als Mann einer deutschen Frau und Vater deutscher Kinder.

Das hindert nicht, daß ich Dich genauso lieb behalte, genauso viel und oft an dich denke, mich genauso leidenschaftlich nach

Zusammensein und Aussprache mit Dir sehne wie jemals zuvor. Ja, im Grunde noch viel mehr. Es zersprengt mir oft beinahe das Herz. Denn je mehr ich innerlich an Aufgaben wachse, desto stärker wird auch – das fühle ich ganz intensiv – meine Liebe zu Dir, soweit das überhaupt noch möglich ist. So wachsen wir aus der Ferne still und schweigend, aber umeinander wissend – immer stärker zueinander hin, und ich weiß, daß einstmals der Tag kommen wird, wo wir beide auch in unserer Liebe die Früchte davon pflücken werden. Ich habe in den letzten Wochen mehr Freundschaften fürs Leben geschlossen als in den letzten 15 Jahren. Auch das ist ein Gewinn, der für uns beide gilt.

Übrigens: Vergiß meine neulich harten Worte. Fühle nur eines: wie lieb ich Dich habe, wie ich mich nach Dir sehne, wie sehr ich mit Haut und Haar, mit Leib und Seele Dir, meinem alten geliebten Liebilein verfallen bin, Dir im buchstäblichen Sinn ge hö re.«[8]

Ahnte mein Großvater, dass er seinen Abschiedsbrief schrieb?

2

Familienbande

Einer fehlte bei der Zusammenkunft am Abend des 16. Juli 1944 in der Tristanstraße, einer, der mit 67 Jahren zwar wesentlich älter als die anderen war, aber unbedingt zu diesem Kreis dazugehörte: Nikolaus Graf von Üxküll-Gyllenband, Onkel der Stauffenberg-Brüder, Cäsar von Hofackers und – wenn auch etwas entfernter – Yorcks. Hochgewachsen, schlank, mit schmalem Gesicht und kurz geschnittenem Schnurrbart wirkte er jedoch deutlich jünger, als sein Alter vermuten ließ. Seine Neffen liebten und verehrten ihn und brachten schon als Studenten gern ihre Freunde mit in Üxkülls offenes Haus nach Berlin-Zehlendorf. Mein Großvater führte Fritzi Schulenburg ein, der dort bald ebenso vertraut und selbstverständlich ein und aus ging wie er selbst.

»Nux«, wie der Onkel von allen bezeichnet wurde, musste für sie eine Persönlichkeit von großer Ausstrahlungskraft gewesen sein, denn er verkörperte das Ideal eines vornehmen, konservativen Charakters, bei dem sich preußische Tugenden mit österreichischem Charme paarten. Gleichzeitig begegnete er »den Jungen« – wie er sie nannte – ungeachtet des Altersunterschieds nicht als Onkel, sondern als Freund. Er nahm sie ernst, teilte ihre Fragen, achtete ihre besonderen Eigenschaften, bewunderte ihre Stärken und wurde von ihnen immer wieder zurate gezogen. Anfangs hatte auch Üxküll in Hitler einen Hoffnungsträger gesehen, geglaubt, dass es möglich sei, den Weg der nationalsozialistischen Bewegung von innen heraus zu beeinflussen. Doch er gewann im Laufe der Dreißigerjahre zunehmend an Abstand und kam schließlich zur Überzeugung, dass das NS-Regime von den Deutschen selbst – aus eigener Kraft – überwunden werden müsse. Er ermutigte die Jungen zum Handeln – besonders seinen Patensohn Claus Stauffenberg, dem er am ehesten die schwierige Führungsrolle im Widerstand zutraute. Für meinen Großvater zählte die Meinung von Nux mehr als die eines jeden anderen.

Üxküll kannte keinen Dünkel. Als Kommandeur im Krieg stand er selbstverständlich auf, wenn ein älterer Soldat, egal welchen Dienstgrades, den Raum betrat, und grüßte, denn »der ist ja in seinem zivilen Leben auch schon etwas gewesen; zum mindesten ist er Familienvater«[1]. Gleichermaßen ließ er jede Frau zuerst durch die Tür treten, auch wenn es die eigene Köchin war. Als er nach dem Ersten Weltkrieg mit 42 Jahren als Oberstleutnant aus der Armee ausschied, war er sich nicht zu schade, als kaufmännischer Lehrling in einer Holzhandlung wieder neu anzufangen. Er stieg schnell auf und leitete ab 1923 in Berlin die Tiele-Winklersche Vermögensverwaltung.

Nikolaus »Nux« Graf von Üxküll-Gyllenband vor dem Volksgerichtshof [5]

Genauso selbstverständlich zog er 1943 mit 66 Jahren zu Claus Stauffenberg in die Tristanstraße, um seinem durch Kriegsverwundungen schwer gehandicapten Neffen bei täglichen Handgriffen sowie bei der Vorbereitung des Umsturzes zu unterstützen. Die von Hitler ausgehende Gefahr hatte er schon 1938 erkannt, dessen Wahnsinn spätestens im Februar 1942 als »Festungskommandant« in Tschudowo, südlich von Leningrad. »Festung« – der Begriff versprach Stärke, Sicherheit, Kampfbereitschaft. Die Wirklichkeit sah anders aus: eine angespannte Lage in einem Kessel mit prekärer Versorgung und unvorstellbarer Not der zwangsläufig miteingeschlossenen russischen Zivilbevölkerung.[2]

In der Ukraine ging Üxküll mit seinen Soldaten gegen Massenerschießungen von Zivilisten durch die Sicherheitspolizei vor – sein Adjutant berichtete später davon und zitierte den Grafen mit den folgenden Worten: »Wenn ich dafür einmal meinen Kopf geben müsste, wäre ich für eine gute Sache gefallen.«[3] Üxküll wurde am 14. September 1944 gehängt, allerdings nicht wegen dieses mutigen Einschreitens, sondern aufgrund seiner Beteiligung an den Vorbereitungen zum Staatsstreich des 20. Juli. Seine Handschrift befand sich auf mehreren Dokumenten der Widerständler, sein Name auf einer Liste künftiger Verbindungsoffiziere zwischen einer neuen Regierung und den Wehrkreiskommandos.

Den 16. Juli 1944 erlebte Üxküll nicht in Berlin, sondern mit der Geburt seines Enkelsohnes als besonderen Tag mit seiner Schwester, Karoline Gräfin Stauffenberg, in Lautlingen. Der kleine Ort in der württembergischen Provinz war auch ihm und seiner Familie Heimat geworden, sie verbrachten nahezu alle Ferien im stauffenbergschen Schloss und hatten dort ihre vertrauten Zimmer im zweiten Stock. Auch Alexandrine Gräfin Üxküll, die unverheiratete Schwester und Oberin des Roten Kreuzes, hatte bei Stauffenbergs in Lautlingen ein Zuhause gefunden. Im Krieg rückte die Großfamilie erst recht zusammen. Albertine, Cäsars Mutter, lebte im 50 Kilometer entfernten Tübingen.

Immer schon waren die üxküllschen Geschwisterbande eng gewesen, seit ihrer durchaus glücklichen Kindheit, die sie als Waisen bei ihrer Tante Olga Gräfin von Üxküll-Gyllenband am württembergischen Hof verbracht hatten. Das unkonventionelle, geradezu skandalöse Leben ihrer früh verstorbenen Eltern, die zunächst auf eine Heirat verzichten wollten, hatte einst für aufgeregten Klatsch in den höfischen Gesellschaftskreisen von Berlin bis Wien und London gesorgt. Die Kinder Albertine, Alexandrine, Karoline und Nikolaus schweißte hingegen die Geschichte dieser großen, verzweifelten und ihrer Zeit weit vorauseilenden Liebe eng zusammen. Sie war wie ein heimliches Band, das auch noch in die Enkelgeneration der Stauffenbergs, Üxkülls und Hofackers hineinwirkte.

Mein Großvater Cäsar kannte den gewundenen Lebensweg dieser mütterlichen Vorfahren ganz genau und fühlte sich ihnen zutiefst verbunden. Das äußerte sich in seiner leidenschaftlichen Schwärmerei für alles Üxküllsche und nicht zuletzt in der als tiefe Seelenverwandtschaft empfundenen Nähe zur Mutter.

Er liebte und bewunderte sie, teilte mit ihr seine oft überschwänglichen Empfindungen, seine Nöte, Zweifel und Enttäuschungen genauso wie seine ersten amourösen Eroberungen, philosophischen Gedanken und Bücher, die ihn beschäftigten. Über die Mutter führte das innere Band in direkter Linie zu den Großeltern, wie er es selbst im Herbst 1914 in einem Brief mit jugendlichem Pathos zum Ausdruck brachte:

»*Mein Verhältnis zu Dir, liebste Mutter, nähert sich ja mehr dem allgemein üblichen zwischen Mutter und Kind, da in diesem die natürliche, instinktive Kinderliebe stets dermaßen überwiegen wird, daß andere Momente erst in zweiter Linie in Betracht kommen. Trotzdem umgeben all die zahlreichen u. so unendlich feinen Gefühle, die der Name Üxküll, der Name Deiner Eltern u. Deines Bruders, in mir erweckt, Dein liebes Bild wie ein Heiligenschein u. adeln meine Gefühle der Kinderliebe.*«[4]

Cäsar mit seiner Mutter – ein inniges Verhältnis, Berlin Steglitz, 1935 [6]

Der Altersunterschied zwischen meinem Großvater und seinen Cousins Alexander, Berthold und Claus von Stauffenberg mochte in der Kindheit eine Rolle gespielt haben. Cäsar war der große Vetter, der mit 18 Jahren in den Ersten Weltkrieg zog, während die Stauffenberg-Brüder mit kindlichem Eifer das Kriegsgeschehen mitverfolgten und Heldengedichte verfassten.[5] Hatten sie ihn als Buben bewundert, vor allem, als er dann einer der ersten Flugpioniere wurde, so erkannte mein Großvater seinerseits später die überdurchschnittlichen Fähigkeiten seiner jüngeren Cousins. Zwischen den Familien gab es sehr viel Verbindendes: Stauffenbergs und Hofackers waren Württemberger, beide Väter standen im Dienst des württembergischen Königs. Alfred Schenk Graf von Stauffenberg gehörte als Oberhofmarschall lebenslang zum engsten Stab des Regenten, Eberhard von Hofacker hatte die militärische Laufbahn eingeschlagen und sich zwischenzeitlich als Kommandeur der Schlossgardekompanie das besondere Vertrauen des Königs erworben, der die Familie 1909 in den erblichen Adelsstand erhob.

Die Nähe zum eher großbürgerlichen als hochherrschaftlichen Stuttgarter Hof bildete das soziale Milieu, in dem die Jungen aufwuchsen. Es war ein konservatives, doch durchaus auch liberal aufgeschlossenes Umfeld. Während die Forderung nach der Abschaffung des Dreiklassenwahlrechts Preußen bis zum Ende des Ersten Weltkriegs spaltete, galt für den Württemberger Landtag schon seit Beginn des Kaiserreichs das allgemeine, gleiche Männerwahlrecht. Der volkstümliche König Wilhelm II. ging gern in Zivil mit seinen beiden Spitzen an der Leine im Stuttgarter Schlosspark spazieren und scheute nicht den direkten Kontakt zu seinen Landeskindern. Selbst die Revolutionäre bescheinigten ihm 1918 – im Gegensatz zu seinem kaiserlichen Namensvetter – ein vorbildliches Verhalten. Aber abdanken musste auch er, »wege dem Sischteem«.[6]

Die emotionale Verbindung der Kinder zum württembergischen Königshaus führte weniger über die Väter als über die Mütter in die vornehme Dienstwohnung der gemeinsamen Großtante Olga in der Stuttgarter Akademie, wo sie sich zum sonntäglichen Mittagessen trafen. Die »Oschli« war Großmutterersatz, geliebt, verehrt und umgeben von der Aura der früh verstorbenen, geheimnisvollen, tragischen und gerade deshalb auch romantisch verklärten Großeltern.

Bei den hofackerschen Vorfahren meines Großvaters ging es gesellschaftskonformer zu als bei den Üxkülls. Sie gehörten zu den angesehenen Württemberger Familien des Bildungsbürgertums, waren Pfarrer oder königliche Beamte und über mehrere Generationen für ihre Verdienste mit dem persönlichen Adelstitel ausgezeichnet worden. Die Hochzeit des damals noch bürgerlichen Großvaters Cäsars mit der jung verwitweten Anna Freiin Varnbüler von und zu Hemmingen sorgte in der Stuttgarter Gesellschaft für einiges Aufsehen und für neue familiäre Verbindungen in die angesehene Berliner Gesellschaft.

Mein Urgroßvater, Cäsars Vater, war auf dem königlichen Landgestüt in Marbach aufgewachsen. Naturverbunden, pferdebegeistert und den praktischen Dingen zugewandt ging er in seiner militärischen Karriere auf, die für ihn und seine Familie häufige Ortswechsel auch außerhalb Württembergs, nach Berlin und

Frankfurt, mit sich brachte. Mein Großvater bewunderte ihn, er war für ihn der Inbegriff des verantwortungsvollen, um das Wohl seiner Soldaten besorgten Offiziers. Genauso nahm er ihn auch als Vater wahr. Cäsars Kindheit war von der warmherzigen und vertrauensvollen Atmosphäre im Elternhaus geprägt. Die große Offenheit und Nähe, die aus den zahlreichen Briefen sprechen, haben mich immer wieder erstaunt – gingen sie doch weit über das hinaus, was man von einer Kindheit im wilhelminischen Kaiserreich erwartet hätte. Gleichzeitig ist in ihnen immer wieder das tiefe Bedürfnis meines Großvaters zu spüren, es den Eltern recht zu machen und die verantwortungsvolle Rolle des ältesten Sohnes, des Stammhalters, in ihrem Sinne auszufüllen. Er lernte leicht, hatte keine Scheu, auf Menschen zuzugehen, suchte Gespräch und Austausch und wuchs recht selbstverständlich in das gesellschaftliche Leben hinein, das zu der väterlichen Offiziersstellung und der Nähe zum württembergischen Hof gehörte.

Den Sommer verlebten die Hofacker-Kinder weitgehend ohne die Eltern bei der Großmutter Anna in Tutzing. Die Witwe des Marbacher Oberlandstallmeisters hatte 1896 das bäuerliche Anwesen mit zwei Häusern und zehn Hektar Land oberhalb des Starnberger Sees erworben und verbrachte dort die letzten 30 Jahre ihres Lebens. Mein Großvater und seine Geschwister reisten nicht allein, sondern wurden von einem »Mademoiselle« genannten, Französisch sprechenden Kindermädchen, von einer Gouvernante sowie von einem Hauslehrer begleitet und nach ihrer Ankunft als Erstes bayrisch eingekleidet.

Cäsar und sein nur elf Monate jüngerer Bruder Alfred waren bei allen wilden Spielen auf dem weitläufigen Areal, beim Schwimmen und später beim Angeln und Jagen ein fest eingeschworenes Team. Dabei behauptete mein Großvater bewusst seine Position des Älteren, was ihm nicht schwerfiel, da er um einiges kräftiger war als der introvertierte jüngere Bruder. Das traditionelle, nach heutigen Begriffen reaktionäre Regime der Großmutter förderte ein solches Rollenbewusstsein zusätzlich. Wenn Cäsar und Alfred zum Angeln gingen, musste ihre drei

Jahre jüngere Schwester Brigitte vorher den Komposthaufen nach Würmern durchsuchen. Jeder aufkeimende Protest wurde von der Großmutter mit den mahnenden Worten »dienen lerne beizeiten das Weib« unterbunden. Cäsars Mutter sorgte zu Hause dann für den entsprechenden Ausgleich, indem sie ihre Söhne anhielt, sich gegenüber den jüngeren Schwestern als Kavaliere zu benehmen.[7]

Mein Großvater verinnerlichte von klein auf diese patriarchalischen Strukturen. Sie prägten nicht nur sein Rollenverständnis innerhalb der Familie, sondern fanden sich später auch in den gesellschaftlichen und politischen Vorstellungen. Führen und dienen gehörte zum anerzogenen Selbstverständnis – Tugenden, die weniger soldatisch als ritterlich, weniger rational als romantisch verstanden und verklärt wurden. Die Helden seiner Jugend waren die Freiheitskämpfer der napoleonischen Zeit, die sich gegen die französische Fremdherrschaft aufgelehnt und Napoleon schließlich 1813 in der Völkerschlacht von Leipzig besiegt hatten. Ihren Kampf für Deutschland wollte Cäsar weiterführen und merkte dabei nicht, dass ihr Patriotismus für ein »einig Vaterland« sich im wirtschaftlich erstarkenden Kaiserreich längst zu einem geltungssüchtigen Großmachtstreben entwickelt hatte.

Als guter und redegewandter Abiturient ohne Scheu vor dem großen Auftritt durfte mein Großvater 1913 am Goethe-Gymnasium in Frankfurt die schulische Festansprache zum Sedantag halten, einem mit viel Pomp gefeierten Gedenktag zur Gründung des Deutschen Kaiserreichs. Die Völkerschlacht von Leipzig jährte sich gerade zum hundertsten Mal und sorgte zusätzlich für eine breite Stimmung nationaler Ergriffenheit. Cäsar wählte Theodor Körner als Thema seines Vortrags – jenen Dichter, der als junger Mann Braut und erfolgreiches Künstlerleben in Wien verlassen hatte, um in den Kampf gegen Napoleon zu ziehen. Die Begeisterung für den tragischen »Heldenjüngling«, »der alles Große und Herrliche, was jene Zeit entstehen sah, verkörperte« – die Geburt einer neuen Gesinnung, die Auferstehung des neuen Deutschtums, die Opferbereitschaft des Einzelnen für die Sache und das Vaterland[8] –, spricht deutlich aus jeder Zeile seines

Manuskripts. Eine Begeisterung, die seine Zuhörer teilen sollten; mein Großvater wollte überzeugen mit einer »manchmal fast suggestiv wirkenden Dialektik«, wie es ein Freund aus dem Widerstand später beschreiben sollte.[9] Der Anspruch, persönliches Glück und Familie dem Einsatz fürs Vaterland zu opfern, wurzelte tief im romantischen Verständnis des 19. Jahrhunderts. Cäsar nahm dieses Ideal zeitlebens ernst, auch als es nicht mehr um den Heldentod auf dem Schlachtfeld ging, sondern um die Beteiligung an einem Putsch, der das Stigma des Verrats trug.

3
Der große Krieg

Zunächst aber gab es keine Gewissenskonflikte, denn Cäsar von Hofacker zweifelte während des Ersten Weltkriegs keinen Moment an der Rechtmäßigkeit der deutschen Sache. Tatendrang, Suche nach Abenteuer und Bewährung, vor allem aber die jugendliche Bereitschaft, sich etwas Großem mit Leib und Seele zu verschreiben, verdrängten bis zuletzt zwischenzeitlich aufkommende Gedanken der Sinnlosigkeit eines Konflikts, der jedes bisher gekannte Maß an Grausamkeit und Opfer übertraf. »Der große Krieg« wurde er gemeinhin genannt, bevor 25 Jahre später ein weiterer die Katastrophen des 20. Jahrhunderts durchnummerierte.

Am stärksten beeindruckte meinen Großvater das »Augusterlebnis« von 1914: das Gefühl einer bedingungslosen deutschen Einigkeit, auch wenn die kollektive nationale Kriegseuphorie als vorübergehendes Strohfeuer schnell wieder erlosch. Die Erfahrung, dass sich politische, soziale und regionale Gegensätze einem höheren Ziel unterordneten, bildete die Grundlage für seinen Glauben an eine starke Volksgemeinschaft als gesellschaftspolitisches Modell.

Den akuten Auslöser der Katastrophe, das Attentat auf den österreichischen Thronfolger in Sarajevo am 28. Juni 1914, erlebte mein Großvater in England. Zwischen Abitur und freiwilligem Militärdienst hatte er sich im Seebad Eastbourne am Ärmelkanal bei einer Lady einquartiert, die ausländische Pensionäre in die englische Sprache und Kultur einführte. Er schrieb seiner Mutter auf Englisch und erzählte von Angelpartien und Tennisturnieren und vom ungewöhnlich warmen englischen Sommer. Über die politischen Ereignisse, die den Kontinent erschütterten, verlor er kein Wort. Doch auch in der deutschen Öffentlichkeit war die erste große Aufregung nach dem Mord am österreichischen Kronprinzenpaar recht bald einer trügerischen Sommerlethargie gewichen.

Hinter den Kulissen schafften allerdings rege Beratungen in Berlin die Voraussetzungen, die Österreich-Ungarn eine Politik der Unnachgiebigkeit gegenüber Serbien ermöglichten und den Kriegsausbruch zur Folge hatten. Aus deutscher Sicht war die Doppelmonarchie durch nationalistische und separatistische Strömungen auf dem Balkan – von Russland geduldet, wenn nicht gar unterstützt – in ihrer Existenz bedroht. Ein Zerfall des Habsburgerreiches hätte jedoch zur vollständigen Isolierung Deutschlands geführt. Es galt also, den einzigen verlässlichen Bündnispartner zu stützen; der Kaiser stellte diesem deshalb den umstrittenen »Blankoscheck« aus: die Zusicherung, dass Deutschland Österreich treu zur Seite stehe, egal welche Kettenreaktion eine Kriegserklärung an Serbien auslösen würde. Denn man war sich durchaus bewusst, dass Russland einem österreichischen Einmarsch in Serbien nicht tatenlos zusehen würde, dass dies wiederum ein Eingreifen des russischen Verbündeten Frankreich zur Folge hätte und damit auch mit einem Kriegseintritt Englands zu rechnen wäre. Die drohende Konsequenz war allen klar: der schrecklichste Krieg, den Europa je erlebt hatte.[1] Dennoch gab es diese Risikobereitschaft, nicht nur in Deutschland. Das Kaiserreich wählte aufgrund seiner verfehlten Bündnispolitik die Flucht nach vorn: Besser jetzt einen Krieg führen als abwarten, bis Frankreich und Russland weiter aufgerüstet hatten.

Hektische diplomatische Aktivität in den letzten Julitagen, zahlreiche Telegramme, die zwischen dem Kaiser und dem Zaren, zwischen Berlin, Petersburg, London und Paris wechselten und in Auszügen von den Zeitungen veröffentlich wurden, sollten den Eindruck erwecken, dass Deutschland mit allen Mitteln um eine friedliche Lösung bemüht sei.

»Das ganze Wirken des Kaisers war der Erhaltung des Friedens gewidmet«, verkündete Reichskanzler Bethmann Hollweg am Abend des 1. August kurz vor Mitternacht einer Menschenmenge, die mit patriotischen Gesängen vor die Reichskanzlei gezogen war. »Bis in die letzten Stunden wirkte er für den Frieden Europas und er wirkt noch für ihn. Sollte all sein Bemühen vergeblich sein und sollte uns das Schwert in die Hand gezwungen werden, werden wir in das Feld ziehen mit gutem Gewissen und dem Bewußtsein, daß nicht wir den Krieg wollten. Wir werden dann den Kampf um unsere Existenz und unsere nationale Ehre mit der Einsetzung des letzten Bluttropfens führen.«[2]

Cäsar kehrte genau in den Strudel der letzten Julitage 1914 hinein aus England zurück. Anfang August rückte er als »Einjährig-Freiwilliger« in das Württemberger Regiment König Wilhelm I. Nr. 20 ein. Etwas anderes als die prestigeträchtige Kavallerie kam für ihn nicht infrage. Seine Uniform war zwar in demselben einheitlichen Feldgrau wie die aller Soldaten, doch die doppelreihige Ulanka wies ihn eindeutig als Ulanen aus, genauso wie die »Tschapka«, ein Helm mit viereckigem Deckel anstatt eines Pickels. Dass sein jüngerer Bruder ihm folgte, sich mit einem Notabitur begnügte und sich kurze Zeit später ebenfalls freiwillig meldete, war meinem Großvater zunächst ein Dorn im Auge. Doch er überwand seinen Unmut – keiner wusste ja, wie lange der Krieg dauern würde und ob Alfred im nächsten Sommer mit seinem Einsatz fürs Vaterland überhaupt noch zum Zuge käme. Obwohl er gerade mehrere Wochen in England verbracht hatte, kam er nicht auf den Gedanken, den Konflikt zu hinterfragen. Vielmehr gab er sich ganz mit jugendlichem Pathos der aufgeheizten Stimmung jener Tage hin. Am 4. August schrieb er:

»Die patriotische Erfahrung nimmt mit jeder Stunde zu, jedoch nicht an Breite, sondern an Tiefe.« […] »Die Gerechtigkeit unserer Sache im Gegensatz zu der unmoralischen Haltung unserer Gegner, verleiht der ganzen Stimmung eine besondere Weihe. Das Vertrauen in die Armee ist felsenfest. Der Wille zum Siege, das freu-

dige, männliche Sehnen, dem Romanen u. Slawenvolke einmal deutsche Kraft u. deutsches Eisen am eigenen Leibe fühlbar zu machen u. mit einem kräftigen Ruck die jahrelang unsere Kraft behindernden Fesseln zu zerreißen u. mit unsern Neidern endlich einmal für immer abzurechnen. Es ist wahrhaft herzerhebend. Es ist einfach unmöglich, die Stimmung dieser Tage in ihrer ganzen Breiten- u. Tiefenausrichtung aufs Papier zu bringen. Jedermann weiß, daß sie sich würdig an die von 1813, 1870 u. aller großen Zeiten unseres Volkes zur Seite stellt, jedermann verspürt in jeder Minute den gewaltigen Flügelschlag der Völkergeschichte und des Volkes Schicksals.«[3]

Die Mehrzahl der Deutschen kämpfte in der tiefsten Überzeugung, das Vaterland zu schützen, während die expansiven Ziele Frankreichs – die Rückgewinnung der »deutschen Gebiete« Elsass-Lothringen – und das sowjetische Ziel – der Zugang zum Mittelmeer – klar auf der Hand zu liegen schienen. Wer wem als

Cäsar *(links)* und sein Bruder Alfred im Ersten Weltkrieg, 1915 [7]

Erstes den Krieg erklärt hatte, spielte dabei keine Rolle. »Wenn eine Minderheit von einer Mehrheit von allen Seiten bedroht wird, kann sie nicht warten, bis diese Mehrheit über sie herfällt, sondern muß suchen, sich durch raschen Schlag gegen den einen oder anderen Gegner aus der Umklammerung zu befreien«,[4] schrieb Cäsars Vater in einem 1927 veröffentlichten Buch über den Ersten Weltkrieg, räumte aber ein, dass es taktisch vielleicht klüger gewesen wäre, die ersten russischen Grenzverletzungen abzuwarten.

Voller Ungeduld fieberte mein Großvater seinem Fronteinsatz entgegen, beklagte die ineffiziente, viel zu theoretische soldatische Ausbildung in Ludwigsburg und verfolgte mit glühendem Eifer den Vormarsch der deutschen Truppen. Diese erzielten zunächst im Westen rasche Erfolge, da sie, anstatt sich an dem neuen französischen Befestigungsring aufzureiben, überraschend durch Belgien marschierten, in der Hoffnung, Frankreich zu besiegen, noch bevor Russland sein im riesigen Zarenreich verteiltes Heer an der Grenze zu Deutschland zusammenziehen konnte. Über die Neutralität Belgiens war die Oberste Heeresleitung dabei skrupellos hinweggegangen. Sie fürchtete auch nicht den Kriegseintritt Großbritanniens, das zu den Mächten gehörte, die diese Neutralität garantierten. Bis zur Landung der Engländer, so die ebenso optimistische wie waghalsige Überlegung, sei der Krieg längst zugunsten Deutschlands entschieden.

Allerdings waren die Belgier nicht bereit, sich diesem Kalkül kampflos zu unterwerfen. Das kleine Land leistete erbitterten Widerstand. Die Überlegenheit der massiven deutschen Invasionsarmee bescherte dieser die ersten »wundervollen Siege«, von denen mein Großvater begeistert schrieb, und General Erich Ludendorff ein gefeiertes Debüt als Bezwinger von Lüttich. Kaum an die deutsche Öffentlichkeit gelangte hingegen das Ausmaß der eigenen Verluste bei diesen ersten Angriffen einer in Reih und Glied vorwärtsstürmenden Infanterie gegen die Maschinengewehre der Verteidiger.

Ebenso wenig hörte man von der Einschüchterungsstrategie und dem brutalen Vorgehen der Invasoren gegenüber der belgischen Bevölkerung. Aus Ärger über gesprengte Brücken und Eisenbahnlinien, die den deutschen Vormarsch ausbremsten, und aus Sorge vor Partisanenangriffen wurde jegliche wirkliche oder vermeintliche zivile Gegenwehr mit Geiselerschießungen, dem Niederbrennen von Dörfern und der Zerstörung von Städten geahndet. Das Völkerrecht, so die Rechtfertigung, sei durch den »illegalen« belgischen Widerstand verletzt worden.[5] Doch im Ausland empörte sich die Öffentlichkeit bis in die Vereinigten Staaten. Der Kampf gegen das Deutsche Kaiserreich bekam eine zusätzliche moralische Rechtfertigung.

Nach einem Monat Krieg waren breite Streifen belgischen und nordfranzösischen Territoriums von den Deutschen eingenommen und besetzt worden. Doch der deutsche Frontbogen war überspannt und drohte zu zerreißen, die Versorgungslage der durch Gewaltmärsche erschöpften Soldaten prekär, und die Schlacht an der Marne in der ersten Septemberhälfte endete mit einem Rückzug. Auch der anschließende Versuch, eine Entscheidung im Norden herbeizuführen und den Gegner in Flandern am Ärmelkanal zu besiegen, scheiterte nach blutigen und äußerst verlustreichen Schlachten im November 1914. Die Front erstarrte im Westen von der belgischen Küste bis zur Schweizer Grenze zu einer 700 Kilometer langen Mauer. Die feindlichen Armeen lagen sich in Schützengräben gegenüber – von nun an ging es nicht mehr um nennenswerte Eroberung von Land, sondern nur noch um die größeren Ressourcen an Menschen und Material. Dieser Krieg, so bekannte der Chef der Obersten Heeresleitung dem Reichskanzler Bethmann Hollweg am 18. November 1914, sei seiner Meinung nach militärisch nicht mehr zu gewinnen.

Doch solche Töne wollte niemand hören. Eine Niederlage ließ sich zu diesem Zeitpunkt weder wahrhaben noch vermitteln. Das deutsche Heer war nicht besiegt, sondern lag noch weit im Feindesland. Vor allem aber waren mit den großen, in der Öffentlichkeit begeistert gefeierten Anfangserfolgen die Begehrlichkeiten gewachsen. Ging es zu Kriegsbeginn noch um eine vage Vorstellung von größerer militärischer, wirtschaftlicher und politischer

Macht in Europa, so kursierten schon einen Monat später Ideen von Gebietsabtrennungen in Frankreich und Belgien, einer wirtschaftlichen Hegemonialstellung Deutschlands und von bedeutendem Kolonialbesitz. Je länger die Liste der Gefallenen wurde, desto höher stieg die Erwartung an eine Entschädigung für diese Opfer. Die Kriegspropaganda verkaufte geschickt festgefahrene Offensiven als Erfolge und strickte aus den unüberschaubar wachsenden Verlustlisten das Heldenepos einer tapferen, opferbereiten deutschen Jugend. Auch gab es an anderen Frontabschnitten Erfolgsmeldungen, die den Glauben an die letztliche Überlegenheit der deutschen Armee nährten.

Doch mein Großvater ahnte nichts von der sich über weitere vier Jahre hinziehenden Aussichtslosigkeit des Krieges, als er schließlich am 25. November 1914 unter der Führung eines Musikmeisters seine Garnisonsstadt Ludwigsburg gen Osten verließ. Die Pferde sollten sie vor Ort vorfinden, und so ging es mit dem Zug bis nach Włocławek in Russisch-Polen und von dort aus bei Kälte und Nieselregen in vier Tagesmärschen weiter zum Regiment nach Sanniki, 100 Kilometer westlich von Warschau. Schon nach wenigen Kilometern schmerzten die Füße in den unbequemen hohen Reitstiefeln, anstelle französischen Rotweins gab es bestenfalls Tee, und die kargen Mahlzeiten wurden, wenn überhaupt, durch die Findigkeit des Musikmeisters aufgewertet, der »als rechter Trompeter nur aufs Essen aus« war. Doch Cäsar nahm weniger die Unannehmlichkeiten wahr als die kriegsromantischen Bilder biwakierender Kolonnen, »die endlosen Reihen der gekoppelten Pferde und um sie herum die hohen ernsten Gestalten der Germanenkrieger« im Schein der riesigen Lagerfeuer.[6]

Eine Eingewöhnungsphase gab es nicht für die unerfahrenen Rekruten. Erste Eindrücke von fluchtartig verlassenen Schützengräben mit Massen von grausam entstellten Toten überlagerten die romantischen Kriegsbilder der Anreise. Reiten mit vollem Gepäck auf grundlosen Wegen, endloses Warten im Regen auf die Rückkehr ausgesandter Patrouillen, Quartiersuche für Soldaten und Pferde nach erschöpfendem Tagesmarsch, kalte Strohlager in verlassenen, zerschossenen Gehöften, ständige Alarmbereitschaft, Satteln im Dunkeln nach nur zwei Stunden Schlaf, fluchtartiger Aufbruch in gestrecktem Galopp unter russischem Beschuss – das alles gehörte zu den Erfahrungen der ersten zehn Tage. »Seit Berlin erst gestern wieder aus den Kleidern gekommen als ich die Wäsche wechselte«, schrieb mein Großvater am 23. Dezember an seine Mutter.[7]

Schlimmer als diese Strapazen, als die verstörenden Bilder und die raue, oft derbe Männergesellschaft, in der er als junger, unerfahrener Zögling aus behütetem Hause erst einmal seinen Platz finden musste, lastete im Verlauf der Kriegsmonate aber die Untätigkeit auf ihm. Die Kavallerie hatte als Waffengattung ausgedient, für dieses Relikt einer vergangenen Ära gab es im Zeitalter der Maschinengewehre keine richtige Verwendung mehr. Schon im Deutsch-Französischen Krieg 1870/71 waren die Reiterattacken mit »blanker Waffe« – gezogenem Säbel oder Lanze – im anhaltenden Feuer der mit modernen Hinterladergewehren ausgerüsteten Infanterie verblutet. Die im Kaiserreich geführte Diskussion über eine künftige optimale Verwendung der Kavallerie hatte bis 1914 noch zu keinem klaren taktischen Konzept geführt. Mit einem Karabiner ausgerüstet sollten die Reiter in der Feindaufklärung und vermehrt auch in Fußgefechten eingesetzt werden. Doch gerade das starke Traditionsbewusstsein der Kavallerie erschwerte ein Umdenken.[8] Es führte dazu, dass das Regiment meines Großvaters sowohl mit Karabinern als auch mit Bajonett und einer 3,20 Meter langen und 1,8 Kilo schweren Stahlrohrlanze, die in einen am Steigbügel befestigten »Lanzenschuh« gesteckt und mit der rechten Hand gehalten wurde, in den Ersten Weltkrieg zog.[9]

Melderitte und Aufklärungspatrouillen zu Pferd bildeten die seltenen Höhepunkte des Kriegsalltags im Osten, der ansonsten größtenteils aus nächtlichen Wachen, Ausbesserungsarbeiten an Schützengräben und als überflüssig empfundenem Drill bestand. Noch schlimmer war später die Untätigkeit im belgischen Winterquartier bei Ypern zu ertragen, gerade weil die bürgerliche Behaglichkeit der privaten Unterkünfte im krassen Gegensatz zum Soldatenleben stand. Im Stellungskrieg gab es keine Winterpause. Die verstörenden Nachrichten über Tausende von Toten, Verwundeten und Verstümmelten waren wie eine stumme Anklage an das eigene sichere Dasein hinter den Linien und schürten gleichzeitig die Angst, als Verstärkung der Infanterie in die Schützengräben abkommandiert zu werden. Einerseits suchte mein Großvater die Bewährung, andererseits fürchtete er sich davor, ohne Einfluss auf sein Schicksal, als reines Kanonenfutter herhalten zu müssen. Als Ende Januar 1916 die ersten Gerüchte über eine geplante Großoffensive vor Verdun kursierten, stellte er in einem Brief an seinen Vater, den aktiven General, erstmals den Sinn eines solchen Einsatzes infrage.

»Kann der Erfolg einer glücklichen Offensive im Westen so groß sein, kann unsere Lage inbezug auf die künftigen Friedensverhandlungen wie dem Friedensabschluß überhaupt so verbessert werden, daß die rasenden Verluste, die eine solche Offensive mit sich bringen würde, dadurch voll aufgewogen und auch überwogen *würden?«*[10]

In den Briefen an die Mutter ging er weiter, ließ er seiner Verzweiflung freien Lauf:

»Wenn es nur endlich einmal hier losginge, entweder man wird dann wieder zum Nichts, das man vorher war, bei dem es auch kein Vermissen und Bedauern mehr gibt, oder man kehrt zurück, lebt, lebt, lebt, Friede. –Aber dieses einzige Warten mit dem Ungewissen vor sich, dieses ewige Gefesselt- und Geknebelt sein mit den 4 Kerkerwänden vor sich, das ist manchmal nicht zum Beschreiben …!

Nur keine Verstümmelung, dann lieber einen Volltreffer! […] Die Welt ist und bleibt doch ein riesiges Narrenhaus. Warum schlagen sich denn die Menschen gegenseitig tot?? Warum dieser Krieg? Wir Deutschen konnten ja nicht anders, wir mußten *uns verteidigen. Aber was ist der liebe Grund, wegen dem die ganze Welt Krieg führt? Doch nichts von dem, was mich als Menschen glücklich macht. Bessere oder mehr Kolonialwaren oder ›der deutsche Geist in der Welt‹ und wie all diese phrasenhaften materiellen u. idealen*

Scheinwerte sonst noch heißen, sie machen mich doch in Wirklichkeit um kein Atom glücklicher als ich z. B. zu Goethes Zeiten hätte sein können! Dagegen können sie mich mit Leichtigkeit kalt machen und was habe ich dann davon? […] Laß Dich umarmen von Deinem leise übergeschnappten Cäsar.«[11]

Dieser »leise übergeschnappte« Großvater, wie viel näher steht er mir als der kriegsbegeisterte Jüngling von 1914 und auch als der junge, draufgängerische Offizier der letzten Kriegsjahre, der eben doch mit dem »deutschen Geist« das Hegemonialdenken rechtfertigte und verinnerlichte. Zweifel und die zaghafte Kritik an der Kriegsführung, am Giftgaseinsatz oder an der Behandlung russischer Kriegsgefangener schwanden in dem Moment, als er mit der Beförderung zum Leutnant 1916 von der Kavallerie in die noch junge Luftwaffe wechselte. Schon nach wenigen Tagen an der Flugschule in Halberstadt befreite er sich selbst aus seinem inneren Zwiespalt. Ja, die Welt war ein Narrenhaus, aber »da nun einmal der Karren so verfahren, hat es keinen Zweck beschaulich abseits zu stehen und die Nase zu rümpfen, sondern da muß man mit beiden Füßen hineinstehen in die Dinge, so wie sie nun einmal sind, u. mit beiden Händen fest zupacken und mitmachen, damit es wenigstens auf der nun eingeschlagenen Bahn so gut wie möglich vorwärts geht«.[12] Mit ähnlichen Argumenten erklärte mein Großvater 1933, warum er in die NSDAP eintreten wollte.

Cäsars ganze Leidenschaft galt nunmehr der Fliegerei. Geschwindigkeit und Höhe berauschten ihn und stillten endlich die Sehnsucht danach, sich zu beweisen. Die Aura modernen Heldentums, von Mut, Verwegenheit und Ritterlichkeit, beflügelte meinen zwanzigjährigen Großvater und gab seiner Kriegswahrnehmung eine neue Wendung. Das individuelle Glück ließ sich für ihn wieder mit dem Kampf fürs Vaterland vereinbaren, und der Ruf, »Es lebe der Krieg, solange unsere Gegner ihn wollen, solange uns ein fauler Friede winkt«,[13] kam aus vollem Herzen. Er stellte neue Rekorde unter den Flugschülern auf – Aufstieg bis auf 800 Meter und anschließende Gleitfluglandung in weniger als sechs Minuten –, machte seinen ersten Sturzflug, die erste Not-

Eine Gruppe deutscher Flieger posiert vor einem Flugzeug, undatiert. [8]

landung, den ersten Bruch und mühte sich in seinen Briefen an die Eltern um das richtige Maß an Stolz über vollbrachte Taten und das Herunterspielen der Gefahren.

Wo er Unsicherheit erwähnte, wich sie am Ende immer einer souveränen Überlegenheit. Aus seinen Berichten spricht die Abenteuerlust. So schrieb er über seinen ersten Flug allein, ohne Fluglehrer:

»Doch da winkt schon der Starter mit der roten Fahne, der Lehrer springt ab, gewaltsam reißt man sich los und gibt Vollgas. Der Motor fängt an zu rasseln und man saust über den Boden dahin. Einen Moment hatte ich ein Gefühl ähnlich dem, als ich damals gegen die russische Stellung anritt. Aber nur einen Moment; denn dann nimmt einen sofort die beim Start so heikle Seiten- u. Höhensteuerung voll in Anspruch. Im Nu hatte ich wieder meine alte Sicherheit. Der Start gelang mir tadellos, ganz allmählich hob ich mich ab. Dann schraubte ich mich gleich auf eine ziemliche Höhe. Die Maschine, die ich zum 1. Mal flog, reagierte sehr gut. Ich machte

einen größeren Bogen bis an den Rand von Halberstadt u. kehrte dann wieder um. In ziemlicher Höhe über dem Flugplatz setzte ich zum Gleitflug an. Man drückt auf einen am Steuerhebel angebrachten Kontaktknopf u. im selben Moment dreht sich der Propeller nur noch ganz langsam u. geräuschlos und die Maschine senkt sich elegant nach unten. Da es schon etwas dunkel und das Abschätzen des Bodens deshalb nicht mehr so leicht war, fing ich die Maschine etwas zu spät ab (die Parallellage mit dem Boden herstellen), sodaß ich etwas stärker als vorschriftsmäßig auf dem Boden aufkam, immerhin aber ganz sicher, und auch der Auslauf war dann wieder ganz normal.«[14]

Cäsars Kriegseinsatz als Flieger begann im Januar 1917 in Mazedonien. Die sogenannte Salonikifront war ein Nebenkriegsschauplatz, der sich durch den Kriegseintritt Bulgariens aufseiten der Mittelmächte und die gemeinsame Eroberung Serbiens im Herbst 1915 eröffnet hatte. In dem Zwiespalt, einerseits den Serben beistehen und andererseits keine Truppen von der Westfront abziehen zu wollen, fiel die alliierte Unterstützung halbherzig aus und konnte das serbische Debakel nicht verhindern. Bis zum Dezember 1916 hatten Franzosen, Briten, Italiener und Serben unter französischer Führung von Thessaloniki aus die südmazedonische Region von Manastir über den Dojransee bis zur Ägäis besetzt. Die deutsche Oberste Heeresleitung machte keine Anstalten, den Status quo zu verändern. Mazedonien war bulgarisches Interessengebiet, und die Präsenz der Alliierten hielt den Bündnispartner bei der Stange. Gleichzeitig schien es günstig, die dort stationierten britischen und französischen Verbände an diesem Nebenkriegsschauplatz zu binden. In Erwartung der nächsten Offensive der Ententestaaten, die dann erst Ende April 1917 erfolgte, fristete die Infanterie an der Front in den Wintermonaten ein »kaum mehr menschenwürdiges Dasein« in bodenlosem Schmutz und Kälte, ohne Stroh, Holz und Unterstände auf dem felsigen Boden.[15] Im Vergleich dazu führte mein Großvater in Prilep, knapp 50 Kilometer nördlich dieser Linie, ein recht privilegiertes Leben.

Gut zwei Monate verbrachte er hier, und sie wurden für ihn die wichtigsten des Krieges. Der Reiz des Neuen und Fremden entschädigte für Kälte, Schmutz und die Einfachheit des Quartiers. Das berüchtigte Trinken und »Jeuen (Spielen) bis zur Bewusstlosigkeit« im Offizierscasino konnte er als Flieger, der jederzeit fit sein musste, gut begrenzen.[16] Stattdessen ergaben sich in dem engen Kreis deutscher Offiziere auch interessante Begegnungen wie zum Beispiel mit Ernst von Falkenhausen. Der langjährige Militärattaché in Athen und Balkankenner stand in Kontakt mit albanischen Bandenführern, die sich gelegentliche Scharmützel mit den Franzosen von den Deutschen bezahlen ließen.

Wenn aufgrund des Wetters nicht geflogen werden konnte, ging Cäsar auf Tauben- und Entenjagd oder Adlerpirsch in die Berge. Doch wirklich zählten für ihn nur die Tage, an denen er mit einem Beobachter zu einem Aufklärungsflug in seine »Kiste« steigen konnte, und er nutzte dazu jede Gelegenheit und jedes Wolkenfenster. Das Fliegen in der gebirgigen Landschaft bei schnell wechselnden Wetterverhältnissen und noch dazu über alliiertem Gebiet war ebenso gefährlich wie lehrreich. Dass es dabei immer wieder zu Zusammenstößen mit feindlichen Fliegern, zu Flak- und Schrapnellbeschuss kam, machte die Sache nur umso spannender. »Beinahe bei jedem Flug balgt man sich mit den Herrn Engländern und Franzosen herum«, berichtete er betont lässig.[17] Am Ende zählten die Besatzung und ihre Monteure am Boden gleichermaßen stolz die Einschüsse, die ihre Maschine abbekommen hatte. Es sei völlig ungefährlich, wenn nicht gerade der Pilot tödlich getroffen oder der Motor in Brand geschossen würde, versicherte Cäsar seiner Mutter.[18] In der Tat lebten die Flieger an der stark umkämpften Westfront wesentlich gefährdeter.

Er gewann an Erfahrung und Selbstsicherheit, bekam Orden verliehen – und erhielt seine eigene, ganz neue Maschine: eine 200 PS starke Albatros C-VII, ein Doppeldecker, der mit zwei Maschinengewehren für Flugzeugführer und Beobachter sowie mit leichten Bomben ausgestattet war. Cäsar zählte seine Feindflüge. Entdeckte er bei einer Aufklärung über feindlichem Gebiet ein Lager, einen Nachschub- oder auch Munitionszug, so zögerte er nicht, mit seinem MG hineinzufeuern oder Bomben abzuwerfen. An Präzision fehlte es, und die Wirkung blieb begrenzt, doch es ging darum, den Feind nicht zur Ruhe kommen zu lassen, ihn zu demoralisieren. Die Kriegsführung forderte ein solches Vorgehen. Cäsar stellte es nicht infrage. Aus seinen Briefen sprach die reine Abenteuerlust: »Ich bin der gesundeste und vergnügteste Mensch, den man sich nur denken kann«, schrieb er der Mutter am 24. Februar 1917. »Es gibt nicht leicht etwas Schöneres, Herrlicheres als so ein Flug übern Feind.«[19]

Die Kriegswirklichkeit des Massensterbens in den Schützengräben holte meinen Großvater ein, als sein Bruder Alfred am 10. März 1917 vor Verdun fiel – einen Tag vor Cäsars einundzwanzigstem Geburtstag. In ihrer Verzweiflung setzten seine Eltern mithilfe des württembergischen Königs durch, dass der nunmehr einzige Sohn an einer weniger exponierten Stelle eingesetzt wurde. Mein Großvater kam als Ordonnanzoffizier in den Stab seines Vaters, der eine Infanteriedivision kommandierte. Cäsar fügte sich dem ohne Auflehnung, aus Gehorsam und Einsicht, vor allem aber aus Rücksicht auf die tief trauernde Mutter.

Der schmerzliche Verzicht auf das Fliegen wog schwer und konnte kaum durch die Nähe zu dem von ihm bewunderten Vater kompensiert werden. Doch eine noch tiefere Narbe hinterließ das Gefühl, sich im entscheidenden Moment des Kampfes hinter die Front wegzudrücken. Die großen Abwehrschlachten in Nordfrankreich, der erfolgreiche Winterfeldzug gegen Italien und schließlich die vergebliche Großoffensive im Westen im Frühjahr 1918 – das alles erlebte mein Großvater aus der sicheren Distanz des Stabs hinter den Linien. Er hatte Telefondienst, stellte Transportpläne zusammen, führte das Kriegstagebuch der Division und wertete Nachrichten über die Aktivität des Feindes aus. Nützliche Hinweise lieferten Patrouillenmeldungen der Infanterie, Luftbilder sowie Verhöre von Gefangenen. In Frontnähe, aber außerhalb der Schusslinie verfolgte er so nur am Telefon die Gefechte, nahm Meldungen von der Front entgegen und leitete sie an die Kommandeure weiter. Je blutiger und aussichtsloser die Kämpfe wurden, desto stärker wuchs die Verzweiflung in ihm über seine Sonderstellung, die sich schließlich auch in Briefen an die Mutter Bahn brach, nachdem er zunächst tapfer versucht hatte, seinen inneren Zwiespalt vor ihr zu verbergen.

»Es gibt wie immer in solchen Zeiten für den Ordonanz Off. wenig zu tun. Das Leben im Div. Stab – vor allem bei dem was die Inf. draußen leisten und leiden muß, bei den Hunderten, die draußen ihr Leben einsetzen u. fallen, wieviele einzige Söhne dabei! – wird mir mehr u. mehr zum Graus. Es ist das nicht Sanguinikertum, sondern einfache Anstands- u. Ehrgefühlssache. Ich kämpfe schwerer als je. Manchmal habe ich schon verloren, oder gewonnen? Welches ist der richtige Ausdruck?«[20]

Die Gewissensbisse gruben sich tief in ihn ein. Mein Großvater hatte zeit seines Lebens das Gefühl, wem auch immer – dem Vaterland, seiner göttlichen Bestimmung, seinem eigenen Anspruch – etwas schuldig geblieben zu sein. Es erklärt die Konsequenz, mit der er später den Weg des Widerstands ging, nachdem er sich von allen nationalsozialistischen Illusionen befreit hatte. Er schonte sich nicht, auch nicht nach dem Scheitern des Umsturzversuchs. »Selbstzerfleischend« nannte die Gestapo seine vernichtende Kritik am NS-Regime während der Verhöre.[21] Nahezu prophetisch klingen die Worte, die mein Großvater 1923 anlässlich der Ruhrbesetzung durch die Franzosen an seine Mutter schrieb:

»[…] daß wir Jungen in nächster Zeit immer mehr wieder in kriegsähnliche Zustände hineinkommen, in denen man nach allen Seiten hin freie Hand haben muß, ist für mich keine Frage. Und wenn es wieder ›zu tun‹ gibt, dann werde ich diesmal lediglich nach Alfreds Grundsatz handeln: ›Wer sich schont, muß sich selbst verdächtig werden.‹ Ich bereue meinen einstmaligen Entschluß im Krieg nicht und mache Euch keinen Vorwurf, sondern stehe auch jetzt noch vollkommen ein für das, was ich damals getan habe. Aber ich habe

auch gelernt durch jene Zeit und weiß, daß es eine Grenze gibt, eine Grenze von der ab die Erhaltung des äußeren Lebens mit einer dauernden Schädigung und Wertminderung des inneren Lebens Hand in Hand geht. […]

Ein zweites Mal werde ich meinem ›persönlichen Leben‹ jenes unnatürlich hohe Postament nicht mehr bauen. Aus Selbsterhaltungstrieb! Weil ich fühle, daß sonst aus meinem Leben nichts wird, ich der erstrebten Zukunft nicht wert bin. Jene damals begonnenen, unmerklich immer weiter wirkende, unleidliche Verfilzung meines Gewissens, meines Empfindens, meiner ganzen inneren Entwicklung mit dem Begriff der Lebenserhaltung, jenen schleichenden inneren Mißklang meines bisherigen Lebens, den ich manchmal wohl beseitigt glaubte, der aber in Wirklichkeit nur vorübergehend betrübt war, muß ich noch einmal in meinem Leben mit Gewalt aus mir herausreißen, das ist mir so klar wie 2 x 2 4 ist, ich muß mein ›persönl. Leben‹ wieder an die – unter – *u. nicht übergeordnete – Stelle rücken, die ihm im Leben des männlichen Mannes gebührt, ich muß ›wiedergutmachen‹, wenn ich jemals in meinem Leben in mir selbst im Letzten u. Tiefsten wieder klare, ehrliche Verhältnisse sehen will als Basis meiner Zukunft. […]*

Einmal mußte ich euch das sagen, denn man weiß in gegenwärtiger Zeit nie, was kommt und es ist deshalb notwendig, sich rechtzeitig von allen Hemmungen freizumachen.«[22]

Noch in den letzten Kriegsmonaten ließ sich Cäsar von seinem den Eltern gegebenen Versprechen entbinden und in das verbündete Osmanische Reich versetzen. Nach dem Tod des Bruders sei es ihm nur um den Verzicht auf eine persönliche Passion, die Fliegerei, gegangen, jetzt aber werde sein inneres Ehrgefühl berührt. Am 9. Juli 1918 kam er schließlich nach tagelanger Bahnfahrt in Konstantinopel an. Drei Wochen blieben ihm, um sich an Klima, Essen und Gepflogenheiten zu gewöhnen, dann wurde er als Führer einer Jagdstaffel in das kleine, nahe der mazedonischen Grenze gelegene Städtchen Uzun Köprü geschickt. Von dort aus sollten Balkanbahn und Maritzabrücke geschützt werden, doch solange Cäsar dort war, blieb es ruhig.

Verantwortlichkeit und Ansehen, das er vor Ort als »Führer der kaiserlichen osmanischen Flieger-Abteilung 15« genoss, auch wenn seine Staffel lediglich aus drei Halberstädter Einsitzern in desolatem Zustand bestand, entschädigten ihn für Hitze, Ungeziefer, Abgeschiedenheit und eine monotone Landschaft. Zu seiner Abteilung gehörten 15 deutsche Soldaten – Flugzeugführer und Monteure – sowie 150 türkische Soldaten, darunter ein Offizier. Darüber hinaus standen ihm sieben Reitpferde zur Verfügung und 12 Doppelspänner-Pferdewagen. Außerdem gehörte eine etwa gleich starke Büffelkolonne zum Stützpunkt, an den auch ein ausgedehnter landwirtschaftlicher Betrieb angegliedert war, der über künstlich bewässerte Felder verfügte, auf denen Melonen, Kürbisse, Erbsen, Tomaten, Auberginen und Mais angebaut wurden. Zum türkischen Oberleutnant befördert war mein Großvater mit seinen 22 Jahren recht unvorbereitet in eine Leitungsposition gelangt, die er nicht ohne Geschick und Organisationstalent, vor allem aber mit einem auf Nationalität und Erziehung begründeten Selbstbewusstsein ausfüllte. An der Überlegenheit westlicher Kultur und Zivilisation gab es für ihn keinen Zweifel. So ordnete er das Wahrzeichen der Stadt Uzun Köprü, eine vom osmanischen Sultan Murad II. im 15. Jahrhundert erbaute, knapp 1400 Meter lange Steinbrücke, dem römischen Kaiserreich zu und beschrieb sie als Inbegriff einer »Jahrtausende zurückliegenden, ungleich höheren, stärkeren, aktiveren Kultur«[23].

Als Erstes ließ Cäsar die drei Flugzeuge technisch überholen und mit Maschinengewehren ausstatten, die er am Boden und in der Luft selbst einschoss. Um Flugzeugschuppen und feste Winterquartiere für die Mannschaften errichten zu können, mussten in den Bergen Bäume geschlagen und herangeschafft werden. Auch die Landwirtschaft versuchte er effektiver zu organisieren, indem er dem wichtigsten Bauern, einem deutschen Landwirtschaftssachverständigen, und dem türkischen Zahlmeister mehr Eigenverantwortung übertrug. Die Depots mussten mit Heizmaterial, Pferde- und Büffelfutter gefüllt werden. Immer wieder galt es Streitigkeiten zu schlichten: zwischen deutschen Soldaten, zwischen Deutschen und Türken, Türken und Armeniern, zwischen türkischen Soldaten und ihren Ehefrauen. Statt im Ort zu wohnen, bezog er ein einfaches Quartier auf dem Flugplatz und sorgte mit einer Mischung aus Präsenz, Belohnung und Bestrafung für bessere Disziplin und Arbeitsmoral. Mit besonderer Sorgfalt pflegte Cäsar seine Kontakte zu der türkischen Obrigkeit vor Ort, von deren Gunst nicht zuletzt die gute Versorgung seiner Truppe abhing.

Bildungsdefizite, Machtverhältnisse, die ihm mittelalterlich erschienen, und vor allem eine bis in den kleinsten Bereich vordringende Korruption verhinderten, so das harsche Urteil meines Großvaters, jede fortschrittliche Entwicklung der Region aus eigener Kraft. Für ihn bestand kein Zweifel, dass eine starke politische und wirtschaftliche Führung Deutschlands das Beste für die Türkei sei – eine Art deutsches Protektorat von Konstantinopel über den Kaukasus bis nach Persien. Deutsche wirtschaftliche Interessen standen dabei im Mittelpunkt, ohne den leisesten Zweifel an der Legitimität einer solchen kolonialen Hegemonialpolitik.

Cäsar hielt seine Aufgabe in Uzun Köprü schon im Herbst für weitgehend abgeschlossen. Nachdem er seinen Betrieb straff organisiert und alle notwendigen Vorbereitungen für den Winter in die Wege geleitet hatte, wollte er sich an die Dardanellen versetzen lassen und rechnete damit, den Winter in Konstantinopel zu verbringen. Doch am 29. September 1918 unterzeichnete Bulgarien den Waffenstillstand mit der Entente. Damit drohte der Balkan zu einem Einfallstor für die alliierten Truppen in die Türkei zu werden, und der kleine Fliegerstandort in Uzun Köprü gewann auf einmal eine ganz neue strategische Bedeutung. Für meinen Großvater begann kurz vor Ende des Ersten Weltkriegs ein Abenteuer, das einem Karl-May-Roman alle Ehre gemacht hätte – oder das er zumindest 1920 in ähnlichem Duktus und ohne Scheu vor Selbstdarstellung so beschrieb.

4

Sabotage, Flucht und Gefangenschaft

Das Waffenstillstandsabkommen schnitt die Türkei nicht nur von ihren Verbündeten ab, sondern eröffnete Engländern und Franzosen von Thessaloniki aus den Landweg durch Thrazien in Richtung Konstantinopel. Im Vertrauen auf den bulgarischen Bundesgenossen war die türkische Westgrenze bisher ungeschützt und eine schnelle Truppenverlegung von der kaukasischen und palästinensischen Front aufgrund der schlechten Verkehrsverbindungen unrealistisch. Um Zeit zu gewinnen, entschloss sich die türkische Oberste Heeresleitung dazu, den befürchteten Aufmarsch der Alliierten durch einen Anschlag auf die bulgarische Eisenbahnstrecke zu behindern.

Die Jagdstaffel meines Großvaters wurde auf sieben Flugzeuge aufgerüstet und mit Sprengsätzen ausgestattet. Völkerrechtlich waren solche Sabotageaktionen geächtet, denn Bulgarien galt durch den Waffenstillstand inzwischen als neutrales Land. Die Piloten hatten deshalb strikte Anweisung, auch im Notfall nicht von ihrer Waffe Gebrauch zu machen, sondern eher das eigene Flugzeug zu zerstören und jede in die Türkei führende Spur zu verwischen. Moralische Bedenken hatte Cäsar jedoch nicht, ging er doch davon aus, dass die feindlichen Truppen genau diese neutralen bulgarischen Bahnen für ihren Aufmarsch gegen die Türkei nutzen würden.

Der Auftrag war auch ohne völkerrechtliche Bedenken schwierig genug: Das Gebiet war völlig unbekannt, das Gelände zum Landen schwierig, der Benzinvorrat begrenzt und das Wetter bewölkt – was einen Flug auf Sicht in gebirgiger Landschaft wesentlich erschwerte. Cäsars Flieger sollten voneinander unabhängig agieren und an möglichst vielen verschiedenen Punkten die Bahnlinie sprengen. Er konnte aus der Luft beobachten, wie zwei seiner Männer auf einer Lichtung mit Sprengsätzen zu dem Schienenstrang rannten, dann verlor er den Kontakt zum Rest seiner Staffel. Strömender Regen behinderte die Sicht. Cäsar flog mangels Landemöglichkeiten an der Bahn entlang immer weiter Richtung Westen.

»Allmählich fing die Situation an, für mich etwas ungemütlich zu werden. Die Entfernung, die mich von der türkischen Grenze trennte, wurde immer größer. Ich hatte bereits über die Hälfte meines Benzinvorrats verflogen. Allerdings konnte ich ja für den Heimflug mit Rückenwind rechnen. Immerhin musste ich, nachdem ich nunmehr bereits über 1½ Stunden in der Luft war, spätestens in ¼ Stunde eine geeignete Landestelle finden, um überhaupt noch in der Lage zu sein, nachher die türkische Grenze wieder zu erreichen. Indes, soweit das Auge reichte, nichts, aber auch nichts, was nur die leiseste Möglichkeit einer Landung eröffnete. Rechts und links der Bahn entweder welliges oder mit Hecken durchzogenes Gelände, an zahlreichen Stellen war außerdem die Bahnlinie bewacht. Wahrscheinlich war ja auch die Bahn inzwischen längst alarmiert worden. Zuguterletzt dehnte sich nunmehr auch noch vor mir – nach der Karte musste es nicht mehr unweit Xanthi sein – rechts und links von der Bahn ein großer, zusammenhängender Waldkomplex aus. Ich entschloss mich, ihn zu überfliegen und, falls sich auf der jenseitigen Seite auch keine Landegelegenheit bieten sollte, die Maschine einfach an irgendeiner Stelle auf den Boden oder in den Wald zu schmeißen, die Sprengung auszuführen und dann nach Zerstörung des Flugzeugs zu versuchen, mich zu Fuß heimwärts durchzuschlagen. Denn eine Rückkehr auf den heimatlichen Flugplatz, ohne vorher meine Bomben losgeworden zu sein, wäre eine zu große Blamage gewesen. Andererseits war natürlich eine der-

artige Bruchlandung angesichts des explosiven Gepäcks, das ich bei mir führte, auch nicht gerade sehr verlockend, aber immerhin noch das geringere der beiden Übel.

Plötzlich entdeckte ich, nachdem ich den Wald etwa zur Hälfte überflogen hatte, auf der rechten Seite der Bahn unmittelbar an diese anschließend eine kleine, rings von Wald umgebene stark ansteigende Stoppelackerfläche, die, falls man Dusel hatte, vielleicht zur Landung gerade noch ausreichen konnte. Der Entschluss war natürlich sofort gefasst. Beim ersten Versuch kam ich nicht aus, sondern musste, nachdem ich mit den Rädern beinahe den Boden schon berührt hatte, die Maschine wieder hoch reißen, um nicht beim Auslaufen in den Wald hinein zu sausen. Beim zweiten Mal gelang die Sache jedoch, nachdem ich im Gleitflug mit den Rädern beinahe die Baumkronen gestreift hatte. Die Maschine blieb keine 10 Meter vor dem oberen Waldrand stehen. Sofort raus, den Schwanz der Maschine in die Startrichtung herumgedreht und die Handtasche mit den Bomben herausgenommen; der Motor blieb natürlich laufen. Dann, so schnell einen die Beine überhaupt tragen konnten, zum Schienenstrang geeilt. Die Gelegenheit war denkbar günstig. Die eingleisige Bahn führte gerade an dieser Stelle auf einer schwach konstruierten Brücke über ein ausgetrocknetes Bachbett. Ein Blick nach links: nichts zu sehen; einer nach rechts: in etwa 1000 Meter Entfernung eine Reihe von Gestalten am Bahndamm, bei denen ich aber infolge des strömenden Regens weder die Art ihrer Uniformierung noch ihrer Bewaffnung trotz Zuhülfenahme des Fernglases erkennen konnte.

Also schnell ans Werk. Es kam darauf an, die 8 Kavalleriesprengbomben mittels des Spatens durch Erde und Steine möglichst fest an den über die Brücke führenden Schienenstrang anzupassen, damit sie bei der Explosion nicht nach rückwärts ausbrechen konnten, dann die langen Zündschnüre in die Bomben einzuschrauben und schließlich die Zündschnüre in Brand zu setzen. Nachdem ich an beiden Schienen je 4 Bomben angebracht hatte, sah ich mich noch einmal nach rechts um und stellte fest, dass die vorher bemerkten Gestalten inzwischen auf etwa 500 Meter herangekommen waren. Sie waren deutlich als bulgarische Soldaten zu erkennen, die rechts und links des Schienenstrangs im Laufschritt, Gewehr in der Hand, heraneilten. Eile tat also not. Die Zündschnüre wurden eingeschraubt und daraufhin die erste Streichholzschachtel herausgerissen. Infolge des strömenden Regens gelang aber erst bei der dritten und letzten Streichholzschachtel die Inbrandsetzung. Die bulgarischen Soldaten waren inzwischen bis auf 100 Meter herangekommen. Für mich glücklicherweise, von ihrem Standpunkt blödsinnigerweise, schossen sie jedoch nicht; hätten sie es getan, so hätte auf diese kurze Entfernung jeder Schuss sitzen müssen. Nachdem die letzte Zündschnur brannte, rannte ich im Marsch-Marsch vom Bahndamm herunter und das Stoppelfeld hinauf zu meiner braven Maschine, die mit langsam laufendem Propeller startbereit meiner harrte. Im Moment, als ich in den Führersitz hineinkletterte, ertönte eine starke Detonation von der Brücke her. Die ganze Gegend war in Rauch gehüllt. Trotz der Entfernung von 150 Metern prasselte es nur so von Erdklumpen und Steinen auf die Tragdecks herunter. Die Sprengung war also geglückt. Mit einem hörbaren Seufzer der Erleichterung gab ich Gas und rollte ab. Der Boden war derartig weich, dass es mir erst im letzten Moment vor dem Bahndamm gelang, die Maschine in die Luft zu reißen. In höchstens 2 Meter Höhe sauste ich über den Bahndamm hinweg. Der Erfolg der Sprengung war noch nicht festzustellen, da die Sprengstelle noch in dichten Rauch gehüllt war. Erst nachdem ich mich über den Wald wieder emporgeschwungen und der Rauch sich verzogen hatte, konnte ich das Vollbrachte in näheren Augenschein nehmen. Das ganze Mittelstück der Brücke war herausgebrochen und lag in Tausend Trümmern im Bachbett. Die beiden abgesprengten Schienenenden ragten wie abgehauene Gliedmaßen jäh in die Luft hinaus. Vor der Brücke standen etwa 8–10 bulgarische Infanteristen, die sich das Unglück besahen. Einige von ihnen schossen mir noch kniend nach, trafen aber nur an zwei harmlosen Stellen die beiden linken Tragflächen. Ich winkte ihnen mit dem Taschentuch freundlich zu und nahm Kurs nach Osten. Alles kam nun darauf an, die türkische Grenze zu erreichen. Ich schraubte mich auf etwa 3000 Meter empor und flog dann mit leicht gedrosseltem Motor und stark drückend, d. h. mit etwas nach abwärts gestelltem Flug-

zeug, mit einer Stundengeschwindigkeit von etwa 180 km in kerzengeradem Kompasskurs Richtung Maritza. Bald hatte ich Gümüldzina hinter mir und die vertrauten Gipfel des Rhodopegebirges wieder vor mir. Kurz vor dem westlichen Rand des letzteren bemerkte ich etwa 2–3 km halb links hinter mir und rund 500 Meter über mir ein in gleiche Richtung fliegendes Flugzeug, dessen Typ jedoch wegen der schlechten Sicht – es regnete immer noch stark – noch nicht zu erkennen war. Ich nahm ohne weiteres an, dass es ein Flugzeug meiner Staffel war, das sich, gleich mir, verspätet hatte und nun der Heimat zustrebte. Ich hatte auch nicht weiter Zeit, mir viel Gedanken darüber zu machen, da meine ganze Aufmerksamkeit nach vorn gerichtet war und wegen des immer spärlicher werdenden Benzinvorrats alles darauf ankam, auch keinen Strich breit von dem kerzengeraden West-Ost-Kurs abzuweichen und um Gotteswillen nur keine Zeit zu verlieren. Erst nach etwa 5 Minuten wendete ich mich wieder nach dem vorher gesichteten Flugzeug um; meine Überraschung war nicht gering, als ich es etwa 100 Meter über mir und 60 Meter hinter mir in steilem Sturzflug von rückwärts auf mich herunterstürzen sah. Deutlich war die blau-weiss-rote Entente-Kokarde auf den Tragdecks zu sehen. Ich riss instinktiv die Maschine über dem linken Flügel in eine senkrechte Linkskurve, um aus der Schusslinie des Gegners herauszukommen. Doch es war bereits zu spät. Im selben Moment fingen beide feindlichen Maschinengewehre ihre bekannte Musik an und streuten mir die Holzsplitter meines Flugzeugrumpfs nur so rechts und links um die Ohren. Immerhin war die scharfe Kurve meine Lebensrettung gewesen, denn als ich mir später bei der Landung den Schaden besah, stellte ich fest, dass die feindliche Maschinengewehrgarbe der Länge nach schräg durch den Rumpf und den Führersitz hindurchgegangen war. In der rechten Hälfte des Führersitzes, von der ich infolge der Linkskurve nach links weggerutscht war, saßen allein drei Treffer. Zum Glück war kein edler Teil des Motors verletzt worden, sodass Kampf und Flug weiter gehen konnten. Mein sofort gefasster Entschluss ging dahin, mich unter keinen Umständen in einen Luftkampf einzulassen, da ich bei einem solchen infolge des vielen, mit Vollgas stattfindenden Kurvenfliegens in wenigen Minuten derartig viel Brennstoff verloren hätte, dass ich selbst bei erfolgreichem Ausgang zur Landung auf bulgarischem Gebiet und damit zum Verlust meines Flugzeugs gezwungen gewesen wäre. Es kam also für mich alles darauf an, mich so schnell als möglich in eine der zahlreichen um uns herumschwirrenden Wolken hineinzudrücken und mich damit dem Auge meines Verfolgers zu entziehen. Letzterer, der anscheinend ein Anfänger war, hatte nach seinem erfolglosen Angriff nicht etwa gleich wieder, wie es sich vom fliegerischen Standpunkt unbedingt gehört hätte, sein Flugzeug gleich wieder aufgerichtet und zu sofortigem zweitem Angriff angesetzt, sondern hatte erheblich an Höhe verloren und schwenkte nun erst in weit ausholendem Bogen wieder auf mich ein. Dieses Manöver gab mir einen gewissen Vorsprung und ermöglichte es mir, in einen der vor mir liegenden Wolkenballen hineinzukommen. Als ich auf der anderen Seite wieder heraus kam, sah ich hinter mir nichts mehr von meinem unfreundlichen Tommy. Dieser hatte mich anscheinend tatsächlich aus dem Auge verloren. Vielleicht war es auch ein Franzose, da die Franzosen ja bekanntlich aus angeborener Lauigkeit häufig die Gewohnheit haben, nach einem einmal missglückten Angriff von weiteren Angriffen abzusehen.

Kaum war ich etwa 3 Minuten weiter geflogen, so kam jedoch schon eine neue Misère. Die Nadel des Tourenzählers sprang plötzlich von 1400 auf 500 zurück und senkte sich dann schnell weiter in Richtung des Nullpunkts. Gleichzeitig ging ein leises Zittern durch meine brave Maschine, das nach einigen weiteren Sekunden sich zu einem jähen Ruck und starkem Keuchen des Motors steigerte. Im selben Moment stand auch schon der Propeller still, und die Maschine neigte sich im Gleitflug nach unten; also kein Tropfen Benzin mehr im Haupttank, derselbe anscheinend durchgeschossen. Schnell den Reservetank eingeschaltet, der Motor sprang wieder an; das Schlimmste war damit überwunden, denn unter mir wäre nirgends eine Gelegenheit zum Landen gewesen. Immerhin hatte sich auch so meine Lage vollkommen verändert. Konnte ich bisher immerhin noch damit rechnen, die türkische Grenze zu erreichen, so war dies nunmehr nach menschlichem Ermessen völlig ausgeschlossen. Der Reservetank enthielt 25–30 Liter und reichte damit noch für etwa ½ Stunde. Bis zur türkischen Grenze brauchte ich aber, da ich das Rhodopegebirge noch vor mir hatte und der Westwind inzwischen in starken Nord-Ost-Wind umgeschlagen war, mindestens noch 40 Minuten. Ich musste also mit einer vorzeitigen Landung auf bulgarischem Gebiet im Gebirge rechnen. Zum Glück befand ich mich in einer Höhe von ca. 3500 Meter, sodass ich mit stark gedrosseltem Motor fliegen konnte. Bald hatte ich das Rhodopegebirge wieder unter mir. Die Sicht hatte sich verbessert, sodass ich die Bahnlinie deutlich erkennen und mich nach dieser orientieren konnte. Leider wurde jedoch der Gegenwind immer stärker, sodass ich nur äußerst langsam vorwärts kam. Nach etwa 25 Minuten befand ich mich über dem Kamm des Gebirges. Schon konnte ich in der Ferne die Ebene und das durch diese sich hindurchschlängelnde Silberband der Maritza, die rettende Grenzlinie, erkennen. Alles kam darauf an, dass der Motor jetzt noch 8–10 Minuten durchhielt, denn dann konnte ich, selbst wenn er noch über bulgarischem Gebiet stehen blieb, angesichts meiner großen Höhe immer noch im Gleitflug das östliche Maritzaufer und damit türkisches Gebiet erreichen. Die Spannung stieg aufs Höchste. Es war, als ob alle suggestiven Kräfte des eigenen Willens sich regten, um den knatternden Motor wie ein lebendiges Wesen in das mit allen Fibern angestrebte Willensziel hineinzuzwingen. Eine Minute verstrich, zwei, drei, immer noch stand der Tourenzähler unbeweglich auf 1200. Kein Laut verriet, dass das Leben des Motors nur noch von einigen wenigen Tropfen Benzin abhing. Da, etwa 5 Minuten vor dem erhofften Ziel, dasselbe Spiel wie ½ Stunde vorher, nur noch kürzer, schneller, ein Ruck, und der Motor stand abermals still, diesmal endgültig. Die Ebene war noch so weit entfernt, dass nicht daran zu denken war, sie im Gleitflug zu erreichen; also eine Landung an der bestgeeigneten Stelle, die sich unter mir finden ließ. Indes, das Gelände unter mir war derartig, dass guter Rat teuer war. Weit und breit nichts als steile, zackige Felsberge. Nirgends auch nur die leiseste Andeutung eines zur Landung geeigneten Gebirgsteils. Zwischen und über den Felsgipfeln dichte, massige Wolkenklumpen, die die Aussicht auf das unter ihnen liegende

Gelände versperrten. Es blieb mir nichts anderes übrig, als mich auf gut Glück durch irgendeinen von diesen Wolkenklumpen durchplumpsen zu lassen, in der Hoffnung, dass der betreffende Wolkenklumpen nicht auf Fels auflag, sondern frei in der Luft schwebte und dass sich unter ihm vielleicht doch noch irgendwo eine Landegelegenheit bot. Es war natürlich ein übles Vabanquespiel, da 10:1 dafür sprach, dass ich mit meiner Maschine mitten in der Wolke auf irgend einem Gebirgskegel entzwei ging. Aber es war doch immerhin eine – wenn auch geringe – Möglichkeit des Durchkommens, während an allen anderen, durch Wolken nicht verdeckten Stellen jede Landung mit restlosem Kleinholz nicht nur der Kiste, sondern auch meiner selbst endigen musste. Ich wählte mir also rein instinktiv denjenigen breiten Wolkenklumpen aus, dem ich mein Schicksal anvertrauen wollte, und ließ, über ihm angelangt, die Maschine über dem linken Flügel senkrecht nach unten abrutschen. In rasendem Sturz ging es in die grau-weisse Watte hinein. Ein paar nicht gerade sehr angenehme Sekunden vergingen. Doch Hurra, ich kam ungeschoren zum unteren Wolkenrand wieder heraus. Schnell fing ich die Maschine wieder ab und ging wieder in flachen Gleitflug über. Unter mir – ein wahnsinniger Dusel – ein schmales, langgestrecktes Gebirgstal, in dem sich mit Müh und Not eine Landung, wenn auch wohl kaum ohne Bruch bewerkstelligen ließ. Ich schwenkte in die Längsrichtung ein und liess mich auf einer schmalen, rechts und links von sanft ansteigenden Maisfeldern eingerahmten, schon von oben infolge ihres dunklen Grüns als Sumpfgebiet erkennbaren Wiese nieder. Die Räder sanken denn auch beim Aufsetzen sofort derart tief ein, dass die Kiste sich sofort nach vorn überschlug. Zwischen Benzintank und Motor eingeklemmt hockte ich unverletzt im Sumpf, dessen Wasser mir gleich in Ohren, Nasen und Kragen hereinlief. Zum Glück war es kein eigentlicher Sumpf, sondern nur eine durch den Regen aufgeweichte Oberschicht, sodass das Flugzeug nicht tiefer einsank. Mit Hilfe des Bordhammers und energischer Fußtritte gelang es mir, mich aus meiner Lage zu befreien und aus dem Flugzeug herauszukriechen. Immerhin hatte diese Prozedur mindestens 5–10 Minuten gedauert. Als ich mich umsah, sah ich etwa 20 Schritt entfernt am Rande der Wiese eine Ansammlung von mindestens 15–20 bulgarischen Bauern und Bäuerinnen, die anscheinend in den Maisfeldern gearbeitet hatten und mich nun – sie hatten wohl noch nie in ihrem Leben ein Flugzeug von der Nähe gesehen – in maßlosem Staunen mit weit offenen Augen und Mäulern anstarrten. Einige Weiber wollten sogar zuerst vor mir die Flucht ergreifen, wahrscheinlich weil sie sich gar nicht vorstellen konnten, dass aus einem solchen Teufelsinstrument ein lebendiger Mensch herauskam und sie mich für einen bösen Geist oder etwas derartiges hielten. Als ich sie aber möglichst freundlich auf türkisch, was ja in der dortigen Gegend fast jedermann versteht, anredete und sie zum Näherkommen aufforderte, fassten sie allmählich Zutrauen, umringten mich und bestürmten mich laut gestikulierend mit tausend Fragen, von denen ich natürlich, da ich bulgarisch nicht verstand, keine beantworten konnte. Alles kam für mich darauf an, das Vertrauen der Leute zu gewinnen, damit sie mir nachher – zumal angesichts der feindseligen Stimmung, die in der dortigen Gegend zwischen Türken und Bulgaren herrscht, und meiner türkischen Offiziersuniform – bei meiner Fußflucht keine Schwierigkeiten in den Weg legten. Ich verteilte zu diesem Zweck unter den Männern eine Zigarettenschachtel, die ich bei mir geführt hatte und die zum Glück, weil in der inneren Tasche meiner wasserdichten Fliegerjacke befindlich, trocken geblieben war; außerdem schenkte ich ihnen den Inhalt meiner Werkzeugtasche. Daraufhin begab ich mich bis zum Knie im Matsch watend zu meinem Flugzeug zurück, um instruktionsgemäß das Werk der Zerstörung zu vollbringen. Mit Wehmut nahm ich innerlich von meiner braven Maschine Abschied, die mich in den letzten 6 Wochen auf über 60 Flüge getragen hatte, ohne mich jemals im Stich zu lassen, und die nun wie ein abgeschossener Vogel mit weit ausgebreiteten Schwingen rücklings leblos auf der Erde lag, auf derselben Erde, die sie vorher in stolzer Höhe mit 150 bis 180 Stundenkilometern überflogen hatte. Als ich mich eben anschicken wollte, unter den Rumpf zu kriechen, hörte ich hinter mir einen barschen, rauen Anruf im bulgarischen Befehlston. Ich drehte mich herum und sah 4 Schritt vor mir 2 bulgarische Gendarmen, die mich aufforderten mit ihnen zu kommen. Meine Pistole lag neben mir auf dem umgestürzten Benzintank; unwillkürlich griff ich danach, zog aber sofort, ohne dass die Bulgaren meine Absicht durchschaut hatten, die Hand wieder zurück, mich der eingangs erwähnten Instruktion erinnernd und auch in der Erkenntnis, dass man hier mit List sehr viel besser zum Ziel kommen würde als mit Gewalt. Ich ging also harmlos auf sie zu und ließ mich mit ihnen in ein Gespräch ein. Der eine verstand auch türkisch. Zum Glück hatten beide, obwohl die Bahnlinie nicht weit weg sein konnte, von der erfolgten Sprengung keine Ahnung, sodass ich ihnen meine Landung auf bulgarischem Gebiet damit begründen konnte, dass ich infolge der schlechten Sichtverhältnisse und des starken Ostwinds zufällig von türkischem auf bulgarisches Gebiet abgetrieben und infolge Benzinmangels nunmehr hier zur Landung gezwungen worden sei. Sie glaubten auch alles, erklärten jedoch, dass sie ihrer allgemeinen Instruktion, auf bulgarischem Gebiet angetroffene türkische Militärpersonen zu verhaften und ihrer vorgesetzten Behörde vorzuführen, unbedingt Folge leisten müssten. Ich erklärte mich hierzu mit möglichst freundlichem Gesichte bereit, mit der Bemerkung, die Harmlosigkeit des Zwischenfalls werde sich ja dann sofort herausstellen, und bat sie nur, zu gestatten, dass ich nochmal unter das Flugzeug kroch, um mein Handgepäck herauszunehmen. Nach anfänglichem Zögern tat eine letzte Zigarette das ihrige, meine Bitte wurde gewährt. Nun ging es schnell ans Werk. Da kein Benzin mehr vorhanden war und das Flugzeug stellenweise klitschnass war, dauerte es längere Zeit, bis ich, auf dem Bauch und halb im Wasser unter dem Flugzeugrumpf liegend mit Zuhilfenahme meines Taschenmessers mir die nötigen trockenen Holzsplitter zwecks Inbrandsetzung des Flugzeugs zusammengeschichtet hatte. Schließlich funktionierte aber die Geschichte, ohne dass die Bulgaren den Zweck meiner Manipulation und das langsame Angehen des Feuers innerhalb des Flugzeugrumpfs erkannt hatten. Ich kletterte wieder heraus, nachdem ich vorher noch meine kleine Mauserpistole heimlich eingesteckt und entsichert hatte und stellte mich pflichtgetreu neben meinen beiden biederen Gendarmen auf. Ich bat sie, mir noch einige Minuten Ruhe zu gönnen, da ich von dem Flug sehr erschöpft sei. Meine Absicht war lediglich die, die Leute solange in unmittelbarer Nähe des Flugzeugs zu halten, bis das Feuer den Motor und damit die in diesem eingelagerte, aus etwa 500 Schuss bestehende Maschinengewehr-Munition erreicht hatte. Die durch die bevorstehende Explosion zu erwartende Panik musste meine Rettung sein. Nach etwa 4 Minuten schlugen die Flammen aus dem Rumpf heraus und hatten, nunmehr vom Wind angefacht, in kurzer Zeit das ganze Flugzeug erfasst. Die Gendarmen machten zuerst grimmige Gesichter, waren aber natürlich völlig hilflos und wurden zudem sehr bald durch das ungewohnte Schauspiel vor ihnen in ihren primitiven Sinnen derartig gepackt, dass sie nicht weiter auf mich Acht gaben. Immer näher kamen die Flammen den Patronenkästen. Ich konnte den Moment kaum mehr erwarten, wo der Radau anfing. Da, ein Knall, ein zweiter, ein dritter, majestätisch stieg ein Leuchtspurgeschoss raketenartig in die Höhe, von den bulgarischen Bauern mit lautem Geschrei bestaunt, und dann setzte ein derartig ohrenbetäubendes Geratter und Geknatter ein, dass einem Hören und Sehen verging. Rechts und links zischten einem die Kugeln, dazwischen wie feurige Schlangen die Leuchtspurgeschosse, nur so um die Ohren. Ich warf mich der Länge nach auf den Boden, da, wenn die Kugeln auch keine besondere Durchschlagkraft mehr besitzen, es doch nicht gerade angenehm ist, eine von ihnen in die Schnauze zu bekommen. Die Bulgaren hatte eine derartige Panik erfasst, dass sie, die beiden Gendarmen an der Spitze, mit fürchterlichem Geschrei Hals über Kopf den Abhang hinauf und in die Maisfelder hinein liefen. Passiert ist ihnen, soweit ich feststellen konnte, nichts. Ich benützte natürlich den günstigen Moment und rannte, was mich meine Beine tragen konnten, in östlicher Richtung davon. Erst als ich etwa bereits 200 Meter Vorsprung hatte, bemerkte ich, wie zwei Personen, jedenfalls die beiden Gendarmen, sich von der übrigen Gesellschaft loslösten und mir nachkamen, anscheinend um meine Verfolgung aufzunehmen. Diese konnten mir jedoch – einmal angesichts der erfreulichen Korpulenz der beiden älteren Herren sowie angesichts der schlechten Sichtverhältnisse und des mit Schilf und Unterholz bewachsenen Geländes – natürlich nicht mehr gefährlich werden. Ich nahm – Kompass und Karte hatte ich zum Glück bei mir – schnurstracks

Kurs nach Osten. Mein Plan war, noch in derselben Nacht aus dem Gebirge rauszukommen und die Maritza zu durchschwimmen.«[1]

Es gelang alles so, wie mein Großvater es geplant hatte: Er erreichte noch in der Nacht die Maritza und durchschwamm den Fluss. Dann ging es weiter nach Osten im Dauerlauf, da die türkisch-bulgarische Grenze an einigen Stellen nicht der Maritzalinie entsprach. Als er gegen drei Uhr morgens eine größere Ortschaft erreichte und von einem aus dem Bett geschreckten Einwohner die ersehnte Bestätigung erhielt, sich auf türkischem Boden zu befinden, sank er, aufs Freundlichste bewirtet, halb tot auf sein Strohlager am Herd. Allerdings befand sich die Grenzlinie doch noch 100 Meter weiter ostwärts, sein griechischer Gastgeber hasste die Türken und verriet seinen schlafenden Gast in türkischer Offiziersuniform an die bulgarischen Grenzwachen. Die nun folgenden Tage, an denen Cäsar über mehrere Zwischenstationen nach Sofia gebracht und im Bahnhof festgehalten wurde, führten ihm den Deutschenhass der einfachen Soldaten und Zivilbevölkerung vor Augen, die einerseits dem ehemaligen Bündnispartner die Schuld an der eigenen Niederlage gaben und andererseits unter Plünderungen der abziehenden deutschen Landsturmformationen zu leiden hatten. Bei den französisch sprechenden höheren Offizieren hingegen hörte Cäsar Bedauern über den Waffenstillstand und auch Bewunderung für die tollkühne Sabotageaktion. Einer seiner Männer war gefasst worden und hatte detailliert über den Plan Auskunft gegeben, und so musste er nach anfänglichem Leugnen sich doch zu der Tat bekennen. Der Neutralitätsbruch war zum Politikum geworden und an eine Freilassung trotz aller Sympathie der Offiziere nicht zu denken.

Kompetenzstreitigkeiten zwischen den Bulgaren und den nachgerückten französischen Besatzern ausnutzend, gelang ihm nach mehreren Wochen Haft in der Nacht vom 5. auf den 6. November 1918 die Flucht durch ein Toilettenfenster des Bahnhofs von Sofia – ausgestattet mit einer faltbaren bulgarischen Militärmütze, einem Taschenkompass und einer Karte. Seine Fluchtbeschreibung liest sich so spannend, dass der Verdacht kleiner fantasievoller Ausschmückungen naheliegt: die Bestechung der bulgarischen Wachen, die Verbrüderung mit den kommunistischen französischen Soldaten, das Feststecken im schmalen Toilettenfenster, während ein französischer Offizier ahnungslos unter ihm sein Bedürfnis erledigte. Gegenüber einem französischen Brückenposten, der ihn zu erkennen meinte, gab sich mein Großvater als bulgarischer Offizier aus und ließ ihn unter wilden Beschimpfungen strammstehen. Schließlich gelang ihm die Überquerung des Balkangebirges mithilfe des Kompasses und freundlicher Bauern, die in ihrer Abgeschiedenheit noch immer fest an das deutsch-türkisch-bulgarische Bündnis glaubten. Sein Ziel waren die letzten Einheiten der Heeresgruppe Mackensen am nördlichen Donau-Ufer in Rumänien. Auch wenn er von seinen französischen Bewachern ausreichend mit Hiobsbotschaften über die Westfront versorgt worden war, glaubte er felsenfest an eine Fortsetzung des Krieges.

Etwa zwanzig Kilometer vor Erreichen der Donau geriet er erneut in die Hände bulgarischer Gendarmen, die ihn zwar zunächst für einen flüchtigen Bolschewiken hielten, dann aber mit einem deutschen Offizier als Gefangenen auch zufrieden waren. Cäsar wurde in dem kleinen Hafenstädtchen Orjachowo in einem Hotelzimmer eingesperrt und sollte am nächsten Tag wieder nach Sofia gebracht werden. In der Nacht seilte er sich an zusammengeknoteten Bettlaken aus dem Zimmer im zweiten Stock ab – verlor dabei allerdings durch ein Missgeschick seine Stiefel. Auf Socken ging es weiter, teilweise durch Schnee.

»Der Marsch war infolgedessen zuerst nicht gerade sehr angenehm, es tat offen gestanden scheußlich weh. Aber merkwürdigerweise wurden die Schmerzen mit der Zeit immer schwächer und schwächer und schließlich spürte ich überhaupt nichts mehr. Im Mitteltrab rannte ich barfüßig durch die steinigen Schützengräben, ohne tatsächlich irgendetwas zu spüren. Ich fand das herrlich und wunderte mich im Stillen, weshalb die Menschheit überhaupt Stiefel

trug, denn es ging ja so viel besser. Der wahre Grund, der mir erst später aufging, war der, dass die gesamte untere Hautpartie meiner beiden Füße erfroren und völlig gefühllos geworden war. Nach etwa dreistündigem Marsch langte ich bei Beginn der Dämmerung in dem Dorf Ostrow an.«[2]

Unfähig, noch einen Schritt zu laufen, wurde er heimlich von bulgarischen Fischern auf der Donau westwärts gerudert; nur übersetzen wollte ihn niemand, aus Angst vor marodierenden rumänischen Banden, die mit Rückzug der Deutschen die Gegend verunsicherten. Mehrere kostbare Stunden verstrichen, bis schließlich ein Türke bereit war, dem deutsch-türkischen Offizier zu helfen. Doch als sie schließlich gegen die Strömung nach endloser Zeit in die Nähe des rumänischen Ufers kamen, war weit und breit kein deutscher Soldat mehr zu sehen, und ihr Boot wurde von Rumänen beschossen. Sie waren gerade einmal vier Stunden zu spät gekommen. Sich auf eigene Faust durch Rumänien westwärts durchzuschlagen war angesichts des schlimmen Zustands von Cäsars Füßen völlig ausgeschlossen. Der türkische Fischer brachte ihn zurück auf die bulgarische Flussseite und in der kleinen Ortschaft Beschli bei einem freundlichen und hilfsbereiten Metzger unter, wo er zwei Wochen blieb, in der Hoffnung, zu genesen und sich dann zu Fuß weiter in Richtung Heimat durchschlagen zu können.

»Zwei Tage nach meiner Ankunft in Beschli erfuhr ich aus einer bulgarischen Zeitung, die zufällig den Weg in diese Gegend gefunden hatte, von dem Waffenstillstand von Compiègne. Ich brauchte Tage, ehe ich es überhaupt glauben konnte. Alles bäumte sich in einem dagegen auf. Zu der persönlichen Depression trat nun die noch viel schwerere allgemeine über das furchtbare Schicksal unseres Vaterlandes.«[3]

Die Füße meines Großvaters eiterten an den erfrorenen Stellen, es war offensichtlich, dass er dringend medizinisch versorgt werden musste. So rührend sich die bulgarischen Dorfbewohner auch um ihn kümmerten, seine Wunden wurden unsachgemäß behandelt, und er hatte Angst um seine Füße. So reiste er schließlich in einer bulgarischen Offiziersuniform per Bahn nach Sofia, wobei er über mehrere Stunden das Abteil mit einem englischen, einem französischen und einem italienischen Offizier teilen musste, aber schließlich doch unbehelligt auch die Billettsperre im Hauptbahnhof passierte. Wieder fand er einen hilfsbereiten bulgarischen Offizier, der sich des »Treuebruchs« seines Landes schämte und nun den berühmt gewordenen Deutschen – die Franzosen hatten ganz Sofia nach ihm durchsucht – in einem Vorstadtlazarett versteckte. Kurz vor Weihnachten 1918 wurde Cäsar dort schließlich doch von den Franzosen entdeckt, drei Tage in ein Kellerloch gesperrt, dann jedoch medizinisch versorgt, sodass seine Füße wieder heilten. Nach seinen unzähligen Fluchtversuchen fügte er sich schließlich der Gefangenschaft. Dem ungeschriebenen Ehrenkodex der Offiziere, der zur Flucht aus der Kriegsgefangenschaft verpflichtete, wenn man nicht als Feigling, Vaterlandsverräter oder Deserteur gelten wollte, hatte er Folge geleistet. Es gab keinen Kampf mehr, dem er sich hätte anschließen können, und so schrieb er später erklärend:

»*Selbstverständlich hatte sich mit der Kunde vom Zusammenbruch Deutschlands auch meine Einstellung zu meiner persönlichen Zukunft vollkommen verändert. Da der Krieg zu Ende war, war der eigentliche Zweck meiner Fluchtversuche, nämlich Anschluss an die deutschen Truppen zu bekommen und dann mit ihnen den Orlog weiterzuführen, gegenstandslos geworden. Es kam für mich nunmehr lediglich darauf an, wenigstens mit einigermaßen gesunden und heilen Knochen in die Heimat zurückzukommen. Es war mir klar, dass die Erhaltung meiner Gesundheit wichtiger war, als die Vermeidung einer etwaigen, voraussichtlich doch nur ganz vorübergehenden Gefangenschaft.*«[4]

Voraussichtlich nur ganz vorübergehend – darin täuschte sich mein Großvater wie auch die meisten anderen der rund 300 000 deutschen Kriegsgefangenen in Frankreich. Normalerweise zählte die Freilassung der in Feindesland in Lagern internierten Soldaten zu den ausgehandelten Bedingungen eines Waffenstillstands. Doch Frankreich, Schauplatz der erbittertsten Kämpfe, verwies auf die ungeheuren Zerstörungen im Land und beanspruchte die deutschen Kriegsgefangenen als Arbeitskräfte, um Gräben und Bombentrichter wieder zu füllen, Minen zu räumen, Städte und Dörfer aufzubauen sowie in der Landwirtschaft auszuhelfen. Es gab noch einen weiteren Grund, nicht öffentlich genannt und dennoch allgegenwärtig: Druck auszuüben auf einen nach wie vor gefürchteten Gegner, der sich voraussichtlich gegen allzu harte Friedensbedingungen auflehnen würde. So zögerte sich die von den »PG«, den *prisonniers de guerre*, sehnsüchtig erwartete Heimkehr immer wieder hinaus: nicht nur über den Waffenstillstand vom November 1918, sondern auch über die Unterzeichnung des Versailler Friedensvertrags im August 1919, bis hin zu dessen Ratifizierung im Januar 1920. Die Kriegsgefangenen fühlten sich als Geiseln und Opfer französischer Rachsucht.[5]

Über die Lebensbedingungen in französischen Kriegsgefangenenlagern gibt es kein einheitliches Bild. Etliche Schilderungen ehemaliger Häftlinge über Willkür, drakonische Strafen und unmenschliche Behandlung lassen an Vorläufer totalitärer Lager denken – und tatsächlich lautete auch eine der offiziellen Bezeichnungen für die Lager »*camps de concentration*«. Doch wie vertrauenswürdig können diese 1920 in mehreren Heften zusammengefassten Berichte sein, die unter dem tendenziösen Titel *Die Bestie im Weltkrieg, Verbrechen an deutschen Volksgenossen* im Zuge antifranzösischer Propagandakampagnen publiziert wurden?

Andererseits kann man die Vielzahl von Zeitzeugenaussagen auch nicht einfach ignorieren, und Berichte eines überwiegend korrekten Verhaltens gemäß der Haager Landkriegsordnung decken sicherlich auch nur einen Teil der Wirklichkeit ab.[6] Mein Großvater erlebte beides: wind- und wetterdurchlässige Zelte und kalte Winternächte auf blankem Boden unter brutaler Bewachung in Mikra bei Thessaloniki sowie moderate Haftbedingungen mit Lektüre und Freigang auf Ehrenwort im Offizierslager von Châteauroux. Als Offizier blieb er von der harten Zwangsarbeit verschont, doch die Untätigkeit lastete doppelt auf ihm. Cäsar war 23 Jahre alt und ungeduldig. Er wollte studieren, sein berufliches Leben gestalten – ebenso wie die Zukunft seiner Heimat, aus der nur bruchstückhafte Nachrichten über Revolution und politischen Aufruhr, über Demütigung und erste demokratische Gehversuche zu ihm drangen. Er erreichte Stuttgart schließlich am 13. März 1920, mitten in den Wirren des rechtsnationalen Kapp-Putsches.

5

Frankreich – eine schwierige Liebe

Die politische Entwicklung meines Großvaters stand sein Leben lang in einer nahen und wechselvollen Beziehung zu Frankreich. Man könnte von einer Hassliebe oder vielleicht besser von einer zwiespältigen Liebe sprechen – von einer Mischung aus Feindseligkeit und Sympathie –, wobei beide Gefühle lange Zeit auf unterschiedlichen Ebenen koexistierten. Die Rivalität beider Länder während des Kaiserreichs, das Gefühl eines unberechtigten französischen Revanchismus mit Blick auf Elsass-Lothringen prägte Cäsars Kindheit – der Erste Weltkrieg seine Jahre als junger Erwachsener. Seine offene Feindschaft galt jedoch weniger dem Gegner von 1914 als dem Staat, der in seinen Augen nach 1918 Deutschlands Aufstieg verhindern wollte. Bis es dann zum erneuten Krieg kam, hatte das Frankreichbild meines Großvaters längst versöhnliche Züge angenommen. Nach vier Jahren in Paris als deutscher Besatzungsoffizier hatte er das Rivalitätsdenken gänzlich überwunden und sah das Verhältnis zwischen beiden Staaten im Mittelpunkt eines neuen europäischen Kontextes. Doch bis zu jenem sollte es noch ein langer Weg werden. Die frankophile Prägung meines Großvaters, die selbst durch Krisenzeiten nicht zu erschüttern war, ging vor allem auf den Einfluss der französischen Kindermädchen in seiner Kindheit und mehrere Frankreichaufenthalte zurück. Sie ließ ihn zwischen dem Staat und seinen Bewohnern unterscheiden. Er liebte die Sprache und Kultur des Nachbarlandes – nicht aber die sogenannte französische Zivilisation mit ihren liberalen Idealen wie Weltbürgertum, individueller Freiheit und politischer Teilhabe der Massen. Eher fühlte er sich von den romantischen, konservativ-revolutionären Vorstellungen einer ständisch geordneten Volksgemeinschaft angezogen, in der ein jeder nach Begabung und Leistung seinen Platz und seine Aufgabe hat – und der Beste das Sagen.

Seine Mutter schickte ihm im Ersten Weltkrieg französische Literatur an die Front. Während er in die Welt der Pariser Romanhelden eintauchte, übernahm er gleichzeitig ganz selbstverständlich die stereotype deutsche Kriegspropaganda und spottete süffisant über die Feigheit der »Herren Franzosen«. Doch die äußerliche Abgeklärtheit wich beim Anblick eines abgeschossenen französischen Piloten rasch einem beklemmenden Mitgefühl. Selbst während der Kriegsgefangenschaft richtete sich seine feindselige Verachtung gegen eine politische Führung, die den Deutschen die Heimkehr verwehrte, auch gegen Einzelne ihrer Repräsentanten, nicht aber gegen die Franzosen im Allgemeinen. Ähnliches galt für den Versailler Vertrag, der das Verhältnis meines Großvaters zu Frankreich schwerer belastete als alle kriegerischen Konflikte. Der Kampf gegen die als ungerecht empfundenen Friedensvereinbarungen beherrschte und radikalisierte ihn über einen langen Zeitraum. Dabei hatte er die Ratifizierung des Vertrags im Januar 1920 mit großer Erleichterung aufgenommen, bedeutete sie doch endlich das Ende der Kriegsgefangenschaft. Doch das Erwachen in der Heimat traf ihn umso heftiger: Cäsar von Hofacker hatte im Sommer 1918 ein nach wie vor siegesbewusstes Umfeld im Deutschen Kaiserreich verlassen. Er war nicht vorbereitet auf das, was nun kam – genauso wenig wie die meisten Deutschen.

Noch wenige Wochen vor Kriegsende war der Gedanke eines Verständigungsfriedens ohne Gebietsgewinn von der deutschen Obersten Heeresleitung als inakzeptabel, Verrat und Wehrkraftzersetzung zurückgewiesen worden. Deshalb traf ihre Forderung nach einem Waffenstillstand im Oktober 1918 Offiziere, Reichsregierung und Öffentlichkeit gleichermaßen überraschend. Noch stand die deutsche Armee im Feindesland. Ein Rückzug hinter die Grenzen von 1914 schien ein angemessenes Entgegenkommen zu sein, zusätzlich stand wohl Elsass-Lothringen auf dem Spiel. Die liberalen Friedensvorstellungen des US-Präsidenten Woodrow Wilson, die keine Ungleichbehandlung in den Wirtschafts- und Handelsbeziehungen vorsahen und vor allem ein Selbstbestimmungsrecht der Völker bekräftigten, nährten diese Hoffnung. Die eigene idealistische Auslegung von Wilsons 14 Punkten ermöglichte weiterhin den Traum einer deutschen Weltmachtstellung.

Der Waffenstillstand, den Matthias Erzberger im Namen Hindenburgs und als Vertreter einer neuen Regierung am 11. November 1918 als Erster unterzeichnen musste, schockierte durch seine unerwartet harten Bedingungen: die Räumung sämtlicher von deutschen Truppen besetzten Gebiete in Ost und West, die Besetzung der linksrheinischen Gebiete durch alliierte Truppen, die Aufhebung des Friedens von Brest-Litowsk, Reparationszahlungen, Entwaffnung der Armee, Auslieferung der Flotte. Das in Compiègne unterschriebene Abkommen übertraf die schlimmsten Befürchtungen und war doch nur ein Vorgeschmack auf Versailles.

So hart die Konditionen in Deutschland auch empfunden wurden, auch die Erwartungen des nach vier Jahren Krieg stark geschwächten französischen Gegners erfüllten sie nicht. Frankreichs Kriegsziele reichten weit über die Rückgewinnung von Elsass-Lothringen hinaus. Mit mehr als 1,3 Millionen Gefallenen – rund einem Viertel aller Männer zwischen 18 und 30 Jahren –, 2,5 Millionen teils schwer verwundeten Soldaten und 600 000 zivilen Opfern[1] waren die Folgen von Krieg, Hunger und Entbehrung in jeder Familie allgegenwärtig. Vier Jahre Stellungskrieg hatten ganze Landstriche verwüstet, Städte, Infrastruktur und Industrieanlagen zerstört.

Zur Forderung nach Wiedergutmachung und der Notwendigkeit des Wiederaufbaus kam ein elementares Sicherheitsbedürfnis. Das Kaiserreich war besiegt – aber war der starke, bevölkerungsreiche und sicherlich auf Revanche sinnende Nachbar auch langfristig bezwungen? Frankreich erhoffte sich eine dauerhafte wirtschaftliche und politische Schwächung: die Annexion des Saarlands, die Loslösung des linken Rheinufers vom Deutschen Reich als französisch dominierter Pufferstaat, bedeutende Reparationszahlungen und Wirtschaftssanktionen, am besten ein Zurück zur deutschen Kleinstaaterei. Die französischen Unterhändler gingen mit entsprechenden Forderungen in die Friedensvertragsverhandlungen. Doch auch Versailles blieb hinter solchen Erwartungen zurück. Die Höhe der von Deutschland zu tätigenden Reparationsleistungen blieb zunächst ungeklärt, wurde an eine eigens eingerichtete Reparationskommission delegiert und in die Zukunft vertagt. Diese offene Frage belastete nicht nur das deutsch-französische Verhältnis, sondern vor allem den inneren Frieden Deutschlands in den ersten Jahren der Weimarer Republik. Deutschland hatte das Ringen um die einzelnen Paragrafen des Versailler Friedensvertrags weder beeinflussen noch mitverfolgen können. Man hoffte nach wie vor auf einen moderaten Wilson-Frieden und rechnete mit möglichen Nachverhandlungen. Doch keiner der Alliierten war bereit, das mühsam ausgehandelte Vertragswerk noch einmal aufzuschnüren. Das fassungslose Entsetzen über dieses »Friedensdiktat« einigte für einen kurzen Moment weite Teile des ansonsten so kontroversen politischen Spektrums. Deutschland empfand sich nicht als Aggressor, und Teile der Gesellschaft wollten aus nationalem Stolz die militärische Niederlage schon nicht mehr wahrhaben. Man gestand Frankreich Entschädigung für die auf seinem Boden entstandenen Verwüstungen zu, aber es gab kein Verständnis für das elementare französische Sicherheitsbedürfnis.

Notgedrungen erklärten sich schließlich Regierung und Nationalversammlung bereit, den Vertrag mit seinen als unzumutbar empfundenen Klauseln zu unterzeichnen, wenn der Kriegsschuldartikel 231 herausgenommen würde. Darin hieß es: »Die alliierten und assoziierten Regierungen erklären und Deutschland erkennt an, daß Deutschland und seine Verbündeten als

Urheber aller Verluste und aller Schäden verantwortlich sind, welche die alliierten und assoziierten Regierungen und ihre Angehörigen infolge des ihnen durch den Angriff Deutschlands und seiner Verbündeten aufgezwungenen Krieges erlitten haben.«[2]

Die Alliierten lehnten das deutsche Ersuchen ab und drohten mit Wiederaufnahme der Kampfhandlungen. Deutschland unterzeichnete daraufhin unter Protest. Der rechtsnationale Flügel verweigerte bei der Abstimmung in der Nationalversammlung zwar die Zustimmung, hielt aber mangels eines besseren Vorschlags still. Als eine Art innenpolitische Friedensgarantie bescheinigte er den anderen Abgeordneten sogar offiziell, aus vaterländischen Motiven und unter Zwang zu handeln. Ein Lippenbekenntnis: Es dauerte nicht lange, und das Trommelfeuer der rechtsnationalen Parteien, Gruppierungen und Vereine richtete sich gegen die eigene Regierung, die zu wenig Standvermögen zeigen würde.

Mein Großvater hatte in französischer Kriegsgefangenschaft nur Bruchstücke dieser Geschehnisse mitbekommen. Ohne deutsche Unterschrift unter dem Friedensvertrag gab es keine Entlassung aus dem Lager – das allein zählte. Er hielt sich zurück mit seinen politischen Kommentaren, was sicherlich auch an der französischen Zensur lag. Doch kaum, dass er im März 1920 wieder heimatlichen Boden unter den Füßen hatte, schloss er sich der rechten Polemik an. Er trat in Tübingen in den Nationalen Studentenbund ein – ähnliche Organisationen hatten sich an zahlreichen deutschen Hochschulen gebildet. Hier trafen die unverarbeiteten Erfahrungen der nahen Vergangenheit auf politische, wirtschaftliche und gesellschaftliche Unsicherheiten der neuen Zeit. Nationale Perspektivlosigkeit mischte sich mit persönlichen Zukunftsängsten und existenzieller Not. Der zeitgenössische Schriftsteller, Freikorpskämpfer und rechte Terrorist Ernst von Salomon drückte es so aus: »Ein wunderliches Gemisch aus Bierdunst, Sonnenmythos, Militärmusik erschlug die blasse Lebensangst: Der Grundakkord sehr lauten Mannestums ward in Weihe übertönt von Schillerzitaten.«[3]

Das neue politische System konnte den Studenten nicht die

Sicherheit eines festen Arbeitsplatzes oder einer späteren Beamtenlaufbahn bieten. Pluralismus, politischer Liberalismus, Toleranz und Meinungsvielfalt galten unter den rechten Studenten als französisches Erbe der Aufklärung und entsprachen ihrer Auffassung nach nicht dem »deutschen Wesen«. Sie kämpften gegen die »zerstörerischen Kräfte des Internationalismus jeder Färbung«[4] und für eine deutsche Volksgemeinschaft, die in den nationalen Studentenorganisationen unter dem neu gegründeten Dachverband Deutscher Hochschulring als rassisch begründet verstanden wurde.

Mein Großvater fühlte sich mit seinen 24 Jahren im Kreis dieser Aktivisten – viele von ihnen ehemalige Frontoffiziere wie er – wohler als im Hörsaal unter den achtzehnjährigen Erstsemestern. Sein Jurastudium trat zunächst deutlich hinter dem politischen Engagement zurück. Das systematische Lernen fiel ihm nach sechs Jahren Pause schwer. Stattdessen suchte er Führungsaufgaben und ein klares Ziel, dem er sich mit der ihm eigenen Leidenschaft verschreiben konnte. Er fand es im Kampf gegen den von französischen Interessen geprägten Friedensvertrag von Versailles.

Das Clausewitz-Zitat, Krieg sei nichts als die Fortsetzung der Politik mit anderen Mitteln, galt für ihn in der Umkehrung: Politik war die Fortsetzung des Krieges mit anderen Mitteln – vor allem rhetorischen. »Es ist Krieg, Kameraden, nichts als Krieg«, hämmerte er seinen Mitstudenten im Februar 1921 ein. »Ausnahme- und Belagerungszustand, genauso wie einst, als unsere Brüder fielen; für uns kann es, darf es keinen Frieden geben.«[5]

Es ging ihm dabei nicht um einen neuen bewaffneten Konflikt mit Frankreich, zu dem Deutschland ohnehin nicht in der Lage war. Vielmehr versuchte er geradezu verzweifelt, jenes atmosphärische Umfeld heraufzubeschwören, das im August 1914 das deutsche Volk in gemeinsamem Kampfeswillen und vaterländischer Begeisterung angeblich geeint hatte. Eine selbstbewusste, starke deutsche Einheitsfront könnte den Alliierten ein Zugeständnis nach dem anderen abringen, auch gegen den Willen Frankreichs – so seine feste Überzeugung.

Cäsar von Hofacker stellte hinter diesem Ziel erst einmal alle privaten Bedürfnisse zurück. Er pflegte keine Freundschaften außerhalb des Hochschulrings, und schon gar keine Liebschaften; er trat keiner studentischen Verbindung bei, was für ihn in »Friedenszeiten« selbstverständlich gewesen wäre; und er verbrachte ein Semester in Graz, um im Sinne des Hochschulrings Volkstumspolitik zu betreiben. Das gleiche Engagement erwartete er von seinen Kommilitonen. Sie aus ihrer Bequemlichkeit aufzurütteln, vor allem die Jüngeren, die nicht mehr die »eiserne« Zeit des Krieges erlebt hatten und sich womöglich einem trügerischen Frieden hingaben, blieb ein ständiges Anliegen, dem er mit drastischen Formulierungen und pathetischen Bildern Nachdruck verlieh. Wehrhaft sollten sie sein, und wenn es keine Wehrpflicht mehr gab, dann in heimlichen Übungen Körper und Geisteshaltung stählen.

Eine solch vaterländisch bewegte Studentenschaft musste das deutsche Volk zusammenschweißen in der Erkenntnis, »daß wir zuerst und vor allem anderen Deutsche sind, dann erst – in weitem Abstand – Akademiker, Lehrer, Beamte, Arbeiter usw«.[6] Die Vermittlung von Werkstudenten- und Ferienjobs diente nicht nur der Linderung existenzieller Not, sondern vor allem auch dem Austausch mit der arbeitenden Bevölkerung über gesellschaftliche und politische Schranken hinweg. Genauso wichtig war ihm die völkische »Grenzlandarbeit«: der Kontakt zu Studenten in ehemals deutschen, jetzt zu Polen oder zur Tschechoslowakei gehörenden Gebieten, im Saarland oder auch in Österreich. Der mehrheitlich gewünschte »Anschluss« Österreichs an Deutschland war auf Verlangen Frankreichs durch den Versailler Vertrag untersagt worden – für meinen Großvater ein eklatanter Verstoß gegen das Selbstbestimmungsrecht der Völker.

Je mehr sich mein Großvater dem Ziel einer geeinten Volksfront verschrieb, desto größer wurde seine Distanz zur parlamentarischen Republik. Er sah in ihr einen unlösbaren Interessengegensatz, da politische Parteien nur in scharfer Abgrenzung voneinander existieren könnten und deshalb das Volk nicht einten, sondern spalteten. Er unterstellte ihnen, lediglich zum Wohl der eigenen Klientel und nicht für Volk und Nation zu handeln. »Formaldemokratie« und Mehrparteienstaat sollten möglichst schnell zugunsten einer starken autokratischen Führung überwunden werden.

Die Gefahr von Machtmissbrauch blendete er aus. »Die paar demokratischen Sympathien, die ich nach Rückkehr aus Gefangenschaft hatte, sind *restlos* aufgebraucht«, schrieb er seiner Mutter. »Ich stehe jetzt vollkommen auf dem Standpunkt Bismarcks, der die Demokraten u. Liberalen immer u. stets als hoffnungslose, gemeingefährliche Schädlinge ansah und der gegen jeden Liberalen u. Demokraten von vornherein eine gefühlsmäßige Abneigung besaß.«[7] Noch missbilligte er das »lärmende Vorgehen der Nationalsozialisten« und das »oberbayrische Bramarbas«.[8] Zehn Jahre später gab er Hitler seine Stimme.

Das weit gefasste Ideal einer klassenübergreifenden Volksgemeinschaft gehörte nach dem Ersten Weltkrieg zum parteiübergreifenden Gedankengut. Gestützt auf die Erfahrung der »Gemeinschaft des Schützengrabens« sowie auf die Sorge vor Bürgerkrieg und Klassenkampf bediente es den Traum von gesellschaftlicher Harmonie und sozialer Gerechtigkeit – und ließ verschiedenste Interpretationen zu. Für die einen bedeutete dieses Gedankengut vor allem die Überwindung der innenpolitischen Zerrissenheit. Andere sahen darin eine Möglichkeit zur Ausgrenzung von Menschen.

So auch der Deutsche Hochschulring, der sich die Frage stellte, wen er eigentlich vertrat, was unter »deutsch« zu verstehen war und wer dazugehören durfte – da zum Beispiel seine sudetendeutschen Mitglieder ja offiziell Tschechen waren.

Entsprechend lehnte dieser eine nationalstaatliche Definition ab, propagierte die rassisch-völkische, blutmäßige Zugehörigkeit zum deutschen Kulturkreis und schloss dabei die Juden als vermeintlich »undeutsch« aus. Mein Großvater teilte nach anfänglichem Zögern diese Meinung. Als Vorsitzender schwor er im Winter 1920 die Mitglieder des Nationalen Studentenbunds in Tübingen darauf ein, denn der »Arierparagraf« war die Voraussetzung für eine Zugehörigkeit zum Dachverband. Es mag ihm in erster Linie um die so viel beschworene Einheit der Studentenschaft gegangen sein, doch die Radikalität seiner Rede lässt auch auf eine eigene innere Überzeugung schließen.

»Der Gedanke der großen deutschen Volksgemeinschaft, der sowohl hier im Reiche, als auch über unsere jetzigen staatlichen Grenzen hinausgehend, alle Deutschen deutscher Art u. deutscher Sprache im starken Bewußtsein ihrer völkischen Zusammengehörigkeit einschließen will, dieser große Gedanken verträgt keine Kompromisse. Rein muß er sein und bleiben. Der eigentliche Kitt dieser Gemeinschaft ist deutsches Wesen, deutsche Art. Unter Deutschen wollen wir sein, deutsch wollen wir reden, deutsch wollen wir geführt sein. Es hieße, diesen zusammenhaltenden Kitt den Todeskeim beimengen, wenn wir einem fremden, nichtdeutschen Stamm die Aufnahme in diese deutsche Gemeinschaft und damit mitbestimmenden Einfluß zugestehen würden. Und wir, die wir die deutsche Volksgemeinschaft erstreben, wir müßen ihren Gedanken selbstverständlich schon in unseren eigenen Reihen verwirklichen. Es muß darum offen gesagt werden: Der Jude gehört nicht in unsere Reihen. Denn in seinen Adern rollt, und wenn er noch so sehr als Deutscher sich zu fühlen glaubt, fremdes Blut und fremdes Wesen. Härten lassen sich einmal nicht vermeiden, unser Ziel steht uns höher als die Rücksicht auf Einzelpersonen.«[9]

War mein Großvater ein Antisemit? Für die Zeit seines Hochschulringengagements gibt es daran keinen Zweifel und auch noch weitere Belege. Er definierte Judentum damals klar biologistisch und nicht als religiöses Bekenntnis, und sprach den Juden das Recht ab, vollwertige Deutsche zu sein. Sie symbolisierten für ihn wie für viele seiner Zeitgenossen Vorstellungen von Weltbürgertum, Demokratie, Liberalismus und Internationalismus – kurz, alles, was er ablehnte, da sich seiner Meinung nach Deutschland nur durch »krassen nationalen Egoismus« befreien könnte. Und den traute er weder Juden noch – aus ähnlichen Beweggründen – Katholiken als Teil einer über Nationen hinweg verbundenen Glaubensgemeinschaft zu. Auch dies war im Umfeld des Hochschulrings eine weit verbreitete Meinung.

»*Hierzu fehlt, glaube ich, der gegenwärtigen Regierung eben doch die letztendliche leidenschaftliche Intensität des nationalen Willens. Wirth u. Rathenau, der eine als gläubiger Zentrumsmann, der andere als jüdischer Weltmann und* über*nationaler Philosoph sind m. E. gegen Ideen wie ›Menschheit‹, ›internationale Solidarität‹ usw. ihrem innersten Wesen nach nicht genügend gefeit, um so handeln zu können, wie unsere politische Lage es erfordert.* Vollkommene *innere Freiheit von jeglichen Gedanken an die* politische *Solidarität Europas muß, solange Versailles besteht, ein unbedingtes Bestandteil unseres politischen Wollens sein. Je krasser unser nationaler Egoismus ist, desto mehr werden wir Europa wieder in richtige Bahnen lenken, niemals aber – in unserer heutigen Lage – durch* unmittelbare *Konzessionen!*«[10]

Diese Sätze schrieb er im April 1922. Sechs Tage später bewies Außenminister Rathenau mit dem überraschenden Abschluss des sowjetrussisch-deutschen Rapallo-Vertrags genau die hier geforderte Unabhängigkeit von den Westmächten. An den Vorbehalten gegen ihn änderte das nichts. Zwei Monate später wurde er von rechtsextremistischen Terroristen ermordet.

Dabei hatte mein Großvater 1919 in den höchsten Tönen von Walther Rathenau geschwärmt. Rathenaus national engagierter Aufruf *An Deutschlands Jugend* war sein »Evangelium«, »weil er dem, was ich instinktiv empfand, so prachtvollen Ausdruck verleiht«[11]. Es war die Mutter, die erstaunt antwortete: »Es würde mich aber doch wundern, wenn in dieser großen Sache ein Jude die richtigen und besten Worte finden würde«[12]. Zweieinhalb Jahre später hatte sich Hofacker als Hochschulaktivist radikalisiert. Er sah in Rathenau noch immer den klugen Politiker, den er widerwillig achtete, und gleichzeitig den Repräsentanten eines verhassten Systems. Seine Reaktion auf dessen Ermordung deckt diesen Zwiespalt auf. Moralische Empörung über den Mord als politisches Mittel lässt sich darin nicht erkennen.

»*Die Leute gehören, mochten sie auch das Beste gewollt haben, wegen ihrer* Dummheit gevierteilt! *Sie haben 1000mal mehr Schaden angerichtet als der ganze R. jemals hätte anrichten können. Diese 21jährigen Bengels, die sich anmaßen, einen Rathenau zu ermorden, gehören in die Schule gesteckt und jeden Tag durchgeprügelt! Auch personell m.E. ein* ungeheurer *Verlust! Nicht als ob ich R. für den Mann hielte, aber weil diejenigen, die jetzt ran kommen, ihm sicher nicht das Wasser reichen können.*«[13]

Mein Großvater absolvierte 1923 sein erstes juristisches Staatsexamen, promovierte 1924 und fand danach eine Anstellung in Krefeld beim Verein der deutschen Seidenindustrie. Seine radikalen politischen Positionen aus Studententagen ließ er unter dem liberalen Einfluss rheinländischen Unternehmertums hinter sich. Er nahm sich keine Zeit mehr für die Politik, arbeitete hart und karrierebewusst, holte aber auch Versäumtes nach, ging tanzen, spielte Tennis und lernte meine Großmutter kennen. Er fand Zutritt zur rheinländischen Gesellschaft, nicht zuletzt über den von ihm bewunderten Vorgesetzten und dessen jüdische Frau, mit denen er auch später in Freundschaft verbunden blieb. Seine späteren Briefe und Schriften zeugen an mancher Stelle nach wie vor von Vorurteilen gegenüber Juden, doch kämpferische, ausgrenzende antisemitische Polemik kommt darin nicht mehr vor, auch nicht, als er sich Anfang der Dreißigerjahre in Berlin zunehmend den Nationalsozialisten annäherte.

Doch völkische Reden, ja, Hetze wie in seiner nationalistischen Studentenzeit haben zu einer politischen Kultur der Weimarer Gesellschaft beigetragen, in der sich der nationalsozialistische Vernichtungswille entwickeln konnte. Sah er später eine Mitverantwortung? Fühlte er sich in einer Schuld, als er seiner Tochter 1943 schrieb, dass »wir Menschen« ohne fromme Demut »Gefahr laufen, jedes irdische Maß zu verlieren und entweder größenwahnsinnig oder zu Bestien zu werden«?[14]

Die herzliche, ungezwungene rheinländische Mentalität, die kulturelle Offenheit im industriellen Umfeld, der wirtschaftliche Pragmatismus der Unternehmer mit ihren alten Verbindungen zum französischen Nachbarn müssen sich auch auf meinen Großvater positiv ausgewirkt haben. Die politische Situation hatte sich entspannt. Die Reparationsfrage war mit der Londoner Konferenz 1924 weitgehend geklärt, die Wirtschaft erholte sich dank amerikanischer Kredite, und auch das Verhältnis zu Frankreich besserte sich dank der Politik Gustav Stresemanns und Aristide Briands. Cäsar startete voller Elan ins Berufsleben. Er hatte sich bewusst für eine Karriere in der Wirtschaft entschieden, um zurückzugewinnen, was seine Familie durch den Sturz des alten Systems und die Inflation an Wohlstand und Einfluss verloren hatte. Aus diesem Grund verzichtete er auf eine Beamtenlaufbahn und zunächst auch auf den diplomatischen Dienst – zwei spätere Versuche, als Quereinsteiger ins Auswärtige Amt zu gelangen, sollten scheitern.

Doch seine innere Passion galt der Außenpolitik, insbesondere den Beziehungen zu Frankreich. Die kämpferische Kriegsrhetorik hatte er abgelegt, nicht jedoch den Glauben an eine Politik der Stärke. Humanismus, Pazifismus, Völkerverständigung blieben für ihn idealistische, kraftlose Worthülsen ohne Realitätsbezug. Allerdings – und darin lag eine entscheidende Entwicklung – sah er eine erfolgreiche Politik nicht mehr im »krassen nationalen Egoismus«, sondern in der Anerkennung gegenseitiger Interessen. Nicht Volksverbrüderung führte seiner Meinung nach zu einer tragfähigen deutsch-französischen Verständigung, sondern ein Ausgleich zwischen den verfeindeten Hauptkontrahenten, zwischen der jungen deutschen und der jungen französischen Rechten, im Geiste des Respekts für ihre jeweiligen nationalen Grundbedürfnisse. So war für ihn »ein etwaiger Verzicht des deutschen Volkes auf sein historisches ethnographisches Recht auf den überwiegenden Teil Elsass-Lothringens« denkbar, im Tausch gegen einen »Verzicht Frankreichs auf die einseitige Entwaffnung Deutschlands oder den Polnischen Korridor«[15].

1928 klang eine solche Vision noch recht utopisch und nach Selbstüberschätzung des deutschen Verhandlungsspielraums. Doch die Machtverhältnisse sollten sich ändern. Zehn Jahre später schaute Europa verschreckt auf ein wiedererstarktes, aggressiv auftretendes Deutschland, und 1940 stellten Cäsars Vorstellungen in Frankreich ein maßvolles Gegenmodell zum totalitären Herrschaftsgebaren der Nationalsozialisten dar. Während der deutschen Besatzungszeit knüpfte mein Großvater an seine früheren Gedanken an und traf in den kollaborationswilligen Regierungsvertretern Vichys genau jene jungen rechten Nachwuchspolitiker, mit denen er sich 1928 eine deutsch-französische Aussöhnung vorgestellt hatte.

6
Zwischen allen Stühlen

Aus tiefster Überzeugung, dass Deutschland eine führende Position unter den Großmächten gebühre und dies nur durch eine Politik der Stärke zu erreichen sei, kämpfte mein Großvater für die »Wehrhaftmachung der Nation«[1]. Ziel der militärischen Aufrüstung war für ihn nicht Krieg, sondern die Möglichkeit und notfalls auch die Bereitschaft, ihn zu führen. Nur dann sei auch ein Entgegenkommen der Westmächte zu erwarten. Die rigorosen Rüstungsbeschränkungen gehörten in seinen Augen deshalb zu den schlimmsten Klauseln des Versailler Vertrags, sie zu umgehen fiel eher unter Notwehr als unter Rechtsbruch. Es klingt recht unglaubwürdig, wenn er in einem Kommentar zu einem deutschkritischen Artikel in einer französischen Zeitung 1928 schrieb: »Die behauptete schwarze Reichswehr existiert *nicht.*« – zumal er wenige Sätze später auch jegliches hegemoniale Bestreben Deutschlands leugnete.[2] Zumindest hatte er sich als Hochschulringaktivist energisch für eine paramilitärische sportliche Ertüchtigung der Studenten eingesetzt. Als Hitler nach seiner Machtübernahme den Fokus unmissverständlich hinter dem Rücken der Westmächte auf einen massiven Ausbau der Streitkräfte setzte, nahm er Hofacker vollends für sich ein. »Hitler ist nun einmal das deutsche Wunder. Ich hänge ihm mit jeder Faser meines Herzens an«,[3] schrieb er begeistert an seine Mutter, als er 1934 im Rahmen einer – laut Friedensvertrag verbotenen – Wehrübung wieder selbst im Cockpit saß. Da seine Mutter offensichtlich anderer Meinung war, legte er vier Tage später nach: »Du wirst noch erleben, wie unbegründet im Großen Dein mangelndes Vertrauen in Hitler ist. Laßt ihm doch Zeit! – Zum 1. Mal in meinem Leben empfinde ich einen ganz starken politischen Gegensatz Dir gegenüber. Ich verstehe durchaus Deine Kritik im Detail u. unterschreibe sie weitgehend; nicht aber Deine Skepsis im Großen.«[4]

Als »deutsches Wunder«, als »Befreiungspolitik«[5] empfand es mein Großvater, dass Hitler in aller Dreistigkeit – ohne sich in die Karten blicken zu lassen und mit sicherem Instinkt dafür, wie weit er gehen konnte – die Bestimmungen des Versailler Vertrags missachtete. Aufrüstung, Rheinlandbesetzung, der Anschluss Österreichs – immer wieder habe der »Führer« in einer »Verbindung von Kühnheit und Realismus« einen Genius bewiesen, der ihn »turmhoch über fast alle zeitgenössischen Staatsmänner emporhebt«[6]. Als Deutschland im September 1938 mit der Besetzung des Sudetenlands drohte, dachte mein Großvater angesichts der greifbaren Kriegsgefahr zunächst, Hitler habe den Bogen überspannt, um dann in umso größerer Erleichterung das Münchner Abkommen als »Augusterlebnis« zu feiern und nur noch fester an die Genialität des »Führers« zu glauben.

Seine politischen Ziele für Deutschland gingen jedoch noch weiter als das Münchner Abkommen und die »Heimkehr« des Sudetenlands. Hofacker war zwar bereit, einen vermeintlichen Anspruch auf Elsass-Lothringen aufzugeben, nicht aber die ehemals deutschen Gebiete im Osten, wobei er deutsch nach wie vor völkisch verstand. Mein Großvater sah in einer Machtausdehnung auf Mittel- und Südosteuropa einen Ausweg aus der »Versailler Einkreisung«[7]. Sie würde Deutschland militärisch, wirtschaftlich und politisch Sicherheit geben, ebenso wie den deutschen Minderheiten in Ländern wie Polen oder Rumänien.

Er hielt diesen hegemonialen Anspruch für genauso gerechtfertigt wie den Großbritanniens auf das Empire. Allerdings galt es jetzt zunächst einmal, das Erreichte zu sichern. Ein weiteres Entgegenkommen Englands war kaum zu erwarten, und Deutschland schien ihm für einen Krieg weder militärisch noch psychologisch ausreichend gerüstet.

Der radikale Konfrontationskurs Hitlers unmittelbar nach der friedlichen Beilegung der Krise weckte bei Cäsar erstmals tiefergehende Zweifel. Warum diese aggressive Rhetorik nach dem Erfolg des Münchner Abkommens, warum die Zerschlagung der Tschechoslowakei, die Provokation Großbritanniens?[8] Warum dieses unnötige Risiko? Doch er wollte lieber an eine geheime Strategie Hitlers, an einen tieferen Sinn dieses Handelns glauben als an unberechenbaren Größenwahn. Das unterschied ihn von seinen Freunden, mit denen er in Berlin zunehmend regimekritisch diskutierte.

Dieser Kreis um Nikolaus Üxküll traf sich ab 1937 in wechselnder Zusammensetzung. Fritzi Schulenburg war als »hohes Tier« – so meine Großmutter[9] – mit seiner Familie von Ostpreußen zurück nach Berlin gezogen und hatte dort sein Amt als stellvertretender Polizeipräsident angetreten. Er gehörte fest zu der eher familiären Gesprächsrunde, ebenso wie Peter Yorck, Berthold Stauffenberg und manchmal noch andere der Jüngeren des »Grafenkreises«, der sich später zum Widerstand zusammenschließen sollte. Sie alle hatten 1933 an einen Aufbruch geglaubt, teilweise auch große Hoffnungen in den autoritären Staat gesetzt, erkannten aber, dass es neben den außenpolitischen Erfolgen auch zu Rechtsbruch und Bonzentum kam, und hatten sich bald unterschiedlich weit vom Nationalsozialismus distanziert. Sie alle gingen schließlich den konsequenten Weg in den Widerstand und in den Tod.

Doch während Hofacker in der Sudetenkrise 1938 als Aufklärungsflieger an einem Militärmanöver nahe der tschechischen Grenze teilnahm und schließlich das Münchner Abkommen als großen Triumph Hitlers feierte, überschritten Nux, Fritzi Schulenburg oder Ulrich Schwerin zeitgleich erstmals die Grenze zwischen oppositionellen Gedanken und Konspiration. Sie standen in Kontakt zu einer Gruppe aktiver Offiziere im Heer und in der militärischen Abwehr, die Hitler beseitigen wollte, um den drohenden Krieg zu verhindern.

Das Einlenken der Alliierten nahm ihnen den Wind aus den Segeln und einigen Beteiligten dieser ersten Fronde auch den

Mut, noch einmal etwas gegen einen »Führer« zu wagen, der vom Schicksal begünstigt schien und stärker als zuvor aus dieser Krise hervorging. Andere warteten jedoch von nun an auf eine künftige Gelegenheit. Sie wussten jetzt voneinander, auch wenn dieses lose Netzwerk angesichts von Krieg, militärischen Erfolgen und dienstlichen Versetzungen erst spät wirklich zum Tragen kommen sollte.

Mein Großvater gehörte 1938 noch nicht zu dieser oppositionellen Gruppe, doch die Gespräche im Freundeskreis wurden zu Beginn des Jahres 1939 immer düsterer. Meine Großmutter beobachtete diese Entwicklung mit wachsendem Unbehagen. »Mir geht ja Fritzis Gegenwart fast auf die Nerven. Er sitzt in seinen Pessimismus gehüllt wie eine schwarze Krähe am Rande froher Gemeinschaft & beschränkt sich darauf mit beißendem Spott jede politische Unterhaltung zu stören. Und trotzdem sitzt er vielleicht am nächsten an der Quelle aller Kraft – aber auch er sieht nur durch ein Monokel, und deshalb einseitig. Peter kann ich nicht beurteilen, ich kenne ihn zu wenig.«[10]

Am stärksten beunruhigte sie jedoch der große Einfluss von Nux Üxküll, und sie suchte in ihrer Schwiegermutter eine Verbündete in dem Bemühen, Cäsar aus dessen düsterer Vereinnahmung zu lösen.

»Ich habe insofern schon vorgearbeitet, als ich heute Nacht – zwischen Mitternacht u. Morgen – eines jener intimen Gespräche mit ihm hatte, die mir Zutritt zu seinem innersten gaben, & die in der Dunkelheit nur Worte finden lassen, was sonst am Tageslicht ängstlich verschlossen bleibt oder im Unterbewußtsein haften. Ich konnte ganz vorsichtig das Thema Nux anbringen & zwar aus meiner Beurteilung heraus und aus meinem Gefühl heraus, daß er – Cäsar – sehr stark zu beeinflussen sei & dadurch die eigene Objektivität in der Beurteilung verliere. Er gab mir dabei dies sehr offen zu, bestätigte mir aber, daß er in vielen Dingen ganz anderer Ansicht sei als Nux, aber daß ein ernsthaft denkender Mensch gar nicht anders könnte und zu diesen Schlüssen kommen müsse wie auch Fritzi und die anderen alle. Wir können darin zu wenig mit-

reden als Frauen, glaub ich, und man hat zu wenig Trümpfe in der Diskussion. Wichtig war mir, daß sich Cäsar bewußt wurde, daß er leicht und stark zu beeinflussen sei & daß er sich dessen besonders Nux gegenüber bewußt ist. Dabei beeindruckt ihn wohl weniger die Art wie *Nux es sagt, sondern nur, wie sein Urteil ist, und ich befürchte, Nuxens Urteil ist doch von großer Gewichtigkeit, wenn er die Jüngeren abends manchmal versammelt, und alle stehen da etwas unter seiner Zauberformel, sowohl Peter als Fritzi als Cäsar.«*[11]

Als mein Großvater Ende August 1939 eingezogen wurde, hoffte er auf ein »neues München«. Ungewohnt unsicher darüber, wie er die Lage beurteilen sollte, beinahe trotzig klingt es, wenn er schreibt: »Nun, der Führer wird schon seine Gründe haben, und die Sache mit Russland [deutsch-sowjetischer Nichtangriffspakt vom 24. August 1939] ist und bleibt eine geniale Tat, die zu neuem Vertrauen in ihn verpflichtet. Könnte ich jetzt mit Nux sprechen!«[12] Der vertrauensvolle, immer kritischer werdende Austausch mit Üxküll und Schulenburg blieb, begleitete ihn auf seinem Weg der radikalen Abkehr von Hitler und führte Cäsar wenige Jahre später in den Widerstandskreis.

Die schnelle Niederlage Polens versetzte Cäsar nur kurzfristig in erleichterte Siegesstimmung. Im Gegensatz zum Ersten Weltkrieg fehlte bei ihm diesmal der kämpferische Optimismus und wohl auch die tiefe innere Überzeugung, für eine gerechte Sache einzustehen. Rückwirkend sprach er von einer düsteren »Weltuntergangsstimmung«[13] bei Kriegsausbruch. Er erlebte die ersten verstörenden Kriegsgräuel und versuchte sie mit der Notwendigkeit der Partisanenbekämpfung irgendwie zu rechtfertigen.

»Man muß sein Herz erhärten und doch gelingt es einem oft nicht. Das Flüchtlingselend der Polen, die in endlosen Kolonnen – heimatlos geworden – auf den Landstraßen ziehen, hungernd und frierend, die Sumpfgegend vor sich oder völlig verwüstete Gebiete – Millionen werden Hungers sterben & in Jahrtausenden ist dieser Haß von Volk zu Volk nicht wieder gut zu machen«, schrieb Lotte nach einem Kurzbesuch von Cäsar ihrer Schwiegermutter.[14]

Nach dem Überfall auf Polen erklärten Frankreich und England Deutschland erwartungsgemäß den Krieg. Diese Gegner weckten Erinnerungen an den Ersten Weltkrieg und Ängste. Meine Großmutter schrieb von einem »Alpdruck«, der auf den Menschen laste, von »drückender Ungewißheit« und dass sie bereit zu jeglichem wirtschaftlichen Verzicht sei, wenn nur Frieden wäre.[15] Neun Monate lang passierte zunächst einmal nichts. Mein Großvater verbrachte den Winter 1939/40 als Kapitän einer Flieger-Aufklärungsstaffel mit seiner Mannschaft auf Abruf an der Westgrenze im Rheinland. Er litt unter Schlaflosigkeit und klagte gegenüber meiner Großmutter, wie schwer es sei, ohne Überzeugung das zu leisten, was gefordert werde.

»Man ist dauernd auf der Suche nach sich selbst, lebt in einer Welt, die einen zwar mit Haut und Haar erfaßt, letztendlich aber gerade deshalb so übermäßig und einseitige Konzentration erfordert, weil man ihr innerlich nicht restlos verhaftet ist, sich vielmehr aus Pflichtgefühl mit Gewalt in sie hineinzwängen muß.«[16]

Lotte schickte den Brief an ihre Schwiegermutter weiter – in Kriegszeiten wurden Nachrichten selbstverständlich geteilt – und fügte hinzu: »Cäsar ist doch sehr ernst in der Beurteilung der Lage – Nux ebenso – das Alter spielt doch in Kriegen eine große Rolle –, nur die unbeschwerte Jugend kann alles bejahen und alles gewinnen: die Verantwortung allen Geschehens lastet eben auf jedem reifen Menschen so schwer, daß er seinen ganzen Willen einsetzen muß, um nach außen hin vor seinen jungen Offizieren wenigstens optimistisch zu scheinen.«[17]

Am 10. Mai 1940 begann Hitlers Westoffensive. Am 22. Juni setzte die Unterzeichnung des Waffenstillstands von Compiègne im historischen Eisenbahnwaggon von 1918 in den Augen einer über den raschen Sieg erleichterten deutschen Bevölkerung endgültig den Schlussstrich unter den »Schandfrieden« von Versailles. In den anderthalb Monaten dazwischen war es der deutschen Armee gelungen, Belgien, die Niederlande und Frankreich zu besiegen sowie die britischen Truppen zu einem fluchtartigen

Rückzug nach England zu bewegen. Für die darauffolgende Besatzungszeit gab es allerdings noch kein klares Konzept – weder was die Verwaltungsstrukturen noch was den Umgang mit dem besiegten Gegner anbelangte. Es änderte sich je nach Kriegsgeschehen und mündete schnell in das für das NS-System charakteristische Kompetenzchaos.

Die Frankreich auferlegten Waffenstillstandsbedingungen wirkten angesichts der jahrelang geschürten Polemik gegen den Friedensvertrag von Versailles zunächst moderater als erwartet. Unter anderem durfte es seine Kriegsflotte behalten. Hitlers Eroberungsvisionen lagen im Osten. Der Westen musste beherrscht werden, um ihm für diesen Krieg den Rücken freizuhalten und Deutschland mit Lebensmitteln, Rohstoffen und Rüstungsgütern zu versorgen.

Noch gab es Unklarheiten über das weitere Vorgehen Großbritanniens und die Hoffnung, dass London nach der Eroberung Frankreichs die deutsche Vorherrschaft im kontinentalen Europa anerkennen würde. Hitler warb für diese »friedliche« Lösung und gab sich gemäßigt, auch um sich die französische Unterstützung für den Fall eines militärischen Konflikts mit England zu sichern. Churchill demonstrierte jedoch unmissverständlich seine Kriegsbereitschaft: Am 3. Juli 1940 versenkte die Royal Navy vor der algerischen Küste die Flotte des geschlagenen Verbündeten, um zu verhindern, dass sich die Deutschen ihrer bemächtigten. An die 1300 französische Seeleute kamen dabei ums Leben, und viele Franzosen fragten sich vorübergehend, ob der Erzfeind nicht eher auf der anderen Seite des Ärmelkanals statt jenseits des Rheins zu suchen wäre.

Überhaupt standen die Chancen im Sommer 1940 für die deutsche Besatzungsmacht gut, das geschlagene Frankreich nicht als unversöhnlichen Gegner, sondern als kooperationswilligen Verbündeten zu gewinnen. Auf die bittere Niederlage folgte die illusionäre Hoffnung der politischen Führung, als Partner Deutschlands einen nach wie vor bedeutenden Platz in einem neuen Europa einnehmen zu können und im Windschatten des »Dritten Reichs« wirtschaftlich zu erstarken. Frankreichs Wirtschaft hatte nach dem Ersten Weltkrieg den Modernisierungsprozess verpasst und befand sich in den turbulenten Dreißigerjahren in einer anhaltenden Krise. Der sogenannte Sitzkrieg, der angespannte Zeitraum der neun Monate zwischen der alliierten Kriegserklärung an Deutschland im September 1939 nach dessen Überfall auf Polen und dem Beginn der deutschen Westoffensive im Mai 1940, verschärfte die Schwierigkeiten noch: Hunderttausende junger Männer waren sofort mobilisiert worden und fehlten daher nun als Arbeitskräfte in Industrie und Landwirtschaft. Als schließlich Millionen von Menschen vor den Deutschen flohen, kam die Wirtschaft vollständig zum Erliegen. Materielle Not und Arbeitslosigkeit förderten die Bereitschaft, sich neuen Bedingungen zu fügen – wenn es so nur wieder aufwärtsging.

Zu der wirtschaftlichen Instabilität kam die politische: Zwischen 1933 und 1940 wechselten in Frankreich 15-mal die Premierminister; Streiks, Verstaatlichungen, eine angefeindete Volksfrontregierung unter sozialistischer Führung und ein schwacher Franc stärkten die Randparteien und die Bereitschaft, bürgerlich-parlamentarische Traditionen zugunsten eines autoritär-nationalistischen Systems infrage zu stellen. Als der deutsche Vormarsch die französische Verteidigung überrollte, wurde die militärische Krise schnell zu einer politischen und der 84 Jahre alte Erste-Weltkriegs-Held Philippe Pétain zum neuen Hoffnungsträger. Auch als er, anstatt den Widerstandswillen zu stärken, sich für die Kapitulation und Kollaboration mit dem nationalsozialistischen Gegner aussprach, folgten viele Franzosen bereitwillig dem »Vater der Nation« mit dem buschigen weißen Schnurrbart. Seine Nationale Revolution verwandelte das parlamentarische System in ein autokratisches – und anstelle von Freiheit, Gleichheit, Brüderlichkeit gab seine Bewegung die Parole Arbeit, Familie, Vaterland aus. Dabei stützte sich die neue Regierung in Vichy auf eine Elite gut ausgebildeter rechter Technokraten.

Auch auf deutscher Seite schienen die Voraussetzungen für eine Politik des Entgegenkommens günstig, denn die Erfahrung grausamer Übergriffe der Einsatzkommandos auf die Zivilbevölkerung in Polen galt im Heer bereits als abschreckendes Beispiel. Die Grundzüge der Besatzungsadministration in Paris waren nicht von NS-Bürokraten, sondern vom Oberkommando des Heeres ausgearbeitet worden. Es legte dabei großen Wert auf eine einheitliche militärische – nicht zivile – Verwaltung. Das bedeutete, dass die Exekutive in Frankreich bei der Wehrmacht und nicht bei Partei und Gestapo lag. Das Reichssicherheitshauptamt in Berlin, die von Himmler im September 1939 gegründete oberste Gestapobehörde unter der Leitung von Reinhard Heydrich, sollte außen vor bleiben. Zivile Verwaltungsbeamte trugen ihre eigene Uniform – mit einem blauen Kragen anstatt dem grünen Kragen der Soldaten –, bekamen eine Art Dienstgrad entsprechend ihres Postens und unterstanden dem Militärbefehlshaber. Der wiederum hatte eine klar definierte Aufgabe, die der eines Gouverneurs entsprach: Er übte die vollziehende Gewalt aus, kontrollierte die französische Verwaltung und sorgte für Ruhe und Ordnung im Land – und dafür, dass Frankreich die Versorgung der Wehrmacht und der deutschen Kriegswirtschaft sicherstellte. Das geschah zunächst weder durch Ausplünderung sämtlicher Ressourcen noch Unterdrückung und Terrorisierung der Bevölkerung. Dass die deutsche Besatzung genau in diese Richtung schließlich abdriftete, lag weniger an der Einstellung der Militärverwaltung als an den immer maßloseren Vorgaben aus Berlin und einem stetigen Machtzuwachs von Partei und SS in Frankreich.

Als mein Großvater am 27. Juni 1940 morgens um acht Uhr am Kölner Hauptbahnhof in einen der zwei Militärbusse Richtung Compiègne stieg – zusammen mit 80 Beamten wie Förstern, Oberbürgermeistern, Land- und Finanzräten –, sah er voller Hoffnung in Deutschlands und auch in die eigene Zukunft. Der Konflikt mit Frankreich hatte ein unerwartet schnelles und erfolgreiches Ende gefunden. Daher glaubte er an eine mögliche Einigung mit Großbritannien und an einen baldigen Frieden. Russland hielt still, gebändigt durch den deutsch-sowjetischen Nichtangriffspakt – in den Augen Cäsar von Hofackers wieder ein genialer Schachzug des »Führers«. Hitlers wahre Absichten durchschaute er nicht – oder er wollte sie nicht wahrhaben. Für ihn ging es jetzt darum, Deutschlands führende Rolle in Europa durch eine kluge, maßvolle Besatzungspolitik zu sichern und den geschlagenen Gegner als Partner für sich zu gewinnen.

Mein Großvater übernahm die Leitung des Referats »Eisen und Stahl« im Verwaltungsstab des Militärbefehlshabers und sollte dafür sorgen, dass die deutsche Kriegswirtschaft den größtmöglichen Nutzen aus der französischen Stahlindustrie zog. Die Aufgabe schien aus mehreren Gründen bestens auf ihn zugeschnitten: Zunächst einmal sprach er fließend Französisch. Dann brachte er mit seinem diplomatischen Geschick die nötige Ungezwungenheit im Kontakt mit anderen Menschen, selbstsichere Umgangsformen und eine freundliche, aber auch entschiedene Art der Gesprächsführung mit – Kompetenzen, die ihm bei den anstehenden Verhandlungen mit den französischen Vertretern aus Wirtschaft, Politik und Stahlbranche zugutekamen. Nicht zuletzt war er vom Fach, denn seit 1928 arbeitete er als Jurist bei den Vereinigten Stahlwerken, Deutschlands größtem Montankonzern.

Cäsar von Hofacker hatte sich die Anstellung zunächst als Übergang vorgestellt, in der Hoffnung, später als erfahrener Wirtschaftsexperte ins Auswärtige Amt aufgenommen zu werden. Nachdem der erste Anlauf 1933 gescheitert war, hatte er es, wie erwähnt, 1937 noch einmal versucht und war aus diesem Grund sogar in die NSDAP eingetreten – doch vergeblich. Als Justiziar war ihm bei den Vereinigten Stahlwerken zwar ein gewisser Aufstieg gelungen, doch er erhoffte sich mehr von seiner Karriere. Der Posten in Paris eröffnete ihm neue, internationale Perspektiven und vielleicht nach Friedensschluss die Möglichkeit, ins Reichswirtschaftsministerium zu wechseln.

Seine Fahrt über Compiègne nach Paris führte ihn durch ein von Menschen verlassenes Land. Die Erinnerung an die langen, blutigen Kämpfe des Ersten Weltkriegs hatte mit Beginn der deutschen Offensive eine große Fluchtbewegung gen Süden ausgelöst.

»In Compiègne verschaffte ich mir zus. mit 2 Forstmeistern selbst Quartier in einer verlassenen echt französ. Villa. Wir fanden noch einen vollen Wäscheschrank vor, bezogen uns selbst die riesigen französ. Betten und beschlossen den Abend – Feldküchenessen gab es nicht mehr – mit unterdessen, im Keller vorgefundenen Burgunder Jahrgang 1921. In Compiègne selbst nur deutsche Soldaten, alles übrige geflohen. Außer Gefangenen habe ich hier noch keinen Franzosen gesehen.«[18]

In seinen Jahren in Paris beschwor mein Großvater immer wieder das Potenzial einer engen und konstruktiven deutsch-französischen Zusammenarbeit, weit über eine nur rücksichtslose Unterwerfung hinaus. Allerdings kam er auch mit klaren Vorstellungen in die französische Hauptstadt, wer in dieser Partnerschaft Koch und wer Kellner war. Die Deutschen hatten ihre Überlegenheit bewiesen, jetzt hieß es, geschickt und fair mit dieser Position der Stärke umzugehen, dem geschlagenen Gegner »in den äußeren Attributen seiner scheinbaren Unabhängigkeit

Militärparade der in Paris einmarschierenden deutschen Truppen vor dem Arc de Triomphe de l'Étoile, Juni 1940 [9]

und Unversehrtheit neuen Trost für die verlorene Führerrolle«[19] finden zu lassen. Auch wenn er »territoriale Veränderungen im Westeuropa des 20sten Jahrhunderts« nicht mehr zeitgemäß fand, schrieb er wenige Sätze später:

»Ich würde, wenn es auf mich ankäme, Holland u. Belgi. Flandern einverleiben, den Franzosen Nordfrankreich völlig belassen und ihnen im Austausch gegen Elsass-Lothringen (in dem die französ. Minderheit durch Sonderstatut besonders großzügig zu behandeln wäre) die Wallonei geben, neue Währungs- und Wirtschaftsunion zwischen Frankreich u. Deutschland proklamieren und in einem friedlichen symbolischen Akt vor den gemeinsamen Totenfeldern eine ewige deutsch-französ. Allianz begründen. Ganz Frankreich würde uns zujubeln. Der Kontinent wäre geeinigt. Und die Möglichkeiten eines großzügigen wahren Friedens mit England wären hierdurch in keiner Weise präjudiziert. Im Gegenteil! Aber ich fürchte, all dies bleibt leerer Wahn.«[20]

Seine Worte wirken wie ein ungezügelter Ausbruch deutschen Großmachtstrebens im Rausch des überwältigenden Sieges – und mein Großvater wird zu diesem Zeitpunkt nicht ganz frei von »der ihm innewohnenden magischen Wirkung«[21] gewesen sein, wie er es 1944 rückblickend über den Polenfeldzug schrieb. Die Kriegszieldiskussion des Ersten Weltkriegs lag gerade einmal zwanzig Jahre zurück, hegemoniales Denken war bei vielen noch fest im Bewusstsein verankert – vor allem auf Kosten kleiner Staaten wie Belgien oder der Niederlande. Seine Einstellung wandelte sich im Laufe der Pariser Jahre. Der nahe und sehr freundschaftlich geprägte Kontakt zu französischen Unternehmern, das Einfühlen in ihre Lage und Sichtweise gaben seinem Denken eine europäische Dimension. Das später so ernüchternde Kriegsgeschehen mag ebenfalls dazu beigetragen haben.

Allerdings sollte man die heute so anmaßend klingenden Vorstellungen meines Großvaters auch aus der Perspektive der politischen Wirklichkeit des Sommers von 1940 sehen. Damals stellten sie – zumindest für Frankreich – ein durchaus maßvolles

Gegenmodell zu anderen Überlegungen dar. Frankreich war mit der Niederlage in verschiedene Zonen unterteilt, Elsass-Lothringen bereits de facto dem deutschen Staatsgebiet angeschlossen worden. Eine Demarkationslinie trennte die unter deutscher Verwaltung stehenden nördlichen und westlichen Teile des Landes von der »freien« Zone unter der Regierung Pétains in Vichy. Das faschistische Italien besetzte als Verbündeter Deutschlands acht südliche Départements. Aus französischer Sicht gefährdete jedoch die Loslösung des Wirtschaftszentrums im Norden sehr viel stärker die Integrität des Landes. Die beiden Départements Nord und Pas-de-Calais unterstanden nicht der deutschen Militärverwaltung in Paris, sondern der in Brüssel. Ohne einen die bestehenden Grenzen sichernden Friedensvertrag hatte Frankreich keinerlei Sicherheit, dass diese Gebiete nicht ebenfalls wie Elsass-Lothringen über kurz oder lang abgetrennt werden würden. Mein Großvater ging fest von einer solchen Absicht aus – und es belastete ihn. »Daraus resultiert ein ständiger Zwang zu diplomatischen Verschleierungen und – sehr bald wohl – bei den Franzosen das Gefühl eines doppelten, nicht ehrlichen Spiels auf unserer Seite. Ich bete zu Gott, daß der Friede bald ausbricht und wir die Franzosen wieder sich selbst überlassen können. Denn naturgemäß wird gerade *durch* die Besatzung die Gefahr schwerer wirtschaftlicher Krisen u. Katastrophen für Frankreich äußerst verschärft.«[22]

Seine ersten Tage in Paris erlebte er wie im Traum.[23] Die Deutschen hatten sich im feinsten Viertel rund um den Arc de Triomphe einquartiert. Das imposante Hôtel Majestic in der Avenue Kléber diente als Verwaltungssitz des Militärbefehlshabers, gut bewacht und weitläufig abgesperrt. Vom Zwischenstock hing die Hakenkreuzfahne als weithin sichtbares Zeichen der neuen Herrschaft. Die noblen Zimmer waren schon nach dem Konkurs des Hotels in den Dreißigerjahren vom französischen Rüstungsministerium einer neuen Nutzung zugeführt worden. Die Büros mit ihren rosa-, himbeer- oder himmelblaufarbenen Seidentapeten, Schleiflacktüren, Kaminen und Kristallleuchtern zeugten noch von deutlich besseren und friedlicheren Zeiten. Leichte Spuren an den Wänden unter frisch aufgehängten Karten und Hitler-Bildern ließen erkennen, dass anstelle der wuchtigen Schreibtische einst französische Betten oder zierliche Kommoden die Zimmer möbliert hatten. In den Bädern hingen die marmornen Waschbecken an der Wand, doch die Badewannen fehlten. Stattdessen konnten die Deutschen in den offensichtlich schon von ihren Vorgängern als Registratur genutzten Räumen Panzerschränke und Büroutensilien übernehmen.[24] Zum Essen oder geselligen Beisammensein traf man sich an schlichten langen Holztischen im Casino, einst ein prunkvoller Speisesaal, oder auch, wenn es etwas exklusiver zuging, in den stuckverzierten Erdgeschossräumen des Hôtel Raphael, schräg gegenüber vom Majestic. Dort residierten die hohen Dienstgrade und Verwaltungschefs mit ihren Adjutanten.

Deutsche Besatzungssoldaten im Pariser Café de la Paix, zwischen 1940 und 1944 [10]

Mein Großvater wohnte wie die meisten mittleren Chargen nur zwei Straßen weiter im Royal Monceau in einem fürstlichen Zimmer mit Bad. Paris wirkte noch wie ausgestorben, die Bevölkerung war geflohen. Auf den großen Boulevards »wimmelte« es von »mustergültigen« deutschen Soldaten,[25] die zu einem vom Sieger festgelegten Umtauschkurs von 1 zu 20 Kaffee, Pralinen und Strümpfe einkauften und in maximal 250 Gramm schweren Päckchen an ihre Liebsten nach Hause schickten – auch um angesichts der zahlreichen Verlockungen das schlechte Gewissen zu beruhigen.

Mein Großvater versicherte meiner Großmutter seinen absolut soliden Lebenswandel, er habe noch nicht einmal Zeit, um die Stadt zu entdecken oder alte Orte gemeinsamer Erinnerung aufzusuchen. Er spürte etwas Pariser Flair bei seinen kurzen Wegen über die Champs-Élysées vom Hôtel Monceau zum Majestic, bei kleinen Besorgungen für die Familie oder abendlichen Essen im Restaurant. Meistens arbeitete er bis 21 Uhr, oft bis Mitternacht. »Von Paris hat man vor lauter Arbeit so gut wie gar nichts«,[26] schrieb er schon im ersten Brief, und nach einer Woche wollte er den »aufgeblasenen Bonzen« aus dem Reichswirtschaftsministerium am liebsten »den Kram vor die Füße« schmeißen.[27]

Es fehlte an Mitarbeitern, Sekretärinnen und vor allem an Struktur. Eigentlich war die Militärverwaltung klar aufgeteilt. Es gab einen militärischen Teil, den Kommandostab mit Bewachungs-, Polizei-, Grenzschutz, Transport und Logistikaufgaben, und einen Verwaltungsstab mit den beiden Untergruppen Wirtschaft und Verwaltung, der das zivile Leben in Frankreich regelte. Auch wenn die Verwaltungsbeamten jetzt einen Dienstgrad hatten, gab es Misstrauen und Rivalitäten zwischen »echten« Offizieren und Zivilisten in Uniform. Im Sommer 1943 übernahm mein Großvater die Stellung eines Verbindungsoffiziers, der zwischen beiden Stäben vermitteln sollte. Es war ein durchaus glaubwürdiger Scheinposten, der ihm in der konkreten Widerstandsvorbereitung viel Freiheit für Reisen und Gespräche ließ.

Die wirklichen Schwierigkeiten lagen nicht innerhalb, sondern außerhalb des Majestic. Mit wenig Personal sollte die deutsche Besatzungsverwaltung lediglich kontrollierend auf alle bestehenden und weiterhin arbeitenden französischen Einrichtungen einwirken. Doch in Berlin fühlte sich eine Vielzahl verschiedener militärischer und ziviler Zentralinstanzen für bestimmte Belange im besetzten Frankreich verantwortlich und entsandte eigene Repräsentanten. »Technische Kommandos« und »Wirtschaftstrupps« des Wehrwirtschafts- und Rüstungsamts unterstanden nicht der Militärverwaltung in Paris. Die Waffenstillstandskommission in Wiesbaden hatte nach wie vor eine wichtige Stimme. Göring verfolgte als Vierjahresplanbevollmächtigter seine eigene programmatische Wirtschaftspolitik in Frankreich und erbeutete bei teils staatlichen, teils persönlichen Raubzügen Industrieanlagen und Kulturgüter.

Nicht zuletzt fühlte sich die deutsche Botschaft in Paris immer noch für vieles zuständig und in erster Linie Außenminister Joachim von Ribbentrop verpflichtet. Es gab Überschneidungen der Verantwortlichkeiten in den verschiedenen Regionen und Ressorts, widersprüchliche Interessen und Hierarchien. Die Folge sei, klagte mein Großvater nach den ersten drei Tagen in Paris, dass ein Großteil der Arbeit lediglich auf Machtpolitik und Kompetenzfragen der rivalisierenden Ressorts entfalle, auf Kosten der sachlichen Arbeit.[28]

Dabei war nach seiner Überzeugung gerade jetzt schnelles und unbürokratisches Handeln gefordert, um das öffentliche und wirtschaftliche Leben in Frankreich wieder in Gang zu bringen.

»Zunächst muß einmal – als Voraussetzung für alles andere – die Bergung der bevorstehenden Ernte, die Wiederingangbringung des Verkehrs, Geldwesens und der Kraftversorgung sowie der französ. Verwaltung und die allmähliche Rückführung der Flüchtlinge organisiert werden.

Auf dem Eisengebiet sind die meisten Fragen noch ungeklärt, da über 90 % der eisenschaffenden Industrie in Lothringen sowie in den Dep. Nord u. Pas de Calais, also in Gebieten liegen, die von Frankreich wahrscheinlich abgetrennt werden und in die die Flüchtlinge auf Befehl des Führers nicht heimgelassen werden dürfen. Zur

Zeit besteht meine mir von mir selbst gestellte Aufgabe u. a. darin, die unmöglichen Konsequenzen dieses Verbots zu studieren und wenigstens Ausnahmen für diejenigen wichtigsten Berg- und Hüttenbetriebe zu erwirken, ohne deren sofortige Ingangsetzung die weiterverarbeitenden Betriebe Binnenfrankreichs nach Verbrauch ihrer Läger sofort wieder zum Erliegen kommen würden.«[29]

Die »unmöglichen Konsequenzen« von Hitlers Verbot, die geflüchtete Bevölkerung in die Norddepartements heimkehren zu lassen, waren verödete Landstriche, in denen die Wirtschaft brachlag, das Vieh verendete, die Ernte auf den Feldern verdarb und kein Acker für das kommende Jahr bestellt werden konnte.

Cäsar beschloss, sich über widersprüchliche und nicht nachvollziehbare Anordnungen sowie das Kompetenzgewirr hinwegzusetzen und zu handeln. So ließ er in einer Stahlfabrik in Nordfrankreich die Produktion wieder anlaufen – ohne Wissen des für diese Region zuständigen Wirtschaftstrupps. Er schuf einfach vollendete Tatsachen, nahm den daraufhin folgenden Krach in Kauf,[30] mit der Gewissheit, moralisch im Recht zu sein, da von seiner Arbeit »nicht mehr und nicht weniger als das Schicksal hunderttausender franz. Arbeiter und ihrer Familie im nächsten Winter abhängt. Wenn nur alle ebenso dächten (und nicht nur an ihre persönlichen Einkäufe), dann sähe es hier anders aus.«[31]

Die zupackende Art meines Großvaters brachte ihm mehr Anerkennung als Ärger ein – sowohl bei den deutschen Akteuren, die im eigenen oder im Staatsinteresse die kriegswichtige Stahlindustrie im Visier hatten, als auch bei seinen französischen Gesprächspartnern. Er bekam Mitarbeiter zugeteilt und zwei Sekretärinnen, die für ihren Chef schwärmten. Auch für das Personal des Hôtel Raphael war er mehr als nur einer der vielen *boches,* wie die Deutschen abwertend genannt wurden. Er gehörte zu den »Auserwählten«, die einen Spitznamen bekamen, was als Auszeichnung verstanden wurde.[32] Im Raphael hieß mein Großvater in seiner blaugrauen Luftwaffenuniform *l'aviateur* – der Flieger.

Den Einblick in sein neues Arbeitsfeld verschaffte er sich weniger durch Aktenstudium als durch Gespräche mit Vertretern der französischen Stahlindustrie und der Vichy-Regierung.

»Heute den ganzen Tag Besprechungen, meist unter 4 Augen, mit französ. Industrieführern und hohen Ministerialbeamten. Ich komme sehr gut mit den Leuten aus, sie sind zuerst meist tief bedrückt u. deprimiert, tauen dann aber – sichtlich erstaunt über die zwar zurückhaltende aber höfliche Behandlung und mein fließendes Französisch – im Gespräch rasch auf. Da sie sich keinen Illusionen über das Ausmaß ihrer Niederlage und Ohnmacht hingeben und in der Logik der Franzosen und Nüchternheit des Geschäftsmanns von sich aus ohne weiteres unseren Befehlsanspruch anerkennen u. ihm Rechnung tragen, ist es nicht notwendig, selbst kategorisch zu werden und den ›Sieger‹ zu spielen. Es genügen höfliche Anregungen. Ich werde jedenfalls in vielen Fragen in unmittelbare Verhandlungen mit den Franzosen viel besser und rascher zum Ziel kommen als durch den Apparat meiner deutschen Kollegen u. Vorgesetzten, deren personalpolitischer Zuständigkeitswirrwarr jeder Beschreibung spottet.«[33]

Die jungen Technokraten des autoritären Vichy-Regimes interessierten sich für die modern wirkenden Wirtschaftsstrukturen des NS-Staates, der durch Verordnungen und Programme dirigierend auf die Produktionsprozesse der Privatwirtschaft einwirkte. Ein durch staatliche Eingriffe, Absprachen und Kartelle »organisierter Kapitalismus« schien ein Erfolg versprechendes Gegenmodell zum zunehmend diskreditierten Wirtschaftsliberalismus und gefürchteten Kommunismus zu sein. Die vom Besatzer vorgeschriebene Neuorganisation der französischen Wirtschaft in Verbände, zentrale Ämter und Organisationsausschüsse unter einem mächtigen Wirtschaftsministerium in Vichy diente in erster Linie deutschen Interessen der Angleichung und leichteren Kontrolle. Doch auch die Franzosen sahen darin Vorteile und behielten einige der neuen Strukturen nach dem Zweiten Weltkrieg bei.

Dem siegreichen Einmarsch in Frankreich folgte unmittelbar eine Phase des Beutemachens, was gegen die Haager Landkriegsordnung verstieß, aber offenbar auch von meinem Großvater als normale Kriegspraxis verstanden wurde, denn er schrieb: »Ungeheure Vorräte sind in unsere Hände gefallen, vor allem auch an den Rohstoffen, die uns fehlten, wie Kupfer, Zinn, Quecksilber, Textilien, Nickel usw.«[34] Vor allem in den zuvor zu Deutschland gehörenden Gebieten wie in Lothringen gab es ein gefühltes Recht, alte Besitztümer wieder zu übernehmen und mit deutscher Effizienz zu verwalten – zumal die französischen Eigentümer häufig geflohen waren.

Doch neben einigen Profiteuren, zu denen in erster Linie die 1937 gegründeten Reichswerke Hermann-Göring gehörten, hielten sich die Ruhr-Stahlunternehmer unter der Führung von Ernst Poensgen, Cäsar von Hofackers Chef bei den Vereinigten Stahlwerken, auffallend zurück. Als Leiter der Wirtschaftsgruppe eisenschaffende Industrien vertrat Poensgen die Stahlbranche im planwirtschaftlich aufgebauten NS-Wirtschaftssystem. Ungeachtet aller Differenzen über den Versailler Vertrag hatte sich seit Ende der Zwanzigerjahre mit Gründung des Internationalen Stahlkartells eine vorsichtige Zusammenarbeit zwischen Unternehmen mehrerer europäischer Länder entwickelt – besonders zwischen Deutschland und Frankreich, eine Art Paralleldiplomatie der wirtschaftlichen Verständigung und Integration. Gerade das willkürliche Gebaren eines Hermann Göring stärkte die Verbindungen der Ruhr-Industrie zu ihren ausländischen Partnern. Es gab Absprachen bezüglich der Aufträge, Preise, Produktionsquoten und einen Austausch von Rohstoffen. Poensgen bemühte sich, diese Beziehungen während der Besatzung so gut es ging aufrechtzuerhalten, auch im Hinblick auf eine Nachkriegsordnung.

Mein Großvater gehörte zwar zum Stab der Militärverwaltung, stand aber nach wie vor auf der Lohnliste der Vereinigten Stahlwerke und in direktem Austausch mit Mitgliedern ihres Vorstands. Neben den Kontakten zu den Wirtschaftsfunktionären des Vichy-Regimes unterhielt er in Paris nahe Verbindungen zu den Repräsentanten der neu gegründeten Organisationskomitees. Als Interessenvertretung der französischen Stahlbranche koordinierten sie Produktion, Preise, Absatz und Verteilung der Rohstoffe. Sie unterlagen der Aufsicht der französischen Regierung und konnten nur in enger Abstimmung mit dem Hôtel Majestic – sprich der deutschen Militärverwaltung – handeln.

Zwischen meinem Großvater und Männern wie Jules Aubrun oder Eugène Roy, die schon vor dem Krieg und dann wieder in den Nachkriegsjahren maßgeblich die Geschicke der französischen Stahlindustrie mitbestimmten, wuchs eine Verbindung, die man in einem anderen historischen Kontext sicherlich als Freundschaft bezeichnet hätte. Aber sie standen auf zwei unterschiedlichen Seiten, auch wenn sie ähnliche Ziele verfolgten: für ausreichend Rohstoffe, Arbeitskräfte und Aufträge zu sorgen, damit die französische Industrie sowohl die deutschen Vorgaben als auch die Nachfrage der eigenen weiterverarbeitenden Betriebe erfüllen konnte. Diese Waagschale geriet immer stärker ins Ungleichgewicht zulasten der französischen Bedürfnisse. Zusätzlich wurden Hunderttausende Arbeiter zunächst abgeworben, dann zwangsverpflichtet, um Deutschlands Kriegswirtschaft in Gang zu halten.

Mein Großvater hatte deutsche Interessen zu vertreten, und die richteten sich spätestens mit Beginn des Russlandfeldzugs allein nach den Anforderungen der deutschen Rüstungsindustrie. Er kämpfte zunehmend frustriert gegen eine kurzsichtige Politik der Unterdrückung und Ausbeutung, die systematisch die anfängliche Kooperationsbereitschaft auf französischer Seite verspielte und die Deutschen zur verhassten Besatzungsmacht werden ließ. Seine französischen Verhandlungspartner erkannten seinen Zwiespalt und sein Bemühen. Selbst die sehr kritische französische Geschichtsforschung merkt in aller Vorsicht an, dass die Zusammenarbeit mit Hofacker besser als mit anderen funktioniert habe und er unter den deutschen Verantwortlichen für die Stahlindustrie wohl eine Ausnahme gewesen sei.[35] Zahlreiche Briefe seiner französischen Partner bestätigen diesen Eindruck.[36]

Während der Druck auf die französische Wirtschaft und die Arbeiterschaft immer repressivere Formen annahm, wuchs zugleich die Macht der SS. Das Oberkommando der Wehrmacht (OKW) hatte zwar bewusst versucht, Himmlers Einsatzkräfte von Paris fernzuhalten, doch der Reichsführer SS ließ sich nicht einfach beiseiteschieben und baute kontinuierlich den Einfluss seiner Chargen in Frankreich aus. Zunächst entsandte er gegen den Willen des OKW und durch Vermittlung Hermann Görings[37] zehn ausgesuchte Männer, die sich unter der Leitung von SS-Sturmbannführer Helmut Knochen in einem Palais ebenfalls nahe des Triumphbogens einquartierten. Sie hatten noch keine Befehlsgewalt und trugen nicht einmal ihre SS-, sondern Wehrmachtsuniformen der Feldgendarmerie, doch diese Tarnung brauchten sie nicht lange aufrechtzuerhalten. Schon im September 1940 wuchs die Dienststelle zu einem eigenständigen Apparat mit neuen Mitarbeitern, einschließlich eines eigenen Judenbeauftragten, heran. Sie waren nun mit SS-Uniformen und Dienstausweisen ausgestattet und verfügten über eine direkte Fernsprechverbindung zum Reichssicherheitshauptamt.

Zu ihren Aufgaben gehörte nun die »Erfassung und Überwachung von gegen das Reich gerichteten Bestrebungen der Juden, Emigranten, Logen, Kommunisten und Kirchen«[38]. Offiziell unterstand die Behörde nach wie vor dem Militärbefehlshaber, doch Himmlers Leute dehnten ihren Einflussbereich stetig aus. Ab Januar 1941 durften sie in »dringenden Fällen«[39] Hausdurchsuchungen und Verhaftungen vornehmen, ein gutes Jahr später waren sie für alle polizeilichen Maßnahmen zuständig.

Auch ohne Exekutivbefugnisse übte Knochens Dienststelle Druck auf die Militärverwaltung aus. Sie mahnte die Umsetzung aller von Heydrich erlassenen antisemitischen Richtlinien an, wie die Erfassung aller in den besetzten Gebieten befindlichen Juden. Die Militärverwaltung fühlte sich im Zugzwang, musste beweisen, dass sie ihrem polizeilichen Auftrag im Sinne des Systems gewachsen war. Werner Best, Leiter der Gruppe Verwaltung im Majestic, ein ranghoher SS-Mann, der nach einem Zerwürfnis mit Heydrich in die Wehrmacht eingetreten war, übernahm diese Aufgabe auch aus eigener Überzeugung: Seine Maßnahmen zur Verfolgung und Entrechtung der Juden gingen über das Geforderte hinaus und stießen auf keinen nennenswerten Widerstand.

Der Kampf um Macht und Einfluss zwischen Militärverwaltung und SS bekam ab Juni 1941 eine neue Dimension. Bisher hatten sich die französischen Kommunisten aufgrund des Nichtangriffspakts zwischen Hitler und Stalin ruhig verhalten, doch mit dem deutschen Überfall auf die Sowjetunion setzten in Frankreich die Attentate aus dem Untergrund ein. Der Militärbefehlshaber General Otto von Stülpnagel drohte mit der Todesstrafe für kommunistische Umtriebe und erklärte gefangene Franzosen zu Geiseln – und damit zu möglichen Opfern von Erschießungskommandos als Sühnemaßnahme.

Zunächst einmal verstieß er damit nicht gegen die Haager Landkriegsordnung, die zwar Kollektivstrafen ablehnte, doch dieses Verbot durch das Völkergewohnheitsrecht wieder abschwächte, solange die Verhältnismäßigkeit gewahrt bliebe. Darin allerdings hatte Stülpnagel Hitlers Radikalität unterschätzt: Für jeden getöteten deutschen Soldaten sollten nicht zwei oder drei, sondern 50 oder gar 100 Geiseln erschossen werden. Alle Einwände – nicht nur vonseiten Stülpnagels, sondern auch von Best –, dass ein solches Überreagieren nur den Hass der französischen Bevölkerung schüren und jegliche Zusammenarbeit erschweren würde, verhallten ungehört. Der Konflikt eskalierte mit der Zahl der Anschläge.

Auf der Suche nach einem Ausweg ließ sich Stülpnagel unter dem Einfluss von Best auf einen Pakt mit dem Teufel und ein Schachern mit Menschenschicksalen ein – und offenbarte dabei ein erschreckendes, jedoch allseits verbreitetes Denken in unterschiedlichen Kategorien: die Einteilung in französische und nicht französische Juden. Da sich Exiljuden dem kommunistischen Widerstand angeschlossen hatten, erklärte der Militärbefehlshaber grundsätzlich Juden und Kommunisten als verantwortlich für die Anschläge und bediente damit typische nationalsozialistische Propaganda. Er schlug vor, sie in den Osten zu deportieren und dafür deutlich weniger Geiseln zu erschießen. Gemeint waren hiermit in erster Linie osteuropäische Juden, die bereits nach mehreren Razzien im Sammellager Drancy zusammengetrieben worden waren und deren Schicksal die französische Öffentlichkeit weniger interessierte. Hitler sah in dem Zusammenhang zwischen Sühne für einen »Terrorangriff« und Deportation jedoch die Möglichkeit, noch radikaler vorzugehen und auch französische Juden zu internieren, was bisher aus Sorge vor dem Unmut der Bevölkerung vermieden worden war. An der hohen Quote bei den Erschießungen hielt er trotzdem fest.

Im Februar 1942 gab Otto von Stülpnagel seinen Posten als Militärbefehlshaber auf. Auch Werner Best wurde abgelöst, Knochen zum SS-Standartenführer und Befehlshaber der Sicherheitspolizei befördert, seine Dienststelle wesentlich erweitert und nach dem Vorbild des Reichssicherheitshauptamts in Abteilungen und Untergruppen gegliedert. An die Spitze dieser Organisation und somit als Vorgesetzten Knochens stellte Himmler Carl Oberg und machte ihn zum Höheren SS- und Polizeiführer in Paris. Oberg übernahm die Polizeigewalt des Militärbefehlshabers im besetzten Frankreich. Verfolgung, Deportationen, Sühnemaßnahmen, Geiselerschießungen, Kontrolle über die französische Polizei und die Lager – alles lag von nun an in der Verantwortung der SS.

Nach dieser Niederlage hatte die Militärverwaltung einen Großteil ihrer politischen Autorität verloren und blieb passive Zeugin der nun verstärkt einsetzenden systematischen Judenverfolgung. Oberg, Knochen und ihre Leute unterstanden allein Heinrich Himmler und arbeiteten an der Umsetzung der im Januar 1942 bei der Wannseekonferenz besprochenen Ostdeportation der europäischen Juden mit dem Ziel der Massenvernichtung.

Mein Großvater gehörte zwar zur Wirtschafts- und nicht zur ursprünglich für die Polizeiaufgaben zuständigen Verwaltungsgruppe, doch der Stab im Majestic war nur klein und die Zuspitzung des Konflikts um Geiselerschießungen und Verhaftungen im Winter 1941 konnte auch an ihm nicht vorbeigehen.

»Zum Schreiben reichte es gestern leider nicht, da ich mich bis tief in die Nacht mit Telefonaten, Telegrammen, persönlichen Interventionen bis zum Oberbefehlshaber für die Stellung einiger hochgestellter Franzosen einsetzte, bei denen Gefahr bestand, daß sie morgen als Geiseln erschossen würden. Zum Glück hatte ich Erfolg. Wäre an meiner Stelle jemand gesessen, der zu bequem gewesen wäre, um seinen Samstag und Sonntag dafür einzusetzen, wäre es um die 3 Leute geschehen gewesen.

Wenn es so weiter geht, werden wir hier bald ähnliche Verhältnisse wie in Prag haben. Morgen werden wieder 100 Geiseln erschossen und 1500 Juden nach dem Osten deportiert. Darunter Ritter der Ehrenlegion usw. Es ist zum Verzweifeln. Zum 1. Mal in meinem Leben muß ich mich zwingen, nicht Stimmungen tiefster Depression nachzugeben.«[40]

Mein Großvater beschreibt in diesem Brief vom 14. Dezember an meine Großmutter ein bislang wenig beachtetes Verbrechen an französischen Juden, das noch in die Verantwortung der Militärverwaltung fiel, auch wenn Knochens fanatischer »Judenreferent« Theodor Dannecker die Sache organisiert und in die Hand genommen hatte. In der deutschen Geschichtsschreibung wurde es als eine der Sühnemaßnahmen im Zusammenhang mit der Anschlagsserie vom Herbst 1941 erwähnt, in Frankreich erst in jüngerer Zeit als »Razzia der Honoratioren« *(la rafle des notables)* einer breiteren Öffentlichkeit bekannt gemacht.

Die Aktion folgte auf Stülpnagels verzweifelten Vorschlag vom 28. November 1941, Erschießungen durch Deportationen zu ersetzen. In den frühen Morgenstunden des 12. Dezember arbeiteten französische Polizisten in Begleitung deutscher Feldgendarmerie ihr säuberlich angelegtes Judenregister ab und klingelten die völlig ahnungslosen Opfer aus ihren Betten. Bei dieser Razzia wurden 743 Juden verschleppt. Diesmal waren es nicht wie in den vorhergehenden Verhaftungswellen Emigranten aus osteuropäischen Ländern, sondern Bürger Frankreichs mit jüdischem Hintergrund, assimiliert, integriert, respektiert; Rechtsanwälte, Ärzte, Intellektuelle, Geschäftsleute – kurz, Honoratioren der Gesellschaft, zum Teil hoch ausgezeichnete Weltkriegsveteranen.

Sie wurden mit kleinem Handgepäck in ein Lager nach Compiègne gebracht und mussten dort unter widrigsten und primitivsten KZ-Zuständen bis zu ihrer Deportation nach Auschwitz am 27. März 1942 ausharren. Einige der meist älteren Herren überlebten schon diese Vorstufe der Hölle nicht. Da die Vorgabe aus Berlin 1000 lautete, wurde die Zahl mit ausländischen Juden aus dem Sammellager Drancy aufgestockt, bis das Soll erfüllt war. Diese Deportierten gehörten zu dem ersten Transport aus Frankreich in den Osten, dem dann noch mehr als 75 weitere folgen sollten, die meisten mit dem Ziel Auschwitz. Von 73 853 deportierten Juden kehrten 2560 zurück.[41]

Ein Hilfegesuch von Jules Aubrun, dem Vorsitzenden des französischen Stahlkomitees, hatte meinen Großvater auf die Razzia aufmerksam gemacht, von der er dann mit Entsetzen meiner Großmutter berichtete. Es ging um einen hoch angesehenen jüdischen Stahlingenieur, Alexis Aaron, Absolvent französischer Eliteschulen, Ritter der Ehrenlegion, dessen Karriere in führenden Positionen der Montanindustrie 1940 durch die antisemitischen Verordnungen des deutschen Besatzers ein jähes Ende gefunden hatte. Auch er war am Morgen des 12. Dezember verschleppt worden. Mein Großvater intervenierte bis zu den höchsten SS-Stellen in Frankreich – am Ende mit Erfolg, was eine Woche später ein zutiefst dankbares Schreiben Aubruns bestätigte. Aaron durfte das Lager in Compiègne wieder verlassen.[42] Er überlebte die deutsche Besatzung in Frankreich und wurde nach dem Krieg zu einem entschiedenen Verfechter des Schuman-Plans und der Montanunion – dem ersten Meilenstein auf dem Weg zur deutsch-französischen Aussöhnung und europäischen Einigung.

Die Regierung in Vichy ließ ihre jüdischen Bürger im Stich. Um einen Rest an Eigenständigkeit zu behaupten, ging es ihr ähnlich wie der Militärverwaltung: Sie versuchte den Nazis zu beweisen, dass sie den Aufgaben, die an sie gestellt wurden, gewachsen war. Die Razzia der Honoratioren bestürzte die französische Öffentlichkeit allerdings weitaus mehr als die Deportationen der jüdischen Emigranten »zurück in ihre Heimat« – es fehlte nicht an verharmlosenden Beschreibungen für die geplante Vernichtung. Die Regierung Pétain versuchte deshalb durch besondere Abkommen mit dem Höheren SS- und Polizeiführer Oberg, die eigenen Landsleute besser zu schützen; es gelang ihr nur bedingt. Immer höhere Sollbestimmungen führten in Frankreich zu regelrechten Menschenjagden, dazu, dass Juden wieder ausgebürgert, Kleinkinder und Greise zum sogenannten Arbeitsdienst nach Polen eingezogen wurden.

Die Nazis fanden unter den Franzosen zahlreiche Helfershelfer, bei den kollaborationswilligen Politikern der Vichy-Regierung, bei der Polizei, in den Behörden und auch in der Bevölkerung. Doch es gelang ihnen längst nicht, an ihre Zielvorgaben heranzukommen: 23 Prozent der in Frankreich lebenden Juden kamen während der deutschen Besatzung ums Leben, in den Niederlanden waren es fast 80 Prozent – auch wenn solche Vergleiche aufgrund der unterschiedlichen Besatzungsstruktur und geografischen Lage nur bedingt aussagekräftig sind.[43]

7
Von Kooperation zu Konspiration

Ab welchem Zeitpunkt befindet sich Cäsar von Hofacker bei den Verschwörern gegen und nicht mehr bei den Sympathisanten für den Nationalsozialismus? Wann gelangte er zu der Überzeugung, dass das System verbrecherisch und zu stürzen sei? Wann sah er in Hitler die Ursache des Bösen? Noch im Frühjahr 1939 hatte er von »einem einmaligen Genie wie dem Führer« gesprochen.[1] Wie kam es, dass mein Großvater als leidenschaftlicher Verfechter autoritärer Führung und deutschen Großmachtstrebens mit gleicher Kompromisslosigkeit den Untergang des NS-Regimes und schließlich sogar die Kapitulation seines Vaterlands verfolgte? Gab es einen Schlüsselmoment?

Letzteres war sicherlich nicht der Fall. Hofacker hatte von Beginn an ein ambivalentes Verhältnis zum NS-Staat. Er bewunderte das selbstbewusste und kraftvolle Auftreten der neuen Regierung, doch nicht ohne Vorbehalt. Lange Zeit hoffte er, die politische und gesellschaftliche Entwicklung durch eigenes Engagement von innen heraus mit beeinflussen zu können. Er hielt große Stücke auf Hitler, erlebte die »Befreiungspolitik« von Versailles in den Dreißigerjahren als Erlösung und setzte auf ein junges und radikal erneuertes, autoritär geführtes Deutschland. Dass er für diese Idealvorstellung über Unrecht hinwegsah, bleibt eine Schuld, der er späteres Handeln entgegenstellte. »Wo gehobelt wird, da fallen Späne« – mein Großvater war nicht der einzige spätere Widerstandskämpfer, der mit diesem platten Spruch zunächst ausblendete, was nicht ins Bild passte.

Gleichzeitig verkehrte er ab Mitte der Dreißigerjahre in einem zunehmend kritisch eingestellten Freundeskreis. Er diskutierte mit Männern wie Nux Üxküll, Berthold Stauffenberg, Fritzi Schulenburg oder Peter Yorck über innen-, außenpolitische sowie staatsrechtliche Themen. Sein Glaube an eine nationalsozialistische Zukunft Deutschlands war davon sicher nicht in den Grundfesten erschüttert, aber bekam doch erste Risse. Vor allem aber schärfte sich seine Wahrnehmung für Recht und Unrecht und wurde nicht länger überstrahlt von der Unfehlbarkeit des »Führers«.

Cäsar von Hofacker verstand sich als allgemein politisch aktiven Menschen, aber sein besonderes Interesse galt der Außenpolitik – und diese lief in seinen Augen lange Zeit optimal. Bis zum Krieg hatte Cäsar in einem einflussreichen Stahlkonzern gearbeitet, der gut an der Rüstungspolitik Hitlers verdiente, hatte als Reserveoffizier bei Übungen wieder Tuchfühlung mit der Luftwaffe aufgenommen und sich nur ab und an in kleineren, eher persönlichen Dingen an der Sturheit der Bürokratie oder Großspurigkeit von Parteifunktionären gerieben.

Das änderte sich mit seinem Pariser Posten. Jede willkürliche Anordnung, jedes Versäumnis, jeder Wortbruch Hitlers gegenüber Frankreich und jede Kompetenzstreitigkeit fiel auf die deutsche Besatzungsmacht und ihre Repräsentanten zurück. Eine widersinnige, rechtsbeugende Politik zu beobachten ist eine Sache, sie als offizieller Vertreter umsetzen und dafür verantwortlich zeichnen zu müssen eine andere. Die Instruktionen aus Berlin brachten meinen Großvater von Anfang an in Konflikt mit seinem persönlichen Wertekodex. Er wollte nicht für doppelzüngig oder wortbrüchig gehalten werden.

»Aber entscheidend ist […] der Eindruck, daß sich das Verhältnis zu den Franzosen immer mehr zuspitzt und wir von Woche zu Woche schwierigeren Verhältnissen entgegengehen. Genauso wie ich es seit Monaten als Folge unserer napoleonischen statt Talleyrand'schen Politik vorhergesagt habe«, schrieb er zu Beginn des Jahres 1941. Brutale Machtpolitik statt geschickter Diplomatie. In selten unverhohlener Kritik fuhr er fort: »Ich bin für den unmittelbaren Kriegsausgang nach wie vor optimistisch, nur sehe ich keinen Weg, wie wir das Gewonnene auf die Dauer werden halten können, wenn Führer und System so bleiben, wie sie jetzt sind.«[2]

Die anfängliche Kooperationsbereitschaft der Vichy-Regierung schwand, da es keinerlei Anzeichen gab, damit im Interesse Frankreichs zu handeln.

Im Gegenteil: Anstatt Erleichterungen zu gewähren, zog Berlin die Daumenschrauben nur fester an. Im Dezember 1940 lehnte sich Pétain offen dagegen auf. Er trennte sich von seinem hitlerhörigen Regierungschef Pierre Laval und ließ ihn verhaften. Es war ein Affront, der zunächst keine unmittelbare Reaktion hervorrief, außer dass die Nazis auf die Freilassung Lavals bestanden und dafür sorgten, dass er im April 1942 in sein Amt zurückkehrte.

Mein Großvater hatte sich inzwischen bei den Franzosen einen vertrauenswürdigen Ruf erarbeitet und litt unter der zunehmend angespannten Situation. In nahezu jedem Brief des Jahres 1941 machte er sich an irgendeiner Stelle mit ein paar verzweifelten Zeilen Luft:

»Die Sorge über die allgemeine Entwicklung und der innere Gegensatz zu so vielem, was geschieht, sind eine Last, mit der nach der Devise ›und dennoch‹ fertig zu werden, einem nicht leicht fällt.«[3] [19. 01. 1941]

»Als einziger Deutscher mit 8 Franzosen essen. Pessimistische Prognose wegen deutscher Politik in Frankreich.«[4] [26. 01. 1941]

»Es ist unbedingt notwendig, daß wir noch in diesem Jahr den Krieg entweder gewinnen oder durch Kompromiss beenden, andernfalls kommen wir im Frühjahr 1942 in eine sehr ernste Krise.«[5] [23./24. 04. 1941]

»Wenn Du wüßtest, welchen Kampf ich täglich zu bestehen habe! – Kampf gegen die von außen sich immer mehr auftürmenden

Schwierigkeiten und Widrigkeiten, bei dem einem manchmal die Kräfte zu verlassen drohen.«[6]

[29. 07. 1941]

»Deprimierende Eindrücke – so viele verpasste Chancen für ein Bündnis mit Frankreich. Mehr denn je brauchen wir zur Meisterung der allmählich alle vorstellbaren Maße übersteigenden Weltsituation kein herostratisches[], sondern ein Bismarck'sches Genie!«[7] *[10. 08. 1941, nach dem deutschen Überfall auf die Sowjetunion]*

»Aber was hilft das alles, wenn man nichts oder nur auf dem Eisengebiet etwas zu sagen hat! Dabei habe ich mehr und wertvollere persönliche politische Beziehungen zu den eigentlich wichtigen französischen Persönlichkeiten (insbesondere dem einzigen Kreis, den man mit der preußischen Reformgruppe nach 1806 vergleichen könnte) als die ganze deutsche Botschaft zusammengenommen.

Über die politische Lage demnächst mündlich. Ich werde sonst zu bitter. ›Mit Blindheit geschlagen‹ kann man nur sagen.«[8] *[28. 08. 1941]*

Viel detaillierter ging Hofacker in einem Brief an seinen engen Freund Fritzi Schulenburg auf die Situation in Frankreich ein. Ein ausgearbeiteter Entwurf zeigt, dass er seine Gedanken wie für einen Vortrag gesammelt hatte, und lässt die Geisteshaltung ahnen, in der im Winter 1938/39 mit den Berliner Freunden im »Grafenkreis« diskutiert worden war.

»Hinter unserer passiven Politik Frankreich gegenüber steht m. E. letztendlich als innerstes Motiv derselbe Totalitätsfanatismus auf außenpolitischem Gebiet, den wir innenpolitisch in den letzten 8 Jahren durchexerziert haben […] entsprechend dem Grundsatz, daß noch nicht ›gleichgeschaltete‹ Mächte keine Existenzberechtigung mehr haben und bis in die letzten Wurzeln ihrer Eigenkraft gebrochen werden müssen. Daher das Bestreben, – so wie wir im Innern noch keine geschriebene Verfassung haben – so auch auf dem Kontinent keinen Friedensvertrag zu machen, sondern die

Dinge so lange ohne völkerrechtliche Ordnung in der Schwebe zu halten, [...] bis das Wunschbild sich erfüllt«[9].

Mit dem Überfall auf die Sowjetunion, den Anschlägen aus dem französischen Untergrund, Geiselerschießungen und Deportationen eskalierten die schwelenden Konflikte. SS und Gestapo perfektionierten den Unterdrückungsapparat und dehnten ihren Einfluss weit in das zumindest dem Namen nach freie Frankreich südlich der Demarkationslinie aus. Gleichzeitig entzog das Deutsche Reich dem unterworfenen Land noch ungehemmter Nahrungsmittel, Arbeitskräfte und Kriegsmaterial. Fernschreiben aus Berlin mit »neuen Eisenwünschen für den Rußland-Nachschub«[10] erforderten ständige Nachverhandlungen mit Abordnungen der französischen Stahlindustrie und Vertretern deutscher übergeordneter Wirtschaftsinstitutionen, die ihre Überlegenheit allein schon durch die Vorsilbe »Reich« im Namen ausdrückten: die Eisenabteilung des Reichswirtschaftsministeriums, die Reichsstelle Eisen, der Reichskommissar für Preisbildung, der Reichsmunitionsminister, der Generalbeauftragte des Reichsmarschalls in Lothringen und Luxemburg. Letzterer war Hermann Röchling, ein saarländischer Stahlunternehmer mit großem politischem Einfluss, kein einfacher Verhandlungspartner für Cäsar wegen seiner »halsstarrigen Revanchepolitik Frankreich gegenüber«[11] – und ihm dennoch nicht gänzlich unsympathisch.

Natürlich waren es keine Verhandlungen zwischen gleichberechtigten Partnern. Am deutschen Bedarf gab es keinen Zweifel, auch nicht am Willen, die Forderungen durchzusetzen. Es konnte nur darum gehen, mit fachlich überzeugenden Argumenten die elementarsten französischen Interessen zu vertreten. Mein Großvater wird recht geschickt moderiert haben, denn beide Seiten zollten ihm Anerkennung. Es bestätigte ihn in der Überzeugung, der richtige Mann auf diesem Posten zu sein, und nährte weiterhin die Illusion, zumindest auf seinem Gebiet die Dinge in irgendeiner Weise beeinflussen zu können. Der Preis, den er dafür zahlte, war ihm bewusst: ein Rädchen in einer Maschinerie zu sein, die gegen seine Überzeugungen arbeitete.

Im Juni 1942 bekam er ein durchaus verlockendes Angebot, das jenen großen Karrieresprung versprach, den er sich seit seinem Berufseinstieg erhofft hatte.

»Kommerzienrat Röchling, der vom Führer vor 14 Tagen zum Diktator der gesamtdeutschen Eisenindustrie mit nahezu uneingeschränkten Vollmachten ernannt worden ist, richtete gestern nach vorheriger Fühlungsnahme mit Krupp von Bohlen und anderen maßgeblichen Spitzen die Frage an mich, ob ich bereit wäre, einer seiner beiden Geschäftsführer (mit dem Sitz in Berlin) zu werden.

Persönlich würde es für mich in meiner industriellen Karriere ungefähr den gleichen Sprung bedeuten wie für einen Soldaten etwa der Sprung vom Chef des Generalstabes eines Korps zum Chef der zentralen Operationsabteilung im Großen Generalstab. Ich wäre einflußreicher und verantwortungsreicher als jeder Konzern-Generaldirektor.

Die Wahl fiel auf mich, wie mir R. sagte, wegen meiner bisherigen Erfolge, meines persönlichen Ansehens, meiner innerlichen charakterlichen Unabhängigkeit und vor allem meiner – sonst sehr selten anzutreffenden, gerade für diesen Posten aber besonders wichtigen – Fähigkeit, aus angeborener innerer Einstellung heraus den richtigen Mittelweg zwischen Staats- und Privatwirtschaft zu finden.«[12]

Mein Großvater zögerte. Als Erstes stellte sich ihm die Frage, ob sich ein ebenbürtiger Nachfolger für ihn in Paris finden würde. Darüber hinaus fühlte er sich fachlich dem Posten nicht gewachsen, fürchtete »die innere Zermürbung, die der Dilettant wegen der dauernden Vortäuschung einer innerlich nicht vorhandenen Sicherheit nach außen durchmachen muss«[13]. Am stärksten zweifelte er an der Person Röchlings, den er in etlichen Verhandlungen als kompetenten Eisenfachmann, aber auch als regimetreuen Opportunisten kennengelernt hatte. Röchling hatte seit Kriegsbeginn seinen persönlichen Einfluss und Besitz kontinuierlich ausgebaut. Er stand nicht nur bei den enteigneten oder starker Kontrolle unterworfenen lothringischen Stahlunternehmern in zweifelhaftem Ruf, sondern auch bei seinen deutschen Kollegen an der Ruhr, die auf eine stärkere Partnerschaft in den Wirtschaftsbeziehungen mit Frankreich setzten.

Meine Großmutter konnte ihre Freude zunächst kaum zügeln, wollte jedoch die Entscheidung ihrem Mann überlassen und spürte seine innere Ablehnung. Deshalb bremste sie ihre Begeisterung gleich wieder mit dem ihr eigenen Humor.

»*Nur fühle ich intensiv, dass es eine* Mordssache *ist, bei der einem durch die Plötzlichkeit ganz schwindlig werden kann, weil Du urplötzlich ›wer‹ bist! Ich weiß einerseits, dass Du nicht zu den ›Kratopluten‹ und Grosskapitalisten gehören wolltest, andererseits glaube ich doch auch wieder, daß aus einer solchen Stellung – ohne den überängstlichen Sempell [Vorstand VSt] als Vorgesetzten – grade von Dir enorm viel gemacht werden kann – vorausgesetzt, dass Du mit Röchling mitkommst, d. h. nicht in politischen Gegensatz zu ihm stehst. Dass Du Deine Pariser Stellung ungern aufgeben willst, finde ich absolut begreiflich. Dass Du es nicht alles überstürzt, lässt Dich nur im Wert steigen, Du kannst es Dir leisten, zu zögern. […] Leid täte* mir, *Paris nicht kennen zu lernen; es wäre mir lieber als Berlin gewesen, welches mich für die weitere Zukunft wenig lockt. […] Viel mehr Kopfzerbrechen macht mir, ob ich das Format habe auf diese schwankenden Gipfel mit Dir zu steigen! […] [I]ch würde ja ganz furchtbar angeben & mir zu jedem Costüm ein passendes Cabriolet kaufen. Für Dich selbst würde diese Stellung wahrscheinlich noch mehr Arbeit, noch mehr Geistesakrobatik bedeuten, weniger Schlaf & viele viele Cigaretten. Und die ganzen Vorteile pekuniärer Art würden die gesundheitlichen Schäden niemals reparieren.*«[14]

Hofacker entschied sich gegen Röchling, mit der inneren Genugtuung, dass er den beruflichen Zenit hätte erreichen können. Aber es widerstrebte ihm, eine Aufgabe zu übernehmen, für die er weder Passion noch Begabung verspürte. Er ließ sich von dem vermeintlichen Glanz der Karriere nicht blenden, sah voraus, dass er am Ende für eine Politik verantwortlich gemacht werden würde, die er nicht mitentscheiden, sondern nur ohnmächtig missbilligen könnte. »Man kann heute selbst in der höchsten Stellung an der entscheidenden Linie doch nichts ändern. Sie verläuft automatisch nach dem Willen eines einzigen Mannes.«[15] Er wollte sich nicht noch enger mit einem System kompromittieren, dessen verbrecherische Irrwege er inzwischen erkannt hatte.

Je klarer sich diese Einsicht bei ihm einstellte, desto größer wurden auch das Dilemma und der Wunsch, aus diesem System auszubrechen. »Mein heimliches Sehnen geht stärker denn je weg von Paris und zur Front«,[16] schrieb Hofacker im August 1942. Es erscheint paradox: die Flucht aus der nationalsozialistischen Besatzungspolitik, um für ein nationalsozialistisches Deutschland in den Krieg zu ziehen. Doch für meinen Großvater war es kein Kampf für den NS-Staat, sondern für ein zunehmend in Bedrängnis geratendes Vaterland als Ausweg aus dem Labyrinth politischer Verstrickungen in Paris. Keine Doppelzüngigkeit mehr, kein täglicher innerer Zwiespalt, kein Verbiegen und Verheimlichen, sondern ein klarer Auftrag, der Mut, Menschenführung und Opferbereitschaft erforderte und im Einklang stand mit alten, von klein auf vertrauten Ehrbegriffen. Die Bewährung auf dem Schlachtfeld schien eine Größe für sich zu sein, losgelöst von dem Regime, für das man dort kämpfte.

Ein solches Denken wurzelt in alten soldatischen Traditionen einer klaren Trennung von Militär und Politik, ein Relikt aus einer Zeit, als Soldaten reine Söldner waren und Offiziere sich ohne inneren Konflikt in den Dienst fremder Herrscher stellten. Es stand im Widerspruch zu einem neuen Verständnis von Führungsverantwortung, das Claus von Stauffenberg 1939 in sehr klare Worte gefasst hatte: »Soldat sein, und insbesondere soldatischer Führer, Offizier sein heisst, Diener des Staates, Teil des Staates sein mit all der darin inbegriffenen Gesamtverantwortung.«[17]

Sicher idealisierte mein Großvater angesichts seiner schwierigen Vermittlungsaufgabe in Paris die Möglichkeiten eigenverantwortlichen Handelns an der Front. Vielleicht brachen in ihm auch alte Wunden aus dem Ersten Weltkrieg auf: Wieder befand er sich an sicherer Stelle, während unzählige Deutsche im gemeinsamen Kampf ihr Leben gaben.

Hofacker war mit dieser Einstellung keine Ausnahme. Auch andere suchten im Kriegseinsatz einen Ausweg aus ideologischer Ernüchterung und politischer Ohnmacht. So hatte sich Fritzi Schulenburg im Mai 1940 freiwillig zum Fronteinsatz gemeldet, und als Nux im Herbst 1941 einberufen wurde, schrieb meine Großmutter: »Nux an der Front! Es freut mich ungeheuer für ihn! Und Dir wird das Herz brennen vor Sehnsucht. Ob *daraus* nicht auch die Überdrüssigkeit des Eisenreferats resultiert? Könnte es so gut verstehen! Bitte nimm bei keiner Deiner Entscheidungen Rücksicht auf mich! Du weißt, auch wenn mein Herz blutet, würde ich innerlich alles gut heißen! […] Hörtest Du noch was von Deiner Staffel?«[18]

Doch mein Großvater war mit 45 Jahren zu alt für den aktiven Einsatz als Flieger. Er sah zunächst keinen anderen Ausweg, als auf seinem Posten auszuharren und zu versuchen, den Schaden deutscher Politik in Frankreich im Rahmen seiner Möglichkeiten zu begrenzen.

Letztere schienen sich im August 1942 noch einmal auszuweiten. Albert Speer war zum Rüstungsminister ernannt worden. Hitlers Stararchitekt widmete sich nunmehr ganz der Aufgabe, die Effektivität der Kriegsindustrie zu steigern. Er schuf den Ausschuss »Zentrale Planung«, um Synergien zwischen verschiedenen Wirtschaftszweigen herzustellen, Bürokratie abzubauen, Arbeitskräfte, Rohstoffe, Transport und Produktion noch gezielter aufeinander abzustimmen. Frankreich spielte als Lieferant dabei eine wichtige Rolle, und Hofacker wurde zum Leiter der Pariser Außenstelle »Zentrale Planung« ernannt.

Ähnlich wie bei Röchlings Angebot schien es für Hofacker ein Sprung nach oben zu sein, jedoch ohne dass er seine bisherige Stellung aufgeben müsste. Sein Einflussbereich erstreckte sich ab sofort von Frankreich bis nach Belgien und von Eisen bis zu dem genauso wichtigen Rohstoff Kohle. Mein Großvater schwankte zwischen einer gewissen Genugtuung über diesen Machtzuwachs und einer sehr realistischen Sicht auf die Dinge. Fachlich könne er an dieser Stelle keine Lorbeeren ernten, sondern nur Dornen, schrieb er meiner Großmutter. Er sah in erster Linie ein immenses Plus an Arbeit, Kompetenzstreitigkeiten mit anderen Besatzungsfunktionären und den Ärger gekränkter Wirtschaftsgrößen voraus, denen er jetzt übergeordnet war. Doch noch einmal – ein letztes Mal – träumte er davon, dank seiner neuen Position politisch Einfluss nehmen zu können.

»Wenn mein neues Amt mir nur einmal die Gelegenheit zuspielen sollte, mit dem Minister Speer, der z. Zt. der wirtschaftlich mächtigste Mann in Deutschland und persona gratissima beim Führer ist, eine Stunde unter 4 Augen über politische Dinge zu sprechen, so wäre mir das wichtiger als alles andere, was mit meinem neuen Amt zusammenhängt.«[19]

Es kam zu keiner Audienz beim Rüstungsminister, hingegen zu den Dornen, die er vorhergesehen hatte. Der von Goebbels nach Stalingrad verkündete »Totale Krieg« führte nur zu einem noch unbarmherzigeren Ausplündern der französischen Ressourcen an Menschen, Rohstoffen und Rüstungsgütern. Der Dschungel an Stellen und Personen, die sich dazu berufen fühlten, dabei mitzumischen, verdichtete sich eher, als dass er sich lichtete. Vor allem aber erweiterte sich Röchlings neuer Machtbereich um die besetzten Gebiete und konterkarierte damit den größeren Einfluss, den sich Hofacker als Außenstellenleiter versprochen hatte. Am Ende musste auch die Militärverwaltung wesentliche wirtschaftspolitische Kompetenzen an den saarländischen Großunternehmer abtreten.

Das betraf vor allem die Arbeit meines Großvaters. Röchling ernannte ihn zwar zu seinem »Gebietsbeauftragten«, doch das band ihm nur zusätzlich die Hände, denn er durfte vieles nicht mehr so selbstständig entscheiden, wie er es gewohnt war. Da er seinen alten Posten als Referatsleiter für Eisen und Stahl beim

Militärbefehlshaber behielt, geriet er als »Diener zweier Herren« bei allen Kontroversen zwischen die Fronten. Es widerstrebte ihm zutiefst, Röchlings harten Kurs gegenüber Frankreich mit verantworten zu müssen, und es gelang ihm kaum noch, seinen Zwiespalt vor seinen französischen Partnern zu verbergen.

Von politischen Zugeständnissen an Frankreich als Gegenleistung waren noch nicht einmal mehr Lippenbekenntnisse übrig geblieben. Reichsmarschall Hermann Göring brachte das Verhältnis im August 1942 auf den Punkt: »Kollaboration der Herren Franzosen sehe ich nur in folgendem: wenn sie abliefern, bis sie selber nicht mehr können, wenn sie es freiwillig tun, dann werde ich sagen, ich kollaboriere.«[20]

Hofackers Frust entlud sich in geheimen Denkschriften, in denen er offen die verfehlte Politik anprangerte. Dabei blieb er sachlich, bedauerte die vertanen Chancen eines umfassenden, auch militärischen Bündnisses mit Frankreich, verurteilte die politische Kurzsichtigkeit, nicht aber die moralische Verwerflichkeit des Regimes. Auch in den falschen Händen hätte ihm kaum jemand aufgrund seiner Äußerungen eine staatsfeindliche Gesinnung vorwerfen können. Die vorsichtige Verbreitung der Schriften ermöglichte es, in einem Umfeld von Bespitzelung und ideologischem Terror Menschen mit ähnlicher Gesinnung auszumachen.

Seine Abscheu vor den von Deutschen begangenen Verbrechen konnte er nur in vorsichtigen Andeutungen zum Ausdruck bringen. Meine Großmutter äußerte unverhohlen den Verdacht, dass Briefe geöffnet oder entwendet würden. Die Lückenhaftigkeit der Korrespondenz meiner Großeltern ist in diesem Zusammenhang aufschlussreich. Meine Großmutter verbrannte nach dem fehlgeschlagenen Attentat vom 20. Juli 1944 alle verfänglichen Beweisstücke. Oft fehlen ganze Briefe – auffallend häufig vor allem im letzten Jahr, wo der so regelmäßige, enge Schriftverkehr ungewöhnliche Abstände aufweist –, manchmal nur Anfang oder Ende.

Zutiefst berührend sind zwei handschriftliche Briefe eines Pariser Hausmeisters, die mein Großvater aufbewahrt hatte. Im ersten vom 15. August 1942 bat der verzweifelte Mann ihn um Hilfe für seinen zum Tode verurteilten Sohn; drei Tage später dankte er ihm voller Hoffnung für seine Bemühungen – die letztendlich vergeblich waren. Das geht aus einem völlig zusammenhanglosen Satz aus einem Brief an meine Großmutter hervor. Nichts weiter als: »Der Portierssohn ist am 22.8. erschossen worden.«[21]

Mit seinen Denkschriften gewann Cäsar von Hofacker offenbar das Vertrauen des neuen Militärbefehlshabers von Paris, General Carl-Heinrich von Stülpnagel, der auf diesem Posten seinen entfernten Vetter Otto von Stülpnagel nach dessen Demission im Frühjahr 1942 abgelöst hatte. Mein Großvater und er hatten am gleichen humanistischen Gymnasium in Frankfurt Abitur gemacht. Stülpnagel vereinte eine profunde Bildung mit militärischem Können, er galt als nachdenklich, bescheiden, vielseitig interessiert: ein Philosoph im Generalstab. Als früher Gegner Hitlers gehörte er 1938 zur militärischen Fronde, die den Diktator im Zusammenhang mit der Sudetenkrise stürzen wollte und erneut nach dem Polenfeldzug über einen Putsch nachdachte. Bevor er nach Paris kam, hatte Stülpnagel die 17. Armee als Oberbefehlshaber im Russlandfeldzug geführt, sich mit dem vorgesetzten Heeresgruppenkommando überworfen und auch mit dem Oberbefehlshaber des Heeres.

Eine von ihm unterschriebene Denkschrift, die unter anderem den vermehrten Kampf gegen den Bolschewismus und das in dessen Sinn wirkende internationale Judentum forderte, stellt uns heute vor die Schwierigkeit der Interpretation und Bewertung: Spiegelte das Schreiben seine persönliche Meinung wider oder diente dieser Absatz im üblichen Nazijargon der Tarnung? Eine objektive Antwort auf diese Frage ist kaum möglich. In Frankreich litt auch er, der als Militärbefehlshaber in noch unmittelbarerer Verantwortlichkeit stand, unter den Auswirkungen einer Besatzungspolitik, die in ihren wesentlichen Punkten von ihm nicht mehr zu beeinflussen war. Auch hier stellt sich die Frage, ob er mit einem anderen, energischeren Auftreten manche Exzesse der SS hätte verhindern können. Er entschied sich jedoch für den Weg der Verschwörung und des Staatsstreichs – ein Weg, der ein sehr viel größeres persönliches Risiko bedeutete und die sichere Fassade des regimetreuen Militärbefehlshabers erforderte.

Wir haben heute kaum mehr eine Vorstellung davon, wie überlebenswichtig genau diese Fassade angesichts der heimlichen konspirativen Aktivitäten war. Selbstverständlich konnten Gespräche nur in abhörsicheren Räumen, auf offener Straße, bei Ausflügen aufs Land oder in Privatwohnungen geführt werden. Darüber hinaus jedoch galt es, nicht etwa durch eine regimekritische Haltung aufzufallen – bei Hitlers Argwohn drohte den Generälen zwar nicht sofort eine Verhaftung, doch sie wurden sehr schnell ersetzt und in die sogenannte »Führerreserve« entlassen.

Aus diesem Grund vermied es Stülpnagel auch, regelmäßig in die Kirche zu gehen. Dabei hatte er den der Bekennenden Kirche nahestehenden Pfarrer Rudolf Damrath als Militärseelsorger nach Paris geholt. Er vertraute ihm und suchte als gläubiger Christ in den drängenden moralischen Fragen den Austausch mit dem Theologen. Doch zu häufige Gottesdienstbesuche des Militärbefehlshabers und höchsten Repräsentanten des NS-Regimes in Paris wären in der deutschen Gemeinde unangenehm aufgefallen.[22]

Auch mein Großvater beherrschte die Verstellung bis zur Perfektion und spielte seine Rolle »manchmal geradezu mit sportlichem Vergnügen«, wie es sein naher Freund Gotthard Freiherr von Falkenhausen miterlebte, mit dem er ein Jahr lang eine Wohnung teilte. »Ich erinnere mich an eine Unterhaltung mit dem Leiter des Wirtschaftsdienstes des SD, dem wegen seiner Falschheit und Niedertracht bekannten Obersturmbannführer Dr. Maulaz, demselben, der ihn nachher verhaftete. In dieser Debatte führte Hofacker Maulaz derart aufs Glatteis, daß er ihm schließlich nachweisen konnte, Maulaz sei kein guter Nationalsozialist, weil er an gewissen Maßnahmen des Führers Kritik übte. Cäsar hatte bei Maulaz und seiner Dienststelle wegen seines mutigen

Eintretens für französische Interessen und die Rettung von Juden manchen Verdacht erregt, aber auch dort hatte seine Persönlichkeit ihren Eindruck nicht verfehlt, und ich habe nie gehört, daß man ihn als Gegner des Regimes beargwöhnt hätte.«[23]

Mein Großvater und Falkenhausen hatten sich im Sommer 1940 kennengelernt und in der Übereinstimmung ihrer Gedanken und vor allem Kritikpunkte schnell zueinandergefunden. Falkenhausen arbeitete nicht in der Militärverwaltung, sondern verwaltete als Treuhänder ausländische Banken und Firmen in Paris. Wochenendausflüge an die Loire oder mit dem Fahrrad in die Pariser Umgebung ermöglichten ungestörte Unterhaltungen fernab der deutschen Dienststellen, Hotels und gut besuchten Cafés. Ein Jahr lang wohnten sie zusammen und konnten so abends der allgegenwärtigen Besatzungsatmosphäre entfliehen.

Falkenhausen schrieb 1945 seine Erinnerungen an meinen Großvater auf, bewegt und dankbar, denn der Freund hatte ihn auch unter der Folter der Gestapo nicht verraten. Nüchterne Objektivität kann man unter diesen Umständen nicht erwarten, und doch bleibt es eine facettenreiche Beschreibung Hofackers aus den entscheidenden letzten vier Jahren seines Lebens. Demnach gab es 1942 für meinen Großvater keinen Zweifel mehr am verbrecherischen Charakter des Systems und Hitlers. »Aus diesen Erkenntnissen zog Hofacker die Konsequenz, daß dieses Regime um jeden Preis gestürzt werden müsse«,[24] schrieb Falkenhausen: »Bei einem so geschlossenem und in allem Wesentlichen kompromißlosen Charakter wie dem Hofackers war es selbstverständlich, daß er aus der gewonnenen Erkenntnis auch zu praktischem Handeln strebte.«

Die Entscheidung zu handeln war weniger ein einsamer Entschluss nach reiflicher Überlegung, sondern vielmehr Ergebnis eines Prozesses aus Erfahrungen, Gesprächen, vor allem aber auch aus Kontakten zu Gleichgesinnten – und das in einem Klima der Überwachung und Bespitzelung. Mein Großvater sondierte das Terrain zunächst ohne konkreten Plan, eher um ein Stimmungsbild zu gewinnen und den einen oder anderen wachzurütteln. Falkenhausen mahnte zu größerer Vorsicht. »Bei aller gedanklichen Klarheit seiner Deduktion neigte er dazu, die Menschen nach seinem eigenen Maß zu messen, dieselbe Entschlossenheit im Kampf für Recht und Wahrheit, die er besaß, auch bei anderen vorauszusetzen, und einen Menschen, den er für anständig und klarblickend hielt, auch als Gesinnungsgenossen in Anspruch zu nehmen. Ich hatte oft Grund, ihn vor allzu großem Vertrauen in die Zuverlässigkeit und Schweigsamkeit seiner Gesprächspartner zu warnen, denen er mit seiner, aus dem Grunde seiner tiefsten Überzeugung kommenden, manchmal fast suggestiv wirkenden Dialektik zusetzte.«[25]

Die heimlichen Gespräche und die Suche nach Gesinnungsgenossen bildeten lediglich die Vorstufe einer möglichen Konspiration. Doch als Fritzi Schulenburg im Sommer 1943 für mehrere Wochen nach Paris kam und dort Verbündete für den sich neu formierenden Widerstandskreis in Berlin suchte, halfen die vorangegangenen Sondierungen, um vertrauenswürdige Personen für eine Verschwörung gegen Hitler zu finden. Erst jetzt konkretisierten sich bei meinem Großvater die Pläne für eigenes Handeln.

8

Vom Planen, Zaudern und Misslingen

In Berlin war ab der Jahreswende 1937/38 in unterschiedlichen konservativen Oppositionszirkeln die Bereitschaft gewachsen, etwas gegen Hitler zu unternehmen. Zivile und militärische Kreise standen miteinander in Verbindung. Widerstand – das bedeutete weit mehr, als Hitler zu stürzen und die Parteiführung auszuschalten. Widerstand war permanentes Networking im In- und Ausland, ein Ringen um einen möglichst breit aufgestellten gesellschaftlichen Konsens und um eine neue und tragfähige politische, wirtschaftliche und soziale Ordnung. So weit die Vorstellungen darüber unter den Oppositionellen auch auseinandergingen, sie alle fügten sich unter einen gemeinsamen Nenner: den Wunsch nach Rechtsstaatlichkeit.

Ein Putsch – das war kein leichtfertiger Gedanke für ein preußisch geprägtes Offizierskorps, das sich in alter Tradition zu unbedingter Loyalität gegenüber dem Staat verpflichtet fühlte. Hitlers Zuspruch in der Bevölkerung und das alle Bereiche umspannende Netz der NS-Partei ließen die Erfolgsaussichten gering erscheinen, und die Gefahr eines Bürgerkriegs schreckte noch zusätzlich ab. Um diesen Schritt zu wagen, brauchte es mehr als den inneren moralischen Antrieb einer Gewissensentscheidung: Es bedurfte eines günstigen Momentums, eines äußeren, für die breite Masse nachvollziehbaren Grunds – wie die Angst vor dem Flächenbrand eines Krieges.

Sieht man von mutigen Einzelakteuren wie Georg Elser ab, dem es im November 1939 beinahe gelungen wäre, Hitler durch einen Bombenanschlag im Bürgerbräukeller umzubringen, so konnten Attentat und Staatsstreich nur aus der Wehrmacht heraus erfolgen. Sozialdemokraten und Kommunisten wurden nach der NS-Machtübernahme ab 1933 massiv verfolgt und überwacht, alle freien Institutionen, Verbände und Organisationen aufgelöst oder »gleichgeschaltet«.

Die Reichswehr – 1935 in Wehrmacht umbenannt – behielt zunächst ihre Eigenständigkeit, wurde dann aber von nationalsozialistischem Gedankengut infiltriert, unter anderem durch ideologische Schulung der Soldaten, die Einführung des Arierparagrafen und den Eid auf den »Führer«. Teile der traditionsbewussten Heeresführung sahen sich im gleichen inneren Zwiespalt wie andere konservative Kreise: einerseits die Sorge vor einer kaum zu kontrollierenden nationalsozialistischen Bewegung mit Gewaltexzessen, Rechtsbrüchen und einer Machtzunahme von Menschen, die man eigentlich verachtete – andererseits die Hoffnung auf eine vollständige Revision des Versailler Vertrags und ein Wiedererstarken Deutschlands.

Hitler wiederum brauchte die Wehrmacht und ihr diszipliniertes, gut ausgebildetes Offizierskorps für seine Eroberungspläne. Er verstand es, sich zurückzunehmen, zu beschwichtigen und zugleich die Übereinstimmung ihrer politischen und militärischen Ziele vorzutäuschen. Selbst Offiziere wie Ludwig Beck oder Carl-Heinrich von Stülpnagel, die eine kritische Distanz zum NS-System behielten, begrüßten die Einführung der allgemeinen Wehrpflicht und die massive Aufrüstung als notwendige Voraussetzungen für eine neue Machtstellung Deutschlands in Europa, die auch sie anstrebten. Dabei hatte Hitler seine weitreichenden Ziele schon in *Mein Kampf* unmissverständlich durchdekliniert, und nur vier Tage nach der Machtergreifung im Reichswehrministerium »die Eroberung neuen Lebensraums im Osten und dessen rücksichtslose Germanisierung«[1] angekündigt.

Im November 1937 nahmen die abstrakten Zukunftspläne plötzlich konkrete Gestalt an, als Hitler der Wehrmachtsführung die baldige Verwirklichung seiner Lebensraumpolitik eröffnete. Der Einspruch seines Kriegsministers und des Oberbefehlshabers des Heeres führte zu Intrigen und ihrer Entlassung. Hitler ernannte sich kurzerhand selbst zum Oberbefehlshaber der gesamten Wehrmacht. Der Widerstand einzelner kleiner Gruppen blieb viel zu zögerlich, um ein ernsthaftes Hindernis für ihn darzustellen. Am entschiedensten handelte der Generalstabschef Ludwig Beck, der im August 1938 sein Amt niederlegte. Er wurde in der Folge zur zentralen Figur des Widerstands gegen den Nationalsozialismus, bei der die Fäden der militärischen und zivilen Konspiration zusammenliefen.

Beck hatte vor seinem Rücktritt die militärische Führung in eindringlichen, heute prophetisch klingenden Worten zum kollektiven Rücktritt aufgefordert.

»Es stehen hier letzte Entscheidungen für den Bestand der Nation auf dem Spiel. Die Geschichte wird diese Führer [der Wehrmacht] mit einer Blutschuld belasten, wenn sie nicht nach ihrem fachlichen und staatspolitischen Wissen und Gewissen handeln. Ihr soldatischer Gehorsam hat dort eine Grenze, wo ihr Wissen, ihr Gewissen und ihre Verantwortung die Ausführung eines Befehls verbieten. Finden ihre Ratschläge und Warnungen in solcher Lage kein Gehör, dann haben sie das Recht und die Pflicht vor dem Volk und vor der Geschichte von ihren Ämtern abzutreten. Wenn sie alle in einem geschlossenem Willen so handeln, so ist die Durchführung einer kriegerischen Handlung unmöglich. Sie haben damit ihr Vaterland vor dem Schlimmsten und vor dem Untergang bewahrt.«[2]

Die Wirkung, die eine umfangreiche Verweigerung der Generalität gehabt hätte, bleibt spekulativ, weil sie nie erfolgte. Auch im diplomatischen Korps gab es eine solche Initiative, die genauso kläglich scheiterte: Ein Vetter meines Großvaters, Friedrich von Prittwitz und Gaffron, war 1933 aus Protest gegen die nationalsozialistische Machtübernahme als Botschafter in Washington zurückgetreten – in der illusorischen Hoffnung, dass andere seinem Beispiel folgen würden. Er blieb die rühmliche Ausnahme im Auswärtigen Amt und wurde diskret in den vorzeitigen Ruhestand versetzt. Das Aufbegehren eines Einzelnen brachte keinen Erfolg: Er wurde abberufen, strafversetzt, beruflich kaltgestellt und durch einen anderen ersetzt. Das wirkte abschreckend und ließ an der Sinnhaftigkeit einer solchen Handlung zweifeln. War es da nicht besser, auf seinem Posten zu bleiben und zu versuchen, Schlimmeres zu verhindern? Ausrede oder Gewissensentscheidung? Das blieb für jeden, der sich darüber Gedanken machte, die entscheidende Frage.

Ein kollektiver Rücktritt der hohen Generalität hätte Hitlers Kriegspolitik vielleicht nicht verhindert, aber verzögert, für Aufsehen gesorgt und die Glaubwürdigkeit der Opposition im Ausland wesentlich gestärkt. Genau hier lag ein Problem: Die konservativen Gegner des NS-Regimes wollten nicht auf die Früchte der hitlerschen Revisionspolitik verzichten und verlangten deshalb entsprechende Zusagen der Alliierten. Die Gefahr einer neuen Dolchstoßlegende und bürgerkriegsähnlicher Zustände nach einem Staatsstreich lag auf der Hand. Man brauchte Garantien, dass eine solche Situation der politischen Instabilität nicht ausgenutzt werden würde. Dem Ausland – vor allem England als wichtigstem Ansprechpartner der Verschwörer – fehlte es wiederum an Vertrauen in eine Opposition, deren Interessen lange Zeit mit denen Hitlers übereingestimmt hatten. Es verhielt sich abwartend, was die Zögernden unter den Militärs nicht gerade zum Handeln ermutigte.

Eine erneute Chance verstrich ungenutzt im Herbst 1939 nach dem Überfall auf Polen. Auf einen Krieg gegen England und Frankreich war Deutschland nach Überzeugung einiger weniger führender Generale beim Heer unzureichend vorbereitet. Für ein paar Wochen flackerte in ihren Reihen die Bereitschaft zur Konspiration auf. Sollte Hitler den Angriffsbefehl geben, würde er abgesetzt. Ein Wutausbruch des Diktators über den kleinmütigen Geist der Heeresführung erstickte jedoch auch diese Fronde im Keim. Die erfolgreiche Westoffensive brachte die höchsten Militärs endgültig zum Schweigen und zurück auf den Weg der Loyalität gegenüber Hitler.

Das weitere Kriegsgeschehen, Beförderungen, Dotationen, aber auch das Wissen über Verbrechen, die sie schweigend hinnahmen oder auch mitzuverantworten hatten, ließ sie Teil des Unrechtssystems werden. Die Berufung auf soldatischen Gehorsam und einen auf den »Führer« geleisteten Eid diente als Rechtfertigung; diese Gefolgschaft wurde dabei mehrheitlich nicht aus inneren Gewissensgründen infrage gestellt. Je höher der Rang, je größer die militärische Verantwortung, desto schwerer fiel es offensichtlich, sich der eigenen Verstrickung zu stellen und umzukehren. Der Umsturzbewegung fehlten die aktiven Generale und Feldmarschälle mit Zugang zu Hitler, Befehlsgewalt über die Truppen und Autorität gegenüber dem Ausland – ein Umsturz ohne diese Führungsspitze war ungleich schwerer zu verwirklichen.

Wer unter allen Umständen handeln wollte, verzweifelte am Zaudern der Generale. So der 52 Jahre alte Oberst Hans Oster, Leitender Mitarbeiter im Amt »Abwehr/Ausland«, dem militärischen Nachrichtendienst. Er entschied sich zum Landesverrat, um Hitlers Kriegspolitik zu untergraben. Mehrmals gab er während des Sitzkrieges 1939/1940 dem niederländischen Militärattaché in Berlin die Zeiten eines drohenden deutschen Angriffs weiter. Doch Hitler verschob den Termin insgesamt 29 Mal, sodass seine Informationen schließlich nicht mehr ernst genommen wurden und Holländer, Belgier und Engländer gleichermaßen von der Westoffensive überrascht wurden. Welches Vertrauen sollte das Ausland in eine militärische Opposition haben, die Sicherheitsgarantien für einen angeblich kurz bevorstehenden Staatsstreich wünschte und deren Generale dann doch für das verhasste Regime so erfolgreich Krieg führten?

Der militärische Nachrichtendienst unter der Führung von Admiral Wilhelm Canaris und mit Oster als treibender Kraft war seit der Sudetenkrise eine Keimzelle der Verschwörung. In enger Zusammenarbeit mit gleichgesinnten Diplomaten des Auswärtigen Amtes reichten von hier aus die Verbindungen in militärische und unterschiedliche zivile Widerstandskreise. Als »Spionageamt« profitierte die Abwehr von einer gewissen Narrenfreiheit, der Zweck heiligte die Mittel, und so ließen sich verdächtige Kontakte nach London oder ins neutrale Ausland genauso rechtfertigen wie das Rekrutieren von Zivilisten ohne Parteibuch. Oster holte sich gleichgesinnte Hitlergegner in sein Amt wie den Pastor der Bekennenden Kirche, Dietrich Bonhoeffer, oder dessen Schwager, den Juristen Hans von Dohnanyi. Die Tarnung ermöglichte nicht nur konspirative Gespräche im In- und Ausland, sondern auch die Beschaffung von Sprengstoff und in einzelnen Fällen Fluchthilfe für Juden. Der Gestapo war die Unabhängigkeit des Amtes lange Zeit ein Dorn im Auge. Im April 1943 gelang es ihr, Dohnanyi und Bonhoeffer unter dem Vorwand eines Devisenvergehens zu verhaften. Oster wurde entlassen. Der Widerstand verlor mit ihm eine zentrale Persönlichkeit an entscheidender Stelle.

Als operatives Zentrum für die Durchführung eines Staatsstreichs in Berlin kam nur der Bendlerblock infrage, Sitz des Befehlshabers des Ersatzheeres. Egal, wo und wie Hitler beseitigt wurde, von hier mussten die entscheidenden Befehle an die Wehrmachtseinheiten ausgehen, um Regierungs- und Parteigebäude, Gestapozentrale und Rundfunk zu besetzen. Die Schlüsselposition dafür lag beim Befehlshaber des Ersatzheeres. Doch General Friedrich Fromm gehörte zu den Zauderern: Mitwisser, ohne Einzelheiten zu kennen, und nicht überzeugt. Er unternahm zunächst nichts gegen die Konspiration und stellte sich später im alles entscheidenden Moment dann doch gegen sie.

Auf dem zweitwichtigsten Posten saß von Februar 1940 an mit General Friedrich Olbricht als Leiter des Allgemeinen Heeresamts allerdings ein Freund von Hans Oster und überzeugter Hitlergegner. Er stand mit den wichtigsten Personen des zivilen und militärischen Widerstands in Verbindung und entwarf einen ersten Einsatzplan für die »Operation Walküre«. Zur Schaltstelle eines genauer durchkonzipierten Umsturzes wurde der Bendlerblock jedoch erst ab der zweiten Jahreshälfte von 1943, als es Olbricht gelang, Stauffenberg und Mertz in seinen Stab zu holen.

An der Frage, ob Hitler durch ein Attentat getötet oder verhaftet werden sollte, schieden sich allerdings die Geister, nicht nur aus christlich-ethischen Motiven. Vieles sprach dafür, Hitler nicht als Märtyrer in die Geschichte eingehen zu lassen, sondern ihn vor Gericht zu stellen und in einem ordentlichen Verfahren vor der ganzen Welt, vor allem aber vor den Augen der deutschen Bevölkerung all seiner Verbrechen anzuklagen und als Massenmörder zu verurteilen und zu richten. Doch die Realisten wussten, dass ein Staatsstreich nur mit Hitlers Tod gelingen konnte.

Ein klares Licht auf diese grundverschiedenen Positionen wirft eine Kontroverse, die mein Großvater mit dem Schriftsteller Ernst Jünger in Paris führte. Für Cäsar von Hofacker stand fest: »Solange wir den Burschen nicht verhindern, ans Mikrophon zu springen, wirft er in jedem Fall die Massen in fünf Minuten wieder um«, worauf Jünger entgegnete: »Sie müssen eben auch am Mikrophon stärker sein. Solange Sie diese Kraft nicht besitzen, wächst sie Ihnen auch durch Attentate nicht zu. Ich halte es für möglich, eine Lage zu schaffen, in der er einfach verhaftet werden kann. Wenn Stülpnagel will, woran kein Zweifel besteht, muß Rundstedt mitziehen. Dadurch fallen die westlichen Sender in Ihre Hand.«[3]

Die dramatischen Ereignisse am 20. Juli 1944 in Paris sollten zeigen, dass Jünger sich irrte. Nicht einmal Kluge, Rundstedts Nachfolger als Oberbefehlshaber West und dem Widerstandsgedanken wesentlich zugänglicher als dieser, ließ sich im entscheidenden Moment von Stülpnagel überzeugen. Ganz anders hätte es unter Rundstedts Vorgänger, General Erwin von Witzleben, laufen können. Doch dieser entschiedene Hitlergegner, der einzige Generalfeldmarschall im aktiven Widerstand, wurde 1942 angeblich aus Gesundheitsgründen als Oberbefehlshaber West in Frankreich abberufen und in die Führerreserve versetzt. Er blieb über seinen früheren Adjutanten Ulrich Schwerin in engem Kontakt mit den Verschwörern und sollte am 20. Juli 1944 eine zentrale Rolle spielen.

Eine »der stärksten Oppositionsgruppen, die je bestanden hatten«,[4] bildete sich in der Heeresgruppe Mitte mit dem Hauptquartier Posen unter Oberstleutnant (später Generalmajor) Henning von Tresckow – nicht zuletzt auch unter dem Eindruck der furchtbaren Verbrechen an Zivilisten, Juden, Frauen und Kindern, die hier von den Einsatzkommandos im Windschatten der Wehrmacht verübt wurden. Tresckow gelang es mithilfe des befreundeten ahnungslosen Chefadjutanten Hitlers, eine Gruppe junger, gleichgesinnter und tatkräftiger Offiziere in seinen Stab zu holen, die bereit waren, ihr Leben zu riskieren, um Hitler zu beseitigen.

Einem von ihnen, Oberstleutnant Rudolf-Christoph Freiherr von Gersdorff, gelang im März 1943 beinahe ein Selbstmordattentat auf Hitler, das in letzter Minute verhindert wurde, weil der »Führer« mal wieder den vorgesehenen Tatort frühzeitig verlassen hatte. Eine Woche zuvor war schon ein anderer, von Tresckow vorbereiteter Anschlag auf Hitler an unglücklichen Umständen gescheitert: Der Zünder einer als Cognacgeschenk getarnten Bombe im Frachtraum von Hitlers Maschine auf dem Flug von Smolensk zur Wolfsschanze versagte. Damit das Komplott nicht aufflog, musste das brisante Geschenk umgehend ausgetauscht werden – eine nervenaufreibende, heikle Situation.

Tresckows Aktion im März 1943 folgte auf die Katastrophe von Stalingrad. Dieses Desaster hatte andere Ausmaße als die vorangegangenen deutschen Niederlagen im Russlandfeldzug. Bisherige Fehlschläge, die mangelhafte Vorbereitung auf einen Winterfeldzug, die unzureichende Ausrüstung der Soldaten waren eher den verantwortlichen Generalen als Hitler angelastet worden. Die deutsche Bevölkerung war zusammengerückt, hatte sich mit den Soldaten an der Front solidarisiert, warme Kleidung, Decken und Skier abgegeben und sich von lokalen Erfolgsmeldungen wieder beruhigen lassen. Anders nach Stalingrad.

Zu Jahresbeginn herrschte ein Klima tiefer Niedergeschlagenheit in Deutschland. Der inszenierte Jubel, der Goebbels im Februar 1943 bei seiner berühmt-berüchtigten Sportpalastrede auf die Frage »Wollt ihr den totalen Krieg?« entgegenschlug, darf nicht über das tiefe Entsetzen angesichts des Todes und der Gefangenschaft von mehreren 100 000 Soldaten hinwegtäuschen.

»Man muss ein starkes, tapferes Herz haben, um in diesen Zeiten zu leben, man muss einen tiefen Glauben an Deutschland haben, um dieses Geschehen zu überstehen. Ich finde viele Menschen, die nicht mehr glauben, nicht mehr wollen, nicht mehr können. Die meisten sind gleichgültig – apathisch. Stalingrad – das war zuviel!«,[5] schrieb meine Großmutter aus Berlin am 5. Februar 1943.

Doch die psychologisch günstige Phase nach dieser Katastrophe verstrich, ohne dass Tresckows Initiative an anderer Stelle aufgegriffen worden wäre. Die zivile Widerstandsgruppe um den ehemaligen Leipziger Oberbürgermeister Carl Goerdeler erwog angesichts der Passivität der Militärs im Sommer 1943 für einen kurzen Moment einen Pakt mit der SS, denn auch in den Reihen der nationalsozialistischen Elite regten sich Zweifel an Hitlers Kriegsführung. Vorsichtige Kontakte bis hin zu einem Gespräch mit Himmler vermittelte der Rechtsanwalt Carl Langbehn, der – obwohl kein Nationalsozialist – einen recht guten Draht zum Reichsführer SS hatte. Doch das Misstrauen überwog; Ulrich von Hassell, früher Botschafter in Rom, jetzt ein naher Vertrauter Goerdelers, brachte in seinem Tagebuch das Dilemma auf den Punkt.

»Man stellt sich immer wieder die Frage, wie weit unsere Leute den Ernst der Lage (und den verbrecherischen Leichtsinn der getriebenen Politik) erkennen. Walch [Langbehn] behauptet, daß bei der höchsten SS-Führung die Erkenntnis davon und von der Notwendigkeit, Hitler auszuschalten, voll vorhanden sei. Tatsächlich wird in der Verzweiflung über das Rollen zum Abgrund und das Versagen des Militärs bei den ›Gutgesinnten‹ immer häufiger die Möglichkeit erörtert, wenn alle Stricke reißen, sich der SS zum Sturz des Regimes zu bedienen, schon um das Instrument in der Hand zu haben, innere Unruhen zu verhindern; nachher will man dann natürlich auch die SS ausschalten. Die Frage ist nur: erstens ob Himmler und Genossen ein solches Spiel wagen und nachher in dem so freundlich gewünschten Sinn mitspielen, zweitens welche Wirkung dies Verfahren im Ausland hat, für das gerade die SS den Teufel verkörpert.«[6]

Im Frühjahr 1943 schien der konservative Widerstand in einer Sackgasse. Feldmarschall von Witzleben war in die Führerreserve abgeschoben, General Oster entlassen, Tresckows Attentatsversuch gescheitert, die Chance nach Stalingrad vertan. Die Oberbefehlshaber blieben hitlertreu und die wichtigste zivile Oppositionsgruppe um Carl Goerdeler schien den Glauben an die Handlungsfähigkeit der Militärs verloren zu haben. An diesem Tiefpunkt schloss sich Claus Stauffenberg nach seiner schweren Verwundung der Verschwörung gegen Hitler an: »Nachdem die Generale bisher nichts erreicht haben, müssen sich nun die Obersten einschalten«,[7] soll er im Mai 1943 im Krankenbett zu Nux Üxküll gesagt haben. Kaum von seinen schweren Verwundungen einigermaßen genesen, holte ihn Olbricht zu sich in das Allgemeine Heeresamt nach Berlin. Von dort aus trat Stauffenberg an Tresckows Seite und setzte sich schließlich an die Spitze der großen Verschwörung gegen Hitler.

9
Die Verschwörung

»Mein Heißgeliebter! Ich lese immer wieder Deinen Brief vom 15. 8. Er ist Offenbarung und Herzensgeständnis zugleich, aber auch unser Weg in die Zukunft, wenn das Schicksal es will, muss ich auch allein weitergehen & da wird mir dieser Brief gerade in alle Zukunft hinein Verpflichtung sein.

Irgendwie habe ich bei Dir die Empfindung, dass durch die befriedigende Tätigkeit neue Quellen springen und ein guter Wind Dein Segel schwellt. Und wenn ich auch äußerlich nicht mitgehe, so tue ich es umso mehr innerlich und in späteren Zeiten freue ich mich, wenn wir gemeinsam bei einer Lampe sitzen und langsam Deine Stimme durch den Raum klingt – später, wann wird das sein? Und wo?«[1]

Der Brief vom 15. August 1943, auf den sich meine Großmutter hier bezieht, ist nicht mehr vorhanden. Aller Wahrscheinlichkeit nach gehörte er zu den heiklen Schriftstücken, die sie am Abend des 20. Juli 1944 nach den ersten schockierenden Meldungen über das missglückte Attentat verbrannte. Offensichtlich enthielt er Andeutungen meines Großvaters über Aktivitäten, die seiner Anstellung in Paris einen neuen Sinn gaben, und er wird dabei nicht von seinen bevorstehenden beruflichen Veränderungen gesprochen haben. »Herzensgeständnis« und »Offenbarung« müssen Hinweise auf eine aktive Beteiligung an einer Verschwörung gewesen sein, denn sie brachten meinen Großvater offenkundig in Lebensgefahr.

Der Brief fügt sich zeitlich in eine Entwicklung, in der Cäsar von Hofacker den Schritt vom »Handlanger einer falschen Politik«[2] zum aktiven Widerstandskämpfer vollzog. Es bedurfte hierfür keines zusätzlichen einschneidenden Erlebnisses, sondern der richtigen Kontakte. Im Sommer 1943 verbrachte sein Freund Fritzi Schulenburg mehrere Wochen in Paris. Dieser unermüdliche Verfechter eines Umsturzes stand vermittelnd in nahem Austausch mit »Alten« und »Jungen«, mit Gewerkschaftern und Sozialdemokraten, mit konservativen und liberalen, militärischen und zivilen Widerstandsgruppen. Seine Nähe zu Nux Üxküll brachte ihn in Verbindung zu Stauffenberg.

Offiziell gehörte Schulenburg zu einer Kommission, die angesichts des hohen Nachschubbedarfs in der Truppe die Besatzungsverwaltung in Frankreich durchkämmte, überflüssig erscheinende Kräfte abzog und deshalb spöttisch »Heldenklaukommission« genannt wurde. Unter dieser Tarnung warb er in zahlreichen heimlichen Zusammenkünften, auf Spaziergängen, Fahrradausflügen und Ausritten für einen sich neu formierenden Widerstand. Stülpnagel stand schon seit 1938 in Kontakt zu konservativen oppositionellen Kreisen in Berlin, mein Großvater kam spätestens im Sommer 1943 als weiterer Hauptakteur der Konspiration in Frankreich hinzu.

Wenn Hofacker noch überzeugt werden musste, aktiv gegen Hitler vorzugehen, so war Schulenburg dafür am besten geeignet. Gerade weil sie beide zunächst große Hoffnungen in den Nationalsozialismus gesetzt und sich damals in ihren nationalvölkischen Überzeugungen gefunden hatten, weil der Freund so tickte wie er selbst, war alles, was Schulenburg sagte, für ihn absolut glaubwürdig – dessen Entsetzen über deutsche Verbrechen im Osten ebenso wie die eindrücklichen Schilderungen der Gesamtlage. Für meinen Großvater konnte es keinen Zweifel daran geben, dass der von Nux und Schulenburg eingeschlagene Weg auch für ihn der einzig richtige war.

Es ist anzunehmen, dass er seinem Freund Namen vertrauenswürdiger Mitarbeiter der Militärverwaltung nannte. Zum Beispiel den des Oberregierungsrats Friedrich Freiherr von Teuchert, der wiederum dafür sorgte, dass die zuverlässigsten Beamten im Stab blieben und nicht auf die Heldenklauliste kamen. Mit Schulenburg wird mein Großvater auch überlegt haben, seine zeitlich so vereinnahmende Stellung bei Speer, Röchling und im Wirtschaftsstab aufzugeben und stattdessen näher an Stülpnagel heranzurücken. »Jeden 2. Morgen Ausritt mit Fritzi. [...] Ich habe den Militärbefehlshaber nunmehr offiziell um anderweitige Verwendung gebeten. Leider will er nicht recht heran«,[3] schrieb er Mitte Juli 1943. Vielleicht intervenierte Schulenburg noch einmal bei Stülpnagel, jedenfalls hatte dieser einen Monat später den idealen Posten für meinen Großvater: zbV – zur besonderen Verwendung – beim Militärbefehlshaber, vorrangig um als Verbindungsoffizier zwischen dem militärischen Kommandostab und dem zivilen Verwaltungsstab in Paris zu vermitteln. Reibereien innerhalb der vielschichtigen Besatzungsstrukturen gab es von Anfang an, gleichwohl deutet alles auf eine Alibifunktion hin.

Diese neu eingerichtete Stelle verschaffte Hofacker nahezu uneingeschränkte Bewegungsfreiheit, um mit jedem zu verkehren, Besprechungen zu vereinbaren, Kontakte zu knüpfen, nach Berlin zu reisen und jederzeit beim Militärbefehlshaber vorzusprechen. Sie bedeutete einen nicht unerheblichen beruflichen Einschnitt – mein Großvater kappte seine guten Verbindungen zur Montanwirtschaft –, war aber perfekt auf seine neue diplomatische Aufgabe innerhalb der Verschwörung zugeschnitten. Von nun an gab es für ihn als Ziel nur noch das Gelingen des Staatsstreichs. Die Folgen eines sehr viel wahrscheinlicheren Scheiterns waren ihm klar, aber meiner Großmutter gegenüber zeigte er sich zuversichtlich, und sie trug seine Entscheidung bereitwillig mit.

»Wegen Deinem Stellungswechsel bin ich nun völlig klar, und ich werde versuchen, auch innerlich einsatzbereit im wahrsten Sinne des Wortes zu sein. Ich weiß, dass die neue Verantwortung Dir Auftrieb gibt, und dass Du nun ein freier Mann und glücklich bist. Das

Ziel ist zu hoch und köstlich, als dass man nicht den ganzen Einsatz wagen müßte. […] Ich nehme an, dass Du jetzt endlich auf dem Weg zu dem im Frieden ersehnten Beruf bist, und dass – wenn der Krieg zu Ende ist – Du noch einmal eine berufliche Befriedigung erlebst.«[4]

Cäsar von Hofacker demonstrierte mit seinem Abschied aus dem Wirtschaftsstab noch einmal deutlich seine Haltung und die Stellung, die er sich aufgebaut hatte. Zum Abschiedsessen am 27. September 1943 in den Räumen des Hôtel Royal-Monceau kamen hohe Repräsentanten der Besatzungsverwaltung, der Vichy-Regierung und vor allem der französischen Stahlwirtschaft, mit denen er in den vergangenen Jahren um Kompromiss und Ausgleich gerungen hatte. Neben ihm saß Jules Aubrun, schräg gegenüber Eugène Roy, der Kontakte zur Résistance pflegte, von denen mein Großvater sicherlich nichts wusste, und auf der anderen Seite der Industrieminister Jean Bichelonne, einer der Hauptakteure der französischen Kollaborationspolitik. Bei seiner Tischrede hatte Hofacker wohl die Sympathie und das ironische Schmunzeln der deutschen und französischen Gäste auf seiner Seite, als er freimütig verkündete: »Ich verrate kein Geheimnis, wenn ich feststelle, dass wir uns heute weder auf deutscher noch auf französischer Seite über einen Mangel an konkurrierenden amtlichen Lenkungsinstanzen zu beklagen haben, noch über einen Mangel an grundsätzlichen und kompetenzrechtlichen Meinungsverschiedenheiten.«[5]

Nach dem Dank an Vorgesetzte und Mitarbeiter fuhr er, noch deutlicher werdend, auf Französisch fort, um die von gegenseitigem Respekt geprägte Zusammenarbeit zu würdigen – ein Respekt, der Kompromisse ermöglicht und immer schon die deutsche und französische Stahlindustrie verbunden habe. Er schloss mit einem eindringlichen Zukunftsappell, bevor er zum Schluss das Glas zu Ehren der französischen Gäste hob: »Wir Stahlunternehmer mit unserer großen politischen und nationalen Tradition haben die Aufgabe die Fahne der Hoffnung, der Aussöhnung lebenswichtiger Interessen unserer beiden großen Nationen hochzuhalten, ungeachtet aller enormen Schwierigkeiten angesichts des Krieges, ungeachtet aller Enttäuschungen und Bitterkeit, ungeachtet aller außergewöhnlichen Gefahren, die unseren alten Kontinent derzeit bedrohen.«[6]

Aubrun, Roy, Daum – Männer, die Frankreichs Wirtschaft in den ersten Nachkriegsjahren entscheidend mitprägten – saßen hier am Tisch des Besatzers, der ihr Land ausbeutete. Doch sie erkannten das aufrichtige Bemühen meines Großvaters, seinen Zwiespalt, der ihn zurücktreten und – ob sie es je erfuhren? – in den Widerstand gehen ließ. Seine Worte werden sie bewegt haben. Aubrun hob den Text der Rede auf und reichte ihn 1945 an das Industrieministerium weiter, vielleicht als ersten Versuch einer Aussöhnung. Sie alle engagierten sich nach dem Krieg an führender Stelle für eine neue deutsch-französische Zusammenarbeit in der Stahlbranche. 1951 ging daraus die Europäische Gemeinschaft für Kohle und Stahl hervor, der Anfang des europäischen Einigungsprozesses.

Schon am folgenden Tag reiste Hofacker nach Berlin, offiziell hatte er einige Wochen Urlaub, »nur damit das Kind einen Namen hat und ich – ohne an bestimmtes fachliches Pensum gekettet zu sein – fürs erste die nötige Bewegungsfreiheit kriege«[7]. Meine Großmutter hatte mit den fünf Kindern Berlin Anfang März 1943, nach einem schweren Luftangriff und einem Bombeneinschlag in unmittelbarer Nachbarschaft, fluchtartig verlassen. Die Familie lebte jetzt in der Nähe von Rosenheim in Krottenmühl am Simssee in einem kleinen, idyllischen, aber recht primitiven Häuschen direkt am See mit nur wenigen beheizbaren Zimmern und ohne Bad. Ursprünglich hatten sie hier im Voralpenland nur die Kriegssommer verbracht, das Haus schien ungeeignet für die harten oberbayrischen Winter. Doch angesichts der Bombardierung der Städte war der Mangel an Komfort das geringere Übel. Meine zupackende Großmutter gewöhnte sich schnell an das Landleben und fühlte sich in Krottenmühl bald genauso heimisch wie die Kinder. Allerdings wurden die Trennungsphasen immer länger. Cäsars häufige Reisen von Paris

Lotte und die Kinder, 1940 [11]

nach Berlin ließen sich nur selten mit einem zusätzlichen Abstecher ins Chiemgau verbinden.

Die Hochzeit von Nikolaus Üxkülls jüngster Tochter Olga am 28. Oktober 1943 in Berlin bot den Vettern einen unverfänglichen Anlass des Wiedersehens. Doch für eine grundlegende Aussprache zwischen meinem Großvater, Claus und Berthold Stauffenberg, Peter Yorck sowie natürlich Onkel Nux eignete sich dieser Rahmen nicht. Auch wenn die Feierlichkeiten nur im engsten Familienkreis stattfanden, gehörte der Schwager des Bräutigams, General Joachim von Kortzfleisch ebenso dazu, ein überzeugter Nationalsozialist. Er besetzte als Befehlshaber im Berliner Wehrkreis III eine Schlüsselposition im geplanten Staatsstreich, doch ungeachtet der Verwandtschaft konnten die Verschwörer nicht mit ihm rechnen. Auf dem obligatorischen Familienfoto steht er selbstbewusst in der zweiten Reihe, während die vier Vettern ganz hinten kaum zu erkennen sind. Claus und mein Großvater trafen sich am nächsten Tag noch einmal zu einer persönlichen Aussprache unter vier Augen. In ihren Einschätzungen, Vorstellungen und ihrem politischen Denken gab es keine nach außen

Gruppenbild auf der Hochzeit von Olga »Dusi« Gräfin von Üxküll-Gyllenband mit Oberleutnant Fredy von Saucken *(sitzend, 3. und 4. von links)* im Hotel Kaiserhof in Berlin, 28. Oktober 1943. *(Darunter u. a. sitzend von links nach rechts):* Oberstleutnant Nikolaus »Nux« Üxküll *(2.)*, Bertha »Püzze« Siemens geb. Gräfin Yorck von Wartenburg *(7.)*; stehend von links nach rechts: General der Infanterie Joachim von Kortzfleisch *(1.)*, Berthold Schenk Graf von Stauffenberg *(6.)*, Peter Graf Yorck von Wartenburg *(9.)*, Nina Schenk Gräfin von Stauffenberg geb. Freiin von Lerchenfeld *(10.)*, Oberstleutnant i. G. Claus Schenk Graf von Stauffenberg *(12.)*, Oberstleutnant d. R. Cäsar von Hofacker *(14.)* [12]

dringenden Unstimmigkeiten, sondern eher bezüglich der Hofacker zugedachten Rolle innerhalb der Verschwörung.

Mein Großvater erkannte die besonderen Fähigkeiten und die Führungsautorität seines jüngeren Cousins Claus an – er sah in ihm einen Mann großen historischen Formats.[8] Dennoch suchte er auch für sich einen aktiven Part in dem engsten Verschwörerkreis, wollte sich mit seiner ganzen Persönlichkeit einbringen, über alles informiert, nicht nur »Mitläufer, sondern Mittäter sein«[9]. Nach seiner Überzeugung konnte man sich einer solchen

Aufgabe auf Leben und Tod nur kompromisslos hingeben ohne Rücksicht auf Familie, persönliches Glück und Fortkommen – aber nicht als Statist. Diesen Anspruch musste er Stauffenberg gegenüber erst einmal durchsetzen. Für den galt die aus Sicherheitsgründen durchaus gerechtfertigte Maxime, dass jeder nur das wissen sollte, was seine unmittelbare Aufgabe betraf. Doch Paris war kein zu vernachlässigender Nebenschauplatz, sondern Knotenpunkt in der Verbindung zu den Westalliierten, und Hofacker besetzte hier eine Schlüsselposition. Er organisierte und koordinierte alle Vorbereitungen für einen Umsturz an der Seine. Stülpnagel selbst habe, so die Aussage seiner Sekretärin Friederike Gräfin von Podewils, »in seiner besonders verschlossenen und zurückhaltenden Art« weder mit ihr noch mit anderen über irgendwelche Pläne gesprochen. »Nach meinen Beobachtungen glaube ich, daß er dies bis ganz kurz vorher überhaupt nur mit Oberstleutnant von Hofacker getan hat«.[10] Nach einem erfolgreichen Staatsstreich sollte mein Großvater die Leitung der politischen Beratung des Militärbefehlshabers und auch der anderen deutschen Dienststellen im Westen übernehmen. Unter Ausschaltung des ribbentrophörigen Botschaftspersonals war er als Verbindungsmann zur französischen Vichy-Regierung vorgesehen.

Stauffenberg trat seine neue Stelle als Generalstabschef im Allgemeinen Heeresamt zum 1. Oktober an, kam jedoch schon im August nach Berlin. Tresckow hatte erkannt, dass die von General Olbricht umgearbeiteten »Walküre«-Pläne nicht ausreichten, und gemeinsam gingen sie das Staatsstreichszenario durch und verfassten alle notwendigen Befehle, um am Tag des Attentats die Wehrmacht gegen die NS-Einrichtungen marschieren zu lassen. Als Tresckow im Oktober 1943 erneut an die Front ging, wusste er die Planung in Berlin in guten Händen. Im Herbst 1943 schien alles bereit und der Umsturz unmittelbar bevorzustehen. Für das Attentat setzte Stauffenberg lange Zeit auf Oberst (später General) Hellmuth Stieff, der als Chef der Organisationsabteilung im Oberkommando des Heeres Zugang zu Hitlers Lagebesprechungen hatte. Stieff gehörte in Tresckows Umfeld, die deutschen Verbrechen in Polen ließen den Generalstabsoffizier zu einem unversöhnlichen Gegner des Nationalsozialismus werden. Er versteckte zwischenzeitlich Sprengstoff für ein mögliches Attentat und gab nach seiner Verhaftung am 20. Juli auch unter schwerster Folter keine Namen preis. Doch die Tat selbst zu vollbringen – dazu fühlte er sich nicht in der Lage, auch wenn Stauffenberg bis zuletzt auf einen Sinneswandel bei ihm hoffte.

Stauffenberg selbst hatte alle moralischen Bedenken überwunden und setzte die eigene bedingungslose Bereitschaft zu handeln auch bei anderen voraus. Ein Unrecht müsse man auf sich nehmen, sagte er: das des Tuns oder das des Nichttuns.[11] Außer Stieff hatte niemand von den Verschwörern direkten Zugang zu Hitler. Da er zögerte, sprach Stauffenberg im Laufe der nächsten Monate bewährte und engagierte jüngere Offiziere an, die sich, ähnlich wie es im März 1943 Gersdorff vorhatte, bei einer Führung mit Hitler in die Luft sprengen sollten. Sie zeigten sich nach kurzer Bedenkzeit bereit, ihr Leben mit Anfang, Mitte 20 zu opfern. Doch immer wieder kam etwas dazwischen, und Versetzungen an die Front entfernten sie wieder von der Möglichkeit zu handeln. Wertvolle Wochen und Monate verstrichen; die verlorenen Schlachten, die Transporte in die Konzentrationslager sowie die Bombenangriffe auf deutsche Städte forderten jeden Tag Tausende von Menschenleben. Es war schwer, nicht in Resignation und Mutlosigkeit zu verfallen.

Unterdessen lagen alle weiteren Überlegungen, die zu einer wirklichen staatlichen Neuordnung führen sollten, nicht auf Eis, sondern wurden innerhalb einzelner oppositioneller Kreise weitergeführt. Angehörige dieser Gruppen tauschten sich aus, das Netzwerk verdichtete und verzweigte sich weiter – aber alles im Rahmen konspirativer Vorsicht.

Theoretisch gab es eine Art Arbeitsteilung zwischen militärischem und zivilem Widerstand. Die einen sollten Hitler und das NS-System stürzen, die anderen einen neuen deutschen Staat aufbauen und eine Übergangsregierung stellen. Nicht nur die konservativen Oppositionellen um Goerdeler hatten sich seit Langem mit diesbezüglichen Plänen beschäftigt, auch der »Kreisauer Kreis« um Helmuth James Graf von Moltke und Peter Yorck, zu dem führende Gewerkschafter, Sozialdemokraten und Theologen gehörten, erarbeitete umfangreiche Entwürfe für eine gesellschaftliche und politische Neuordnung. Beck als präsidiales Staatsoberhaupt war unumstritten, Goerdeler als Regierungschef ebenfalls gesetzt, doch es gab auch Gegenstimmen. Manche der Jüngeren, wie Fritzi Schulenburg, hätten gern den SPD-Politiker Julius Leber auf diesem Posten gesehen. Leber selbst sah nach der Dolchstoßerfahrung von 1918 darin eine Gefahr für seine Partei und befürchtete, dass die Sozialdemokraten erneut von großen Teilen der deutschen Bevölkerung für einen verlorenen Krieg verantwortlich gemacht werden würden. Er sollte nach erfolgreichem Staatsstreich den Posten des Innenministers übernehmen.

Schwerin, Yorck, Schulenburg – sie alle beteiligten sich an den oft kontroversen Diskussionen, beanspruchten aber keine hervorgehobene Rolle für sich und sahen sich künftig als beratende Staatssekretäre in einem Ministerium ihres Fachgebiets. Auch Stauffenberg brachte sich in die gesellschaftspolitischen Überlegungen ein, stellte jedoch als Soldat das »Primat der Politik« nicht infrage. Bei allen Divergenzen herrschte grundlegende Einigkeit darüber, dass eine Übergangsregierung nur auf einem breiten politischen, sozialen und gesellschaftlichen Fundament ruhen könnte. Am Ende musste einer handeln, im Vertrauen darauf, dass sich nach dem Staatsstreich gemeinsame Wege und Lösungen finden würden.

Mein Großvater verfolgte die Diskussionen um Posten und Personen laut Falkenhausen mit einer gewissen Ungeduld – für ihn stand das Handeln im Vordergrund. Es gibt keine Zeugnisse, dass er sich engagiert an den Gedankenspielen einer künftigen inneren Ordnung Deutschlands beteiligt hätte. Er sah sich als Experten für alles, was Frankreich anbelangte: die Stimmung in der Bevölkerung, die Denkweise der Vichy-Regierung, die offene

Feindschaft gegenüber allem, was aus Deutschland kam – und für die Möglichkeiten von Verständigung. Sein Interesse galt konkreten gegenwärtigen Handlungsspielräumen. Für sein erstes »konspiratives« Zusammentreffen mit den Vettern anlässlich der üxküllschen Hochzeit bereitete er eine Denkschrift mit strategischen Überlegungen vor für den Fall einer alliierten Invasion in Frankreich. Zu diesem Zeitpunkt hoffte er noch, durch erfolgreiche militärische Gegenwehr Engländer und Amerikaner zu Friedensverhandlungen unter annehmbaren Bedingungen zu bewegen. Von dem Realitätssinn eines Moltke, der schon 1940 seine schlesische Heimat verloren gab, war er weit entfernt, allerdings auch von den Illusionen eines Goerdeler, der selbst an Elsass-Lothringen festhalten wollte.

Stauffenberg, der mit dem Anspruch angetreten war, dem Zaudern ein Ende zu setzen, und bereits »Walküre«-Befehle und Aufrufe an die Bevölkerung in der Tasche trug, musste warten, weil es nicht möglich schien, Hitler zu beseitigen. Jederzeit konnte die ganze Verschwörung auffliegen: ein Gespräch belauscht werden, ein Treffen verraten oder ein Papier in die falschen Hände gelangen. Immer wieder kam es zu einzelnen Verhaftungen im weiteren Umfeld der Eingeweihten, ohne dass die Gestapo ein System dahinter erkannte. Doch jedes Verhör barg neue Gefahren.

Unterdessen drehte sich das Personalkarussell, entfernte Verschwörer von wichtigen Posten, zwang zu neuen Entscheidungen und spielte schließlich Ende Juni 1944 Claus von Stauffenberg mit einer Beförderung die Chance zu, Hitler selbst umzubringen.

Bevor mein Großvater Mitte Januar 1944 seinen neuen Job in Paris beim Militärbefehlshaber antrat, verbrachte er viereinhalb Wochen über Weihnachten und Silvester in Krottenmühl. Einen Monat Urlaub – so viel Zeit für die Familie hatte er schon lange nicht mehr gehabt. Die Tage reihten sich in alltäglicher Selbstverständlichkeit aneinander, ohne gleich schon wieder an den bevorstehenden Abschied zu mahnen, voller Teilhabe an Schulaufgaben, Kohleengpässen und sonstigen Herausforderungen des einfachen winterlichen Landlebens im Krieg. Geschichtsunterricht für die Großen, Schreibspiele, ruhige Momente mit einer Biografie Kaiserin Maria Theresias und Zweisamkeit mit Lotte. Ein letztes Auftanken vor einer ungewissen, in vielfacher Hinsicht bedrohlichen Zeit: Was würde das Jahr 1944 bringen, in das sie an Silvester so vergnügt mit den Kindern hineingefeiert hatten? Welche Schrecken erwarteten sie? Wann würden sie endlich handeln, das Schicksal mitbestimmen können? Noch vor der Landung von Briten und Amerikanern in Frankreich? Gab es eine gemeinsame Zukunft für sie als Familie? Und wenn ja – wann und wo?

Der Abschied fiel am 5. Januar, zwei Tage nach der Taufe von Liselotte, der Jüngsten, noch schwerer als sonst. Lotte begleitete ihren Peter – den Namen Cäsar empfand sie als zu altmodisch, und so hatte sie ihn kurzerhand ausgetauscht – nach München. Heimlich folgte sie ihm noch, nachdem sie sich in der Neuhauser Straße getrennt hatten, bis er dann doch ihren Blicken entschwand.

Cäsar und Eberhard in Krottenmühl [13]

Cäsar und Lotte in Oberjoch, Winter 1942 [14]

Die letzte Aufnahme von Cäsar mit allen Kindern, April 1944 [15]

»Die Feder will noch nicht recht wieder nach so langem Zusammensein, – aber die Gedanken suchen Dich Tag und Nacht & sehnen Dich herbei«, schrieb sie ihm kurz danach, als sie sich aus dem turbulenten Kinderalltag zu sonntäglicher Ruhe in ihr notdürftig geheiztes, nur von außen zugängliches Gartenzimmer zurückziehen konnte. »Keiner, der mir mein Bett vorwärmt, keiner, der mir ›Guts Nächtle‹ sagt oder ›Guten Morgen‹, es ist wieder leer & nüchtern, oder sagen wir mal – alltäglich geworden! Ich muss immer in die Sofaecke schauen, wo Du – wie eine Statue fast – täglich lesend gesessen hast, dann im Holzstadl, wo Dein hochroter Kopf die Axt schwang – oder vorn am Schilf, auf Duka's pirschend! Überall bist Du hier gegenwärtig & das ist so schön, dass es zu all dieser Geruhsamkeit während Deines Hierseins kam. Ich habe es so genossen, alle die Bilder in mich aufgenommen & nun lebe ich davon – wer weiss, wie lange es sein muss!«[12]

Als mein Großvater, nach einem Abstecher über Tübingen und Lautlingen zu seiner Mutter und Nux, wieder in Paris ankam, stellte er seinen Kindern folgende Rechenaufgabe: »Wieviel habt Ihr durch die Trennung zu entbehren und wieviel ich? Lösung: Ihr 1/7 und ich 6/7.«[13] Daran schließen sich zwei Seiten mit Fragen nach dem Krottenmühler Alltag an, den er fünf Wochen mit ihnen geteilt hatte, nach Schullektüre, Tischmanieren, Nachbarskindern, dem Dackel Schim und den Hühnern, nach Zigarettenkonsum und Stopfpensum der Mutter, Lieferungen an Kohle und Holz. Am Ende fügt er noch harmlos beiläufig einen Absatz aus seinem Pariser Leben an, sicherlich mehr für Lotte als für die Kinder bestimmt: »Mein eigentlicher neuer Dienst hat noch nicht recht angefangen. Das ist mir aber gar nicht so unlieb, weil es mir an wichtiger Arbeit, die ich mir selber mache, nie mangelt. Außerdem lese ich zur Zeit ein hochinteressantes politisches Buch, das mir Nux dringend empfahl und das mich noch mehr ausfüllt, als die Maria Theresia. Es handelt von den Grundprinzipien des späteren Friedensschlusses.«

Nach diesem Brief vom 15. Januar 1944 entstand eine ungewöhnliche Pause bis zur Invasion. Nicht, dass mein Großvater nicht geschrieben hätte, in ihren Antworten bestätigte Lotte jede eingegangene Nachricht, aber die Briefe fehlen – mit Ausnahme des Konfirmationsbriefes an seine beiden Ältesten, Eberhard und Ännerle, den meine Mutter sorgfältig bei sich aufbewahrt hatte. Was passierte mit den anderen? Hatte meine Großmutter sie verbrannt? Enthielten sie alle verdächtige Andeutungen auf das Komplott, oder hatte Lotte in ihrer Panik nach dem missglückten Attentat den ganzen Stapel gegriffen und vernichtet – ohne ihn vorher genauer durchzusehen?

Letzteres ist wahrscheinlich, sie kannte keine Einzelheiten über die Verschwörung oder gar einen Zeitpunkt und wird von der Sondermeldung über das Attentat und die »wundersame Errettung des Führers« überrascht worden sein. Was genau wusste sie? Mit Bestimmtheit wusste sie von dem Vorhaben, auch der damit verbundenen Gefahr für meinen Großvater, die er ihr gegenüber nicht verharmloste, aber durch Zuversicht doch möglichst verdrängte. Sie wusste genug, um seine Andeutungen zu verstehen, seine Sorgen und auch Hoffnungen zu teilen. Genug, um nach dem 20. Juli Angst vor den Verhören der Gestapo zu haben, aber kaum Details, die sie ernsthaft hätten gefährden können. Mein Großvater hatte seine Entscheidung wohl nicht mit ihr »ausdiskutiert«, aber jede ihrer Anspielungen drückt Einvernehmen aus und bedingungsloses Vertrauen in sein Handeln. Meine Großmutter starb 1974, in der Familie waren bis zu diesem Zeitpunkt noch keine Fragen zu dem sensiblen Thema gestellt worden, und die Historiker hatten sich noch nicht für sie interessiert.

Aus Lottes Antwortbriefen in diesen ersten Monaten 1944 wird eine Unzufriedenheit ihres Mannes deutlich. Der Winter verstrich mit zermürbendem Warten. Der offizielle neue Job brachte ihm nicht die Erfüllung der vielfältigen französischen Kontakte, und die heimlichen Vorbereitungen für den Putsch ließen sich nicht einfach abarbeiten. Die Planung, was nach dem entscheidenden Anruf aus Berlin zu folgen hatte, stand, so weit sie im Voraus vorbereitet werden konnte. Einzelne wichtige Akteure sollten jedoch aus Sicherheitsgründen erst kurz vor oder sogar erst nach erfolgtem Attentat ins Vertrauen gezogen werden. Das Stülpnagel zur Verfügung stehende Wachbataillon würde Himmlers SS und Sicherheitsdienst in Paris festnehmen, den Rundfunk besetzen, die Telefonverbindungen ins Reich bis auf die Leitung zum Majestic kappen. Den jungen Kriegsverwaltungsrat Walter Bargatzky beauftragte Hofacker mit einer Auflistung der SS-Verbrechen und besprach mit ihm in Teucherts Hotelzimmer die Möglichkeiten, den Sicherheitsdienst in Paris zu liquidieren.

Bargatzky zögerte nicht lange: »Ich empfahl nach Inhaftierung aller Gestapoleute eine sofortige, schockartig wirkende Exekution von vier führenden Personen, des SS-Gruppenführers Oberg, des SS-Standartenführers Dr. Knochen und der SS-Sturmbannführer Hagen und Dr. Maulaz. [...] Um Zwischenfälle zu vermeiden und Zeit zu sparen bitte ich Hofacker, auf ein besonderes Gerichtsverfahren zu verzichten und die unverzügliche Füsilierung auf dem Mont Valérien vorzusehen.«[14]

Anschuldigungen, die eine solche Maßnahme rechtfertigten, gab es ausreichend, als beweisfähig galt in den Augen der Verschwörer die Sprengung der Pariser Synagoge 1941 durch den SD mit anschließender Falschaussage Knochens, die rechtswidrige Bereicherung durch »Einziehung reichsfeindlichen Vermögens«, vor allem aber die Deportation der Juden. Es gehörte zu den bitteren Erkenntnissen der Pariser Verschwörer, dass sich gerade die schlimmsten Verbrechen schwer juristisch belegen ließen. Wie sollte man für ein ordentliches Gerichtsverfahren ausreichend beweisen, dass Knochens Dienststelle von der Absicht des Genozids wusste?

Mein Großvater war prinzipiell mit Bargatzkys Vorschlägen einverstanden, hielt jedoch noch einmal Rücksprache mit dem Berliner Kreis – der sich dagegen entschied: keine Willkür, sondern Rechtsverfahren, auch wenn inzwischen unfassbare Nachrichten über sogenannte Nackttransporte durchgesickert waren. Die Pariser Verschiebebahnhöfe wurden zunehmend von den Alliierten bombardiert. Einigen Juden war bei solchen Angriffen die Flucht gelungen. Knochen ordnete daraufhin die Entkleidung der Deportierten an, damit sie gleich als solche zu erkennen seien.

Bargatzky und Hofacker besprachen die Einzelheiten eines Rechtsverfahrens und mit welchen Personen das Gericht besetzt werden könnte – ohne diese vorher einzuweihen. Als Straftatbestand kam die »Zersetzung der Wehrkraft« infrage, auf die inzwischen immer eine Verurteilung zum Tod folgte. Es war die gängige Anklage des Hitlerregimes gegen alle, die sich in irgendeiner Form dem Nationalsozialismus widersetzten, Feindsender hörten, wie die Geschwister Scholl Flugblätter auslegten, sich wie Elisabeth von Thadden über das Kriegsgeschehen äußerten oder als Soldaten eine Krankheit vortäuschten. Noch konnte man die Nazis nur mit ihren eigenen Waffen schlagen.

Doch der zweite Handlungsstrang der Pariser Verschwörung lag außerhalb von Hofackers Aktionsradius: Die Verbindung zum Oberbefehlshaber West und zu Feldmarschall Rommel, der als eigentlicher Truppenführer in Erwartung der Invasion die Atlantikküste befestigen und sichern sollte, stockte. Nicht jeder hatte Zugang zu ihnen, und ohne vertrauensvollen Umgang ließ sich ein so verfängliches Gespräch schwer einfädeln. Aber von ihnen hing das weitere Vorgehen gegenüber den Alliierten nach einem geglückten Staatsstreich ab, sie mussten zwischen den Militärs einen Frieden aushandeln, sie mussten im Westen die Front öffnen.

Oberbefehlshaber West war im Frühjahr 1944 noch General Rundstedt. Kluge sollte ihn erst Anfang Juli, nach der Invasion und dem raschen Vormarsch der Alliierten, ablösen. Rundstedt galt als »politisches Denkmal«, Friedrich Teuchert beschrieb 1945 das wenig Hoffnung verheißende Umfeld des Oberbefehlshabers: »Wenn er [Rundstedt] gelegentlich auch recht kräftig auf die Nazis schimpfte, irgendwelche Aktivität war von ihm nicht zu erwarten. Sein Chef des Stabes, der spätere Chef des deutschen Generalstabes Zeitzler, galt damals noch als zumindest undurchsichtig. Auch unter den sonstigen Angehörigen des Stabes konnte nur mit wenigen gerechnet werden. Das war nicht sehr ermutigend. Wir mussten hier hoffen, dass uns der Zufall oder das Heerespersonalamt zu Hilfe käme.«[15]

Es war das Heerespersonalamt, das mit General Hans Speidel einen vertrauten Offizier nicht zu Rundstedt, aber als neuen Stabschef zu Rommel versetzte. Der beliebte Feldmarschall war schwer einzuschätzen, sein nahes Verhältnis zu Hitler bekannt, wenn auch seit der Niederlage von El Alamein etwas abgekühlt. Aber ging die Distanz so weit, dass man diesen Volkshelden und Vorzeigegeneral in eine Verschwörung gegen den »Führer« einbinden konnte?

Speidel äußerte sich positiv über Rommel, sodass als Nächstes ein Treffen zwischen Rommel und Stülpnagel arrangiert werden konnte. Die außergewöhnliche Tarnung dieser Zusammenkunft im Mai 1944 zeigt den Grad der Anspannung und Sorge vor Bespitzelung: Als Anlass diente die Taufe des Sohns von Stülpnagels Stabschef Oberst Karl-Richard Koßmann, der sowohl Rommel als auch Stülpnagel gebeten hatte, Pate zu stehen. Bei dieser privaten Feier in einem kleinen Vorort von Paris in absolut vertrauensvollem Kreis konnten die beiden Generale bei einem Spaziergang ungestört reden. Die Historiker sind sich uneins, ob und in welchen Einzelheiten Stülpnagel das Thema Widerstand anschnitt. Angesichts des großen Aufwands, der um dieses Zusammentreffen betrieben wurde, erscheint ein reiner Small Talk zwischen den beiden Befehlshabern allerdings unwahrscheinlich.

Hofacker pendelte zu dieser Zeit zwischen Paris und Berlin. Falkenhausen, Teuchert, Bargatzky und nicht zuletzt später die Gestapo beschrieben ihn als unermüdlichen Verfechter des Putschgedankens, als treibende Kraft hinter der Verschwörung in Paris. Er habe jeden Besuch bei den Berliner Gesinnungsgenossen, aber auch bei Goerdeler dazu benutzt, sich gegen eine Verzögerung des Schlages aus psychologischen oder taktischen Gründen auszusprechen, berichtete Falkenhausen: »Er äußerte sich manchmal bitter, aber nie mutlos über die Zaudertaktik und die subalterne Denkweise der hohen Militärs, er kritisierte manches, was im Kreis der Berliner Freunde an politischen und organisatorischen Plänen in sachlicher und personeller Beziehung getrieben wurde, weil es die Entschlossenheit zum ersten Schlag beeinträchtigte, aber er blieb der Sache nicht nur selbst unwandelbar treu, sondern er hielt auch Schwankende bei der Stange und richtete gleichgültig und mutlos Werdende auf.«[16]

Zu einem ähnlichen Urteil kam auch der Reichsführer SS Heinrich Himmler, als er nach den ersten Vernehmungen am 3. August 1944 in Posen vor Gauleitern zum Attentat vom 20. Juli Stellung bezog – allerdings mit etwas anderer Konnotation: »Dann spielte eine Rolle Herr General Stülpnagel in Paris, bei ihm ein Oberstleutnant von Hofacker, der fanatischste Defaitist und Pessimist, den ich kennengelernt habe. Ich glaube, der ist wirklich aus religiöser Überzeugung Pessimist. Leider ist er so fanatisch, daß er es wirklich versteht, auch andere in den Pessimismus hineinzuziehen.«[17]

Zum Warten auf das Attentat kam das Warten auf die Invasion der Engländer und Amerikaner, gefürchtet und doch als Entscheidung herbeigesehnt. Erleichtert schrieb mein Großvater in der Nacht vom 6. auf den 7. Juni, ein Albdruck sei von ihm gewichen, anstelle des ewigen Rätselratens sei endlich die kühle Ruhe des Handelns getreten. Der anfängliche Eindruck einer recht erfolgreichen deutschen Gegenwehr wich bald dem klaren Bild eines aussichtslosen Kampfes. Cäsar fühlte zu sehr als deutscher Offizier, um auf einen schnellen Durchmarsch der Alliierten zu hoffen, doch das militärische Fiasko hatte für ihn auch etwas Klärendes. Es erzwang dringlicher als je zuvor das schnelle Handeln der Verschwörer.

Als ob die Vorsehung es endlich gut mit ihnen meinte, erhielt Claus Stauffenberg genau zu diesem Zeitpunkt seinen Versetzungsbefehl zum Befehlshaber des Ersatzheers und damit gelegentlich Zutritt zu Hitlers Lagebesprechungen. Endlich konnten die Verschwörer das lähmende Vakuum innerhalb der Sperrzonen des Führerhauptquartiers durchbrechen. Oberst Eberhard Finckh, ein naher Vertrauter Stauffenbergs und neuer Oberquartiermeister in Frankreich, überbrachte die Nachricht aus erster

Hand. »Ich könnte Dir stundenlang erzählen, auch von Dingen, die einem trotz allem neue Kraft und neuen Mut geben«, schrieb mein Großvater am 26. Juni an Lotte. »Aber mein Mund muß verschlossen bleiben. Nur so viel kann ich Dir sagen, daß ich auf ›Hochtouren‹ bin wie immer, wenn man ein großes Ziel vor sich sieht und sich zur Klarheit über den eingeschlagenen Weg durchgerungen hat.«[18]

Dieser Weg führte ihn als Nächstes zu Rommel. Eine einfache Vermittlung Speidels musste ausreichen, für eine aufwendig inszenierte konspirative Alibiveranstaltung wie die Taufe im Mai fehlte inzwischen die Zeit. Der Name Hofacker weckte bei dem Feldmarschall aus Schwaben alte Erinnerungen: 1917 war er unter dem Kommando von Cäsars Vater mit dem höchsten preußischen Tapferkeitsorden *Pour le Mérite* ausgezeichnet worden. Diese Referenz reichte am 9. Juli für ein einstündiges Gespräch unter vier Augen.

Mein Großvater kam mit klaren Erwartungen: Er brauchte das Urteil des Feldmarschalls über die militärische Lage an der Invasionsfront und möglichst eine Zusage, dass Rommel bei einem Staatsstreich bereit sei, im Westen zu kapitulieren und mit den Alliierten zu verhandeln. Als unbestritten gilt Rommels äußerst kritische Einschätzung der deutschen Abwehrfront. Er selbst hatte Hitler gegenüber die Lage mehrmals realistisch dargestellt und sich dadurch dessen Missbilligung eingehandelt. Im Gegensatz dazu wird über seine Haltung zum Widerstand unter Historikern nach wie vor gestritten.

Mein Großvater berichtete direkt im Anschluss dem Pariser Mitverschwörer Teuchert »in freudiger Erregung« von dem Gespräch. Demnach sei er »gleich aufs Ganze gegangen und habe die Karten in aller Offenheit aufgedeckt. Die Wirkung war über alles Erwarten günstig. Rommel sei ›kaum zu halten‹ gewesen, er wollte am liebsten gleich losschlagen. Jedenfalls schien er entschlossen, auch dann zu handeln, wenn die Pläne im Reich versagten.«[19]

Die Worte klingen nach meinem Großvater. Er rechnete mit

Rommel, auch wenn mangels Zeugen heute schwer zu beurteilen ist, ob eigenes Wunschdenken den positiven Eindruck beflügelte oder der Feldmarschall wirklich umfassende Zusagen machte. Etwas nüchterner lautete die Wiedergabe Falkenhausens von 1945: »Rommel habe nach kurzer Überlegung erklärt, er sei sofern das Attentat glücke und Hitler sowie auch nach Möglichkeit Göring und Himmler beseitigt wären gewillt, das seinige zu tun, um den Plänen zum Siege zu verhelfen.«[20]

Doch hätte er sich auch – anders als Kluge – nach dem Scheitern des Attentats zum Widerstand bekannt und in Frankreich kapituliert? Reihte sich seine schwere Verwundung am 16. Juli 1944 in die Kette tragischer Schicksalsschläge ein, die schließlich zum Debakel führten? Es bleibt Spekulation und das Bild Rommels als Widerstandskämpfer verschwommen, zumal die Rolle des Verschwörers in der ersten Nachkriegszeit nicht zum Mythos des großen Feldherrn passte.

Fakt ist, dass Hofacker Teuchert nach dem Gespräch beauftragte, ein Schreiben Rommels an den britischen General Montgomery zu entwerfen. »Es sollte von der Absicht Kenntnis geben, die Feindseligkeiten auf eigene Faust einzustellen, keine Bedingungen enthalten, nur in Form der Bitte um ehrenvolle Behandlung nach der Kapitulation nachsuchen, desgleichen um Geheimhaltung, bis die Möglichkeit der Ausführung gekommen sei.«[21] Bargatzky verfasste das Schreiben – versendet wurde es jedoch nicht.

Am Tag nach dem Gespräch mit Rommel, am 10. Juli 1944, fuhr mein Großvater erneut im Auftrag Stülpnagels nach Berlin. Es muss ihm schwergefallen sein, seinen Posten zu verlassen, jetzt, wo Stauffenberg schon wiederholt im Führerhauptquartier gewesen war und der Staatsstreich erneut in greifbare Nähe rückte. Hofackers Platz war in Paris. Hier musste er mit seiner Persönlichkeit und seinen guten Kontakten möglichst schnell dafür sorgen, dass die französische Regierung einer neuen deutschen Führung vertraute. Doch wie oft schon war das Attentat dann doch nicht erfolgt. Es durfte kein Warten, kein Zögern mehr geben. Er musste Beck, Stauffenberg und die Mitverschwörer in Berlin unverzüglich über die katastrophale Lage an der Front unterrichten. Wenn jetzt nicht gehandelt würde, wäre es endgültig zu spät.

Der Bahnverkehr war wegen Tieffliegerangriffen auf der Strecke Paris–Metz unterbrochen, man brauchte ein Auto. Hofacker hatte Glück, auch der Verwaltungschef des Majestic, Elmar Michel, musste an diesem Tag nach Berlin fahren. Die beiden Männer saßen an dem grauen, regnerischen Morgen im Fond eines auf Holzgas umgestellten amerikanischen Wagens. Eine Scheibe trennte den Fahrerraum ab, sodass sie sich ungestört unterhalten konnten.

Obwohl Michel als ziviler Chef der Militärverwaltung eine wichtige Position besetzte, hatte mein Großvater seinen früheren Vorgesetzten erst drei Wochen zuvor mit Andeutungen über die Notwendigkeit eines gewaltsamen Regierungswechsels in die Verschwörung eingeweiht. Michel trug Mitverantwortung für die deutsche Besatzungspolitik, auch für die »Entjudung« der französischen Wirtschaft, doch teilte er die Kritik meines Großvaters an der systematischen Ausbeutung des Landes. In den Tagen unmittelbar vor und nach dem Putsch erwies er sich als verlässlicher Verbündeter.

Die Fahrt auf eintönig gerader, von Pappeln gesäumter Straße wurde alle 60 Kilometer zum Tanken unterbrochen, und im gleichen Rhythmus verlief auch das Gespräch.[22] Hofacker nutzte die Intimität der ersten Fahrtstrecke, um mit gedämpfter Stimme weitere Einzelheiten zu berichten. Michel erinnerte sich später daran, dass er auswendig Textpassagen zitierte aus den Aufrufen, die Wehrmacht und Bevölkerung über Fernschreiben und Rundfunk erreichen und auf die Seite der Verschwörer ziehen sollten.

»Der Führer Adolf Hitler ist tot!

Eine gewissenlose Clique frontfremder Parteiführer hat es unter Ausnutzung dieser Lage versucht, der schwerringenden Front in den Rücken zu fallen und die Macht zu eigennützigen Zwecken an sich zu reißen.«[23]

Das klang zunächst noch sehr nach Nazijargon, ähnliche Worte wählte Hitler in seiner ersten Rundfunkansprache nach dem Attentat. Es war eine Notlüge. Ein Putschversuch der SS, damit konnte man alle drakonischen Maßnahmen gegen Sicherheitsdienst und Gestapo rechtfertigen, Volk und Wehrmacht auffordern, einer neuen Führung zu vertrauen. Doch alle weiteren programmatischen Aufrufe, zigmal überarbeitet und redigiert, setzten sich ganz bewusst von dieser plumpen, »verbrauchten« Sprache ab. Von Hitlers Verführung, seinen dämonischen Künsten und Lügen war die Rede, von Gottesfurcht anstelle von Selbstvergottung, von Recht und Freiheit anstelle von Gewalt und Terror, von Wahrheit und Sauberkeit anstelle von Lüge und Eigennutz, von der Neubegründung eines echt sittlichen Lebens. Elmar Michel empfand die gut formulierten Sätze als befreiend, ob sie die gleiche Wirkung auf die von Goebbels' Propaganda beeinflusste deutsche Bevölkerung ausgeübt hätten, bleibt ungewiss.

In Metz angekommen, schlenderten die beiden Männer noch durch die Innenstadt – bis zum Nachtzug nach Berlin blieben ihnen noch einige Stunden. Nach dem Gespräch im Wagen liefen sie schweigend nebeneinanderher. Michel erinnerte sich: »Nur einmal brach Hofacker das Schweigen und sagte: ›Was werden diese Menschen bald befreit aufatmen!‹ Moitrier, das alte bekannte Speiselokal, dessen Inhaberin noch manchen ihrer derzeitigen Gäste aus ihrer Metzer Garnisonszeit vor 1914 gekannt hat und die bald wieder ihre französischen Offiziersgäste aus der Zeit zwischen diesen beiden Kriegen begrüßen würde, war an diesem Nachmittag geschlossen. Wir mussten uns deshalb in eines der üblichen, stillosen Kaffeehäuser setzen und uns mit einer Tasse kriegsmäßigen Kaffees begnügen. Wir waren jetzt nicht mehr allein und so hing jeder seinen Gedanken nach.«[24]

Sie kamen mit mehrstündiger Verspätung am nächsten Morgen in Berlin an und trennten sich am Potsdamer Platz. Mein Großvater begab sich sofort zu Stauffenberg in die Tristanstraße und kurz darauf zu Generaloberst Beck, um von seinem Gespräch mit Rommel zu berichten.

Beim letzten Zusammentreffen mit den Berliner Mitstreitern am 16. Juli in Stauffenbergs Haus drängte Hofacker noch einmal zu schnellem Handeln. Er musste in diesem Kreis niemanden überzeugen, und doch wird nach den Fehlversuchen sein kompromissloses Befürworten des Attentats ermutigend gewirkt haben. Als er sich am nächsten Morgen wieder auf die Rückreise nach Paris begab, konnte er sich sicher sein, dass die Entscheidung kurz bevorstand. Zehn Prozent Erfolgsaussicht – der Eindruck der vergangenen Tage verstärkte nicht gerade den Optimismus, zu viele Unwägbarkeiten mussten in Kauf genommen, konnten auch bei noch so guter Vorbereitung nicht ausgeräumt werden. Was lastete nicht alles auf Stauffenbergs Schultern, welche Verantwortung, wie viel aktives Handeln. Sie alle hatten ihr Schicksal in seine Hände gelegt – in seine eine Hand mit drei Fingern. Doch mein Großvater vertraute seinem Vetter, für ihn war er einer der seltenen Männer »ganz großen historischen Formats«[25].

An das voraussichtliche Scheitern des Staatsstreichs dachte er nicht, traf keine Vorkehrungen für ein Untertauchen bei französischen Freunden, es gab keinen Plan B. Alle Gedanken waren nur auf den kurz bevorstehenden Tag gerichtet, nicht darüber hinaus, nur auf diese eine Aufgabe. Von jetzt an zählte jede Stunde, es war nicht der Moment, um nach Krottenmühl zu fahren, die Zeit fehlte, und der Abschied von Lotte und den Kindern wäre diesmal wohl kaum auszuhalten gewesen. Er wusste, was er ihnen zumutete, dass sie die Folgen eines misslungenen Staatsstreichs zu tragen hätten, nicht nur seinen Tod, sondern die öffentliche Verurteilung, das Stigma des Verrats, im schlimmsten Fall Sippenhaft.

Und wenn es gelang? Wie würden die Deutschen reagieren? Erleichtert? Oder würden sie nicht viel eher auch in diesem Fall »Verrat« schreien und sich in ihrer Verblendung einbilden, dass Hitler sie am Ende doch noch zum Sieg geführt hätte? Hatten Leute wie Moltke recht, wenn sie sagten, dass eine wirkliche Erneuerung nur mit der Erfahrung der dunkelsten Tiefen einer vollständigen Niederlage möglich sei? Welches Entgegenkommen konnte man von den Alliierten erwarten, die sich auf keine Zusage gegenüber den Verschwörern festlegen wollten?

Das, was jeden Einzelnen von ihnen nach einem gelungenen Umsturz erwarten würde, überstrahlte bei Weitem nicht das Risiko, das sie jetzt für sich und ihre Familien auf sich nahmen. Es gab – um die Worte meines Großvaters zu wählen – weitaus mehr Dornen als Lorbeeren zu gewinnen. Die Entscheidung, ungeachtet dessen an Attentat und Staatsstreich festzuhalten, erwuchs aus dem Gefühl einer sittlichen, moralischen und historischen Verpflichtung – einer Art nach innen gekehrtem Nationalismus, nämlich als Deutsche zu versuchen, das im eigenen Namen begangene Unrecht – das beispiellose, sinnlose Blutvergießen – zu beenden. »[...][J]edes ungenutzte Verstreichenlassen auch nur weniger Stunden [wäre] eine Sünde wider den Heiligen Geist und ein Verstoß nicht zuletzt gegen meine Pflichten als Mann einer deutschen Frau und Vater deutscher Kinder«, schrieb mein Großvater in seinem letzten Brief aus dem Schlafwagen nach Metz. Man mag sich am deutschnationalen Pathos dieser Worte stören, die Einstellung als patriarchal-elitär empfinden. Aber sie spiegeln einen Wertekanon wider, den er von Jugend an verinnerlicht hatte und der auf gesellschaftlichen Traditionen und einem christlichen Fundament basierte.

Als mein Großvater am 18. Juli in Paris eintraf, erwartete ihn die Hiobsbotschaft von der schweren Verwundung Rommels durch einen Tieffliegerangriff am Tag zuvor. Nie habe er Stülpnagel so niedergeschlagen gesehen wie an jenem Abend, berichtete Teuchert. Doch die Nachricht konnte Hofackers Zuversicht und seinen Elan so kurz vor dem ersehnten Umsturz kaum noch beeinträchtigen. Zwar kam dem Feldmarschall auf diesem sorgfältig konzipierten Schachbrett eine entscheidende strategische Position zu, doch auch Kluge, der als Oberbefehlshaber West Rommels Aufgaben nun übernommen hatte, hatte sich in der Vergangenheit Tresckow gegenüber für oppositionelle Gedanken aufgeschlossen gezeigt. Jetzt galt es, die Sache ohne Zaudern durchzuziehen; aufgrund der absoluten Geheimhaltung gab es in den letzten 48 Stunden noch wichtige Punkte abzuarbeiten.

Spät wurden entscheidende Mitwirkende ins Bild gesetzt: der Nachrichtenoffizier zum Beispiel, der die Verbindungen zwischen Paris, mit Ausnahme der Leitungen ins Majestic, und dem Deutschen Reich kappen sollte. Der Kommandant von Groß-Paris, dessen Soldaten Sicherheitsdienst und SS verhaften sollten. Auch der neue Chef des Stabes beim Militärbefehlshaber, Oberst Hans-Otfried von Linstow, der beim Umsturz die militärische Aktion leiten musste, galt zwar als sicher und vertrauenswürdig, war jedoch wegen seines Herzleidens zunächst nicht vollständig eingeweiht worden.

Stülpnagels Sekretärin sah meinen Großvater in diesen zwei Tagen besonders häufig im Büro ihres Chefs und achtete darauf, dass die beiden ungestört blieben – ohne jedoch selbst eingeweiht zu sein. Noch einmal ging Hofacker mit seinen engsten Mitarbeitern den Aktionsplan in allen Einzelheiten durch. Teuchert musste den Einsatz gegen Gestapo und SS-Dienststellen überarbeiten, weil die Männer aus Sorge vor alliierten Luftangriffen auf neue Unterkünfte verteilt worden waren. Auch galt es, die Liste der zu verhaftenden Mitarbeiter anderer deutscher Dienststellen und des Majestic auf den letzten Stand zu bringen. Bargatzky bereitete das Gerichtsverfahren und die Anklagepunkte vor, Teuchert überlegte, welche zuverlässigen Verwaltungsbeamten in einer Übergangszeit die Hoheitsaufgaben der SS übernehmen könnten. Noch einmal redigierte man gemeinsam die ersten Verlautbarungen, die nach einem erfolgreichen Putsch an die Truppe und Bevölkerung herausgehen sollten. Von diesen Worten hing viel ab. Falkenhausen sollte das zivile Nachrichten- und Pressewesen übernehmen.

Am Abend des 19. Juli fanden sich Hofacker, Teuchert, Bargatzky und zwei weitere Mitglieder der Verschwörung aus dem Verwaltungsstab in Bargatzkys Zimmer Nr. 409 im Hôtel Raphael zu einer Abschlussbesprechung zusammen. Stauffenberg hatte vormittags noch einmal telefonisch den Termin seiner Reise ins Führerhauptquartier für den folgenden Tag bestätigt. Mein Großvater berichtete von den jüngsten Gesprächen in Berlin, von außenpolitischen Überlegungen, von dem gering eingeschätzten Handlungsspielraum gegenüber den Alliierten. Er verschwieg nicht seine wenig optimistisch stimmende Erfolgsprognose von 1 zu 10. Doch bei aller Skepsis ließ er keinen Zweifel an der Überzeugung aufkommen, dass jetzt gehandelt werden musste. Bargatzky wollte seinen Gästen etwas zu essen anbieten, ohne den Kellner auf die Runde aufmerksam zu machen. So ging er einen Stock tiefer in die Etagenküche und schlug ein paar Spiegeleier in die Pfanne.[26] Henkersmahlzeit oder Abendmahl – solchen Gedanken werden sie in dieser besonderen Stunde nachgehangen haben, bevor sie sich trennten.

10

Attentat und Staatsstreich

Der frühe Morgen des 20. Juli 1944 kündigte mit milden Temperaturen in Berlin und Paris gleichermaßen einen heißen Hochsommertag an. Claus Stauffenberg stieg früh um 6 Uhr mit zwei Aktentaschen – eine für den unter einem sauberen Hemd versteckten Sprengstoff und eine mit schriftlichen Unterlagen für den Vortrag – in den Wagen seines Fahrers und fuhr in Begleitung seines Bruders Berthold von der Tristanstraße 8 zum Flugplatz Berlin-Rangsdorf. Dort traf er seinen Adjutanten, Oberleutnant Werner von Haeften, sowie General Hellmuth Stieff. Gemeinsam, jedoch ohne Berthold, nahmen sie eine Kuriermaschine, die sie zu Hitlers hochgesichertem Hauptquartier Wolfsschanze in Ostpreußen bringen sollte. Für Stauffenberg hatte das Unternehmen begonnen, jeder Schritt brachte ihn seinem Ziel näher und bedeutete zu handeln. In Paris hingegen hieß es warten, so tun, als ob dieser Donnerstag ein ganz normaler Alltag wäre, und sich mit gelassener Miene keine Nervosität anmerken lassen.

Das erste Stichwort erhielt dort der Oberquartiermeister Oberst Finckh am frühen Vormittag durch einen Telefonanruf. »Übung« übermittelte ihm eine monotone Stimme aus dem Reich – sonst nichts. Das vereinbarte Codewort bedeutete, dass Stauffenberg unterwegs zum Führerhauptquartier war, wie schon mehrfach im zurückliegenden Monat. Doch diesmal lag eine andere Spannung in der Luft, diesmal – diese Nachricht hatte Hofacker aus Berlin mitgebracht – sollte das Attentat um jeden

Preis erfolgen, unabhängig davon, ob Himmler oder Göring nun mit anwesend wären oder nicht. Als mein Großvater zum ersten Frühstück Falkenhausen in dessen Wohnung aufsuchte, stand fest, dass die Bombe aller Voraussicht nach an diesem Tag hochgehen würde.

Die beiden Freunde verabredeten sich für den Abend, um alle weiteren Schritte noch einmal durchzusprechen. So schwer es meinem Großvater als treibende Kraft des Putsches in Paris auch fiel – am Tag des Attentats selbst musste er abwarten und das Handeln anderen überlassen. Das Kommando und die Last der Verantwortung lagen beim Militärbefehlshaber Stülpnagel. Dass die Ereignisse eine hochdramatische Wendung nehmen und auch Hofackers Eloquenz und Überzeugungskraft an diesem Abend noch gefordert sein würden, ahnte niemand in Paris in den zäh verstreichenden Stunden dieses schicksalhaften Tages.

Unterdessen war die Kuriermaschine gegen 10:15 Uhr im ostpreußischen Rastenburg gelandet. Stauffenberg und Haeften trennten sich und passierten auf verschiedenen Wegen, jeder mit einer Aktentasche, den äußersten Sperrkreis. Dass der Adjutant die Mappe seines stark kriegsgeschädigten Vorgesetzten trug, war völlig normal. Doch ein aufmerksamer Wachposten wäre möglicherweise misstrauisch geworden, wenn er einen Offizier und seinen Adjutanten mit zwei Aktentaschen im gleichen Wagen gesehen hätte. Bei einer gründlicheren Untersuchung wäre der Sprengsatz unter dem weißen Hemd schnell entdeckt worden.

Kurze Zeit später frühstückten Stauffenberg und Haeften zusammen mit anderen Offizieren im Casino, wie es nach einer frühen Anreise in der Wolfsschanze allgemein üblich war. Sie hatten noch Zeit; die »Morgenlage« war angesichts von Hitlers nach hinten verschobenem Tagesrhythmus auf 13 Uhr angesetzt. Stauffenberg profitierte jetzt von den Eindrücken und Erfahrungen seines letzten Aufenthalts vor nicht einmal einer Woche, am 15. Juli: Er hatte einen Überblick über die örtlichen Begebenheiten, und sein Gesicht war dem einen oder anderen Soldaten schon vertraut. Während des Frühstücks telefonierte er, um sich über den weiteren Tagesablauf zu informieren.

Getrennt voneinander gelangten sie in den inneren Sperrkreis, wo Stauffenberg an einer Vorbesprechung teilnahm und Haeften mit dem Sprengstoff unauffällig dazustieß. Anschließend meldeten sie sich beim Chef des Oberkommandos der Wehrmacht, Generalfeldmarschall Wilhelm Keitel. Stauffenberg berichtete von dem Einsatz neuer Ersatzdivisionen für die Ostfront, der sogenannten Sperrdivisionen, zur Verhinderung des weiteren Vormarsches der Roten Armee. Es war das Thema des Vortrags, den er gleich vor Hitler halten sollte. Gegen 12 Uhr bekam Keitel einen Anruf mit dem Hinweis, dass die Lagebesprechung wegen der Ankunft Mussolinis am frühen Nachmittag um eine halbe Stunde, auf 12:30 Uhr, vorverlegt werde.

Kurz vor 12:30 Uhr bat Stauffenberg Keitels Adjutanten um einen Raum, wo er sich schnell frisch machen und das Hemd wechseln könne. Assistiert durch von Haeften, zerdrückte er mit einer eigens für seine Behinderung angefertigten Spezialzange den chemischen Glaszünder eines der Sprengstoffpakete. Jetzt zählte jeder Augenblick: In etwa zehn Minuten würde die Bombe detonieren. Bevor er aber den Zeitzünder des zweiten Pakets scharf stellen konnte, wurde er durch einen hereintretenden Oberfeldwebel gestört. Die Lagebesprechung habe bereits begonnen, er solle sich beeilen. Werner von Haeften gelang es gerade noch, den in Packpapier eingewickelten Sprengstoff in seiner Aktentasche verschwinden zu lassen. Stauffenberg ging zu Fuß zur Lagebaracke. Er wusste, dass die Besprechung dort stattfinden würde, da die umfangreichen Befestigungsarbeiten des sogenannten Führerbunkers vor Hitlers Wechsel vom Obersalzberg in die näher an der Ostfront gelegene Wolfsschanze noch nicht abgeschlossen waren.

Mit seinem verspäteten Erscheinen unterbrach Claus Stauffenberg den Vortrag des Generalleutnants Heusinger über die Lage an der Ostfront. Keitel stellte Hitler den kriegsversehrten und doch so sicher wirkenden Offizier vor und fragte, ob er sofort über die Sperrdivisionen berichten solle. Für einen Moment musste Stauffenbergs Herzschlag ausgesetzt haben: Die tickende Zeitbombe in seiner Mappe würde in wenigen Minuten detonieren – wie sollte er den Raum verlassen, wenn er jetzt gleich mit seinem Vortrag an der Reihe war? Doch zum Glück wehrte Hitler, über den Kartentisch gebeugt, ab, Heusinger sollte zunächst seinen Bericht beenden.

Stauffenberg stellte unauffällig seine Aktentasche auf dem Boden in der Nähe von Hitler ab und lehnte sie an den Tischsockel. Unter dem Vorwand, noch einmal schnell telefonieren zu müssen, verließ er die Baracke und auch den »Führerkreis« und eilte zum verabredeten Treffpunkt.

Haeften erwartete ihn bereits, zusammen mit dem General der Nachrichtentruppe, Erich Fellgiebel, der nach dem Attentat eine Kommunikationssperre über die Wolfsschanze verhängen sollte. Ein Auto stand schon bereit. Noch bevor sie einstiegen, explodierte zwischen 12:42 und 12:50 Uhr der Sprengsatz in der etwa 200 Meter entfernten Lagebaracke. Ein in der Nähe stehender Offizier blieb gelassen und vermutete, dass ein Wildtier eine Mine ausgelöst habe. Claus Stauffenberg war sich sicher, dass Hitler nicht überlebt haben konnte. Von den 24 Personen in der Lagebaracke starben vier, etliche wurden schwer verletzt – Hitler gehörte zu den wenigen Leichtverletzten.

Zwei der Todesopfer hatten zuvor unbewusst den Widerstand gegen Hitler unterstützt: der Chef des Personalamts, Hitlers Chefadjutant Generalleutnant Schmundt hatte aus alter Freundschaft zu Tresckow so manche Bitte nach Versetzung eines Offiziers erfüllt und den Kreis der Hitler-Gegner in der Heeresgruppe Mitte so ungewollt vergrößert. Oberst Heinz Brandt hatte sich im März 1943 bereit erklärt, Tresckows als Cognacgeschenk getarnten Sprengsatz mit in Hitlers Maschine auf dem Flug von Smolensk nach Rastenburg zu nehmen. Da der Zünder versagte, misslang dieser Attentatsversuch, und Brandt überlebte genauso wie Hitler. Jetzt jedoch, am 20. Juli 1944, ereilte ihn das Schicksal, und er erlag am Tag darauf seinen schweren Verletzungen.

Stauffenberg und Haeften gelang es, den Sperrkreis 1 zu passieren, noch bevor der Alarm ausgelöst wurde, und dank guter Beziehungen zu höheren Offizieren auch die Außenwache Süd. Um 13 Uhr verließen sie die Wolfsschanze, eine Viertelstunde später startete ihr Flugzeug. Etwa zur selben Zeit versuchte Fellgiebel die Verschwörer im Bendlerblock in Berlin zu warnen, mit dem mehrdeutigen Hinweis, dass etwas Schreckliches passiert sei, aber Hitler lebe. Auf diese Weise verunsichert, zögerte General Olbricht zu handeln, auch nach Stauffenbergs Landung in Berlin gegen 15 Uhr und der umgehenden telefonischen Mitteilung, dass Hitler tot sei – der Schreck des Fehlalarms vom 15. Juli steckte ihm noch in den Gliedern. Albrecht Mertz von Quirnheim, sein Chef des Stabes, übernahm daraufhin – wenn auch spät – die Initiative: Kurz vor 16 Uhr setzte er ohne Olbrichts Wissen die ersten »Walküre«-Befehle ab. Der Startschuss für den Staatsstreich war erfolgt.

Allerdings brauchte die Maschinerie Zeit, um ins Rollen zu kommen. Damalige Fernschreiben konnten nicht im Sekundentakt an Hunderte Empfänger gleichzeitig abgesetzt werden, sondern benötigten teilweise Stunden, bis sie die richtigen Entscheidungsträger erreichten, zumal manche auch noch als »Geheime Kommandosache« eingestuft und somit verschlüsselt wurden. Verantwortliche (nicht eingeweihte) Kommandeure befanden sich gerade nicht vor Ort, Bataillonsführer mussten sich erst an anderer vorgesetzter Stelle genaue Anweisungen einholen. Die Abriegelung des Regierungsviertels, die Mobilisierung der Heeresschulen rund um Berlin, die Besetzung des Rundfunks und die Anweisungen an die Befehlshaber der 17 Wehrkreiskommandos im Reich – all diese Befehle wurden erteilt. Doch bis sie ihre Empfänger erreichten und diese handeln konnten, trafen teilweise schon die Gegenanweisungen des Chefs des Oberkommandos der Wehrmacht, Generalfeldmarschall Wilhelm Keitel, ein. Wem sollte man glauben?

Die gleiche Frage stellte sich Generalleutnant Friedrich Fromm, der Chef des Ersatzheeres und damit des Bendlerblocks, der Zentrale des Umsturzes. Olbricht informierte ihn gegen

16 Uhr, dass Hitler tot sei und er »Walküre« auslösen müsse – was in Wirklichkeit schon geschehen war. Fromm ließ sich umgehend mit der Wolfsschanze verbinden – Fellgiebels Nachrichtensperre war inzwischen aufgehoben worden – und erfuhr von Keitel, dass Hitler lediglich leicht verletzt war. Fromm, der sich nie zum Widerstand bekannt und doch die Augen vor den Aktivitäten in seinem Stab zugedrückt hatte, zögerte keine Sekunde, auf welche Seite er sich nun schlagen sollte: Augenblicklich befahl er, »Walküre« nicht auszulösen. Doch es war zu spät, und die Ereignisse rollten über ihn hinweg.

Wenige Meter vom Bendlerblock entfernt warteten die Freunde Schulenburg, Yorck und Berthold Stauffenberg seit den Mittagstunden in höchster Anspannung in Schwerins Büro auf eine Nachricht von Haeften. Als der erwartete Anruf endlich gegen 15 Uhr erfolgte – noch dazu mit der ersehnten Botschaft –, eilten sie hinüber in die Bendlerstraße; Schwerin selbst fuhr nach Lichterfelde, um General Beck, das künftige Staatsoberhaupt, abzuholen. Gegen 16:30 Uhr kamen Stauffenberg und Haeften endlich im Bendlerblock an – später als geplant, denn sie hatten nicht wie verabredet Wagen und Fahrer am Flughafen Rangsdorf vorgefunden und mussten sich um ein Ersatzfahrzeug kümmern. Kurz danach traf Schwerin mit Beck ein. Jetzt galt es, den Staatsstreich durchzuziehen. Claus Stauffenberg bekräftigte noch einmal den Tod des »Führers« – gegenteilige Aussagen seien Falschmeldungen. Beck beendete jedes Zaudern, jeden weiteren Zweifel über den Erfolg des Attentats mit der klaren Direktive, so zu handeln, als ob Hitlers Tod Gewissheit sei. Als Fromm seine Mitarbeit verweigerte, wurde er kurzerhand entwaffnet und eingesperrt.

Als Nächstes griff Stauffenberg zum Telefon und rief meinen Großvater in Paris an. Hitler sei tot, eventuell auch Himmler und Göring, es habe eine gewaltige Explosion gegeben, der Staatsstreich sei angelaufen, in Berlin werde das Regierungsviertel besetzt.

Was für eine Nachricht! Hofacker eilte zu Stülpnagel – auch in Paris war nun endlich der Startschuss für den Befreiungsschlag gefallen.

In Berlin wurde tatsächlich das Regierungsviertel abgeriegelt – wenn auch nur für kurze Zeit. Als eine der ersten Maßnahmen war das Wachbataillon Großdeutschland um 16:10 Uhr mit dem Stichwort »Walküre« in Alarmbereitschaft versetzt worden. Der nicht eingeweihte Bataillonschef Major Otto Ernst Remer begab sich daraufhin zu seinem Vorgesetzten, dem am Umsturz mitwirkenden Stadtkommandanten von Berlin, Generalleutnant Paul von Hase, um sich die nötigen Instruktionen zu holen. Gegen 18 Uhr hatten Remers Soldaten das Viertel um die Wilhelmstraße umstellt, doch der misstrauisch gewordene Major glaubte nicht so recht an einen Putsch der SS, ging zu Goebbels und wurde dort mit dem »Führer« persönlich verbunden. Hitler drehte den jungen Offizier mit den Worten »Major Remer, erkennen Sie meine Stimme?« vollständig um und befahl ihm, mit allen Mitteln jeglichen Widerstand niederzuschlagen. Ab 17:42 Uhr wurden im Radio die ersten Meldungen über den Anschlag und das Überleben Hitlers gesendet. Es war den Verschwörern nicht gelungen, das Rundfunkhaus in der Masurenallee unter ihre Kontrolle zu bringen. Anstatt der sorgfältig vorbereiteten Aufrufe an die deutsche Bevölkerung verbreitete sich nun mehrmals stündlich die Nachricht vom Scheitern des Attentats.

Um 17 Uhr kam General von Kortzfleisch, von Olbricht bestellt, in den Bendlerblock. Als Befehlshaber des Wehrkreises III, Berlin und Umgebung, hatte er eine Schlüsselposition inne, denn seine Truppen sollten die wichtigsten Partei- und SS-Büros – an erster Stelle die Gestapozentrale in der Prinz-Albrecht-Straße – besetzen. Auch Nux hatte es nicht gewagt, den angeheirateten Schwager seiner Tochter Olga einzuweihen, er galt als zu linientreuer Nationalsozialist. Eher wollte man darauf vertrauen, dass er sich den klaren militärischen Hierarchien und der Befehlsgewalt seines Vorgesetzten unterstellte. Doch Fromm war in seiner Wohnung eingesperrt und dachte nicht daran, irgendwelche Befehle im Sinne der Aufständischen auszugeben. Seinen von Beck ernannten Nachfolger – General Erich Hoepner, der einen Durchhaltebefehl von Hitler verweigert hatte und deshalb wegen »Ungehorsams« unehrenhaft aus der Armee entlassen worden war – wiederum erkannte Kortzfleisch nicht an. Als er sich entrüstet zum Gehen wandte, wurde er von Schwerin auf der Treppe zurückgerufen und festgenommen.

Ganz anders lief es in Paris, wo sich innerhalb kurzer Zeit eine rege Betriebsamkeit im Büro des Militärbefehlshabers entwickelte. Zwischen Stülpnagel und meinem Großvater bedurfte es keiner großen Worte, auch bei Linstow und Michel genügte zunächst die Nachricht, dass es losgehe. Dann empfing General Oberhäuser seine Instruktionen, die Nachrichtensperre zu verhängen, und schließlich erschien der Kommandant von Groß-Paris, General von Boineburg-Lengsfeld mit seinem Stabschef.

Stülpnagels Anweisungen fielen knapp aus: »Die SS und der SD haben gegen Hitler einen Putsch unternommen. Nehmen Sie sofort den SS-, den SD, den höheren Polizeiführer von Frankreich, Oberst Knochen und alle anderen Ihnen bekannten Leute fest. Bei Widerstand ist von der Waffe Gebrauch zu machen. Durchführung dieses Befehls bitte ich an mich, respektive an den Chef des Stabes, Oberst v. Linstow, im Hotel ›Majestic‹ zu melden.«[1]

Boineburg antwortete genauso kurz: »zu Befehl«, machte auf dem Absatz kehrt und verließ das Büro. Noch blieb ausreichend Zeit, die verantwortlichen Offiziere einzuweisen. Die Aktion sollte erst mit einbrechender Dämmerung erfolgen, um sicherzustellen, dass sich die SS-Männer in ihren Quartieren befanden. Auch sollte das Ganze möglichst unauffällig über die Bühne gehen, um den Franzosen nicht das Schauspiel sich gegenseitig bekämpfender deutscher Truppen zu bieten. Boineburg konnte sich seiner Leute sicher sein: Stülpnagels Befehl würden sie bedenkenlos, sogar mit Genugtuung Folge leisten.

Unterdessen verloren die Verschwörer in Berlin langsam wieder ihr fragiles Terrain. Mit dem SS-Oberführer, der im Bendlerblock erschien, um Stauffenberg zu verhaften, wurde man schnell fertig, doch die Telefone standen nicht still. Aus allen Wehrkreisen kamen Nachfragen, was jetzt eigentlich Sache sei. Unerschütterlich hielt Stauffenberg dagegen – »Hitler ist tot!« – und veranlasste, ein weiteres Fernschreiben mit folgendem Inhalt abzusetzen: »Rundfunkkommuniqué trifft nicht zu. Führer ist tot.« Doch auch der Leiter des Nachrichtendienstes wusste inzwischen nicht mehr, an welche Wahrheit er sich halten sollte, und fing an, die Weitergabe der Anweisungen aus dem Bendlerblock zu verzögern. Gegen 19 Uhr telefonierte Beck zunächst mit Stülpnagel und bekam den bedingungslosen Rückhalt dieses langjährigen Weggefährten noch einmal bestätigt. Anders verlief sein Gespräch mit Feldmarschall von Kluge: Der Oberbefehlshaber West wollte die Gewissheit haben, dass Hitler wirklich tot sei. Becks direkter Frage, ob er in jedem Fall bereit sei, zu handeln, wich er aus.

Kluge besetzte nach Rommels schwerer Verwundung eine Doppelposition und stand somit zwei Stäben vor, einem als Oberbefehlshaber West in Saint-Germain und einem weiteren auf dem Gefechtsstand der Heeresgruppe B in La Roche-Guyon. Angesichts der harten Kämpfe der Truppen in der Normandie, die jetzt unter seinem direkten Befehl standen, war er am 19. Juli nach La Roche-Guyon umgesiedelt und traf dort nach Lagebesprechungen an der Front am späten Nachmittag des 20. Juli ein. Er hatte noch nichts von den dramatischen Ereignissen im Reich gehört und ließ sich von Speidel zunächst über die weitere militärische Entwicklung an allen Kampfabschnitten berichten.

»Sonst noch was?« Erst jetzt erfuhr er von dem Attentat auf Hitler. Sein Chef des Stabes in Saint-Germain, General Blumentritt, war unterwegs zu ihm. Der nicht eingeweihte Blumentritt war als einer der Ersten von Finckh persönlich informiert worden, als dieser nach dem ersten verabredeten Stichwort »Übung« gegen 14:30 Uhr auch das ersehnte zweite »abgelaufen« erhalten hatte. Jetzt ging es um einen Waffenstillstand, jetzt war der Oberbefehlshaber West gefragt.

Nach dem Gespräch mit Beck telefonierte Kluge mit Stieff in Ostpreußen, der bestätigten musste, dass Hitler lebte. Ein anschließendes Telefonat mit Stauffenberg und Hoepner ergab wiederum ein gegenteiliges Bild, per Fernschreiben lag jedoch eine Rundfunkmeldung vom Scheitern des Attentats auf dem Tisch.

Kluge blieb skeptisch und bestellte Stülpnagel mit seinem Stabschef für 20 Uhr ein.

Dann jedoch änderte sich die Situation: Generalfeldmarschall von Witzleben, der nach erfolgreichem Staatsstreich das Oberkommando über die Wehrmacht übernehmen sollte, war in der Bendlerstraße eingetroffen und bewirkte mit einem von ihm unterzeichneten Fernschreiben augenblicklich einen Sinneswandel bei Kluge:

»Eine gewissenlose Clique frontfremder Parteiführer hat es unter Ausnutzung der gegenwärtigen Lage versucht, der schwer ringenden Front in den Rücken zu fallen und die Macht zu eigensüchtigen Zwecken an sich zu reißen.

In dieser Stunde höchster Gefahr hat die Reichsregierung zur Aufrechterhaltung von Ruhe und Ordnung den militärischen Ausnahmezustand verhängt und mir zugleich mit dem Oberbefehl über die Wehrmacht die vollziehende Gewalt übertragen.

Hierzu befehle ich:

Ich übertrage die vollziehende Gewalt – mit dem Recht der Delegation auf die territorialen Befehlshaber – in dem Heimatkriegsgebiet auf den Befehlshaber des Ersatzheeres [...] in den besetzten Westgebieten auf den Oberbefehlshaber West[...].«[2]

Es folgte eine Auflistung der verschiedenen Ämter, die von nun an der Wehrmacht unterstellt sein würden, an vorderster Stelle alle Verwaltungs-, Partei-, Polizei- und SS-Behörden. Das Fernschreiben wirkte kompetent und überzeugend – Kluges Zweifel schwanden. Er erwog die nächsten Schritte, mit denen er sich angesichts der verzweifelten Lage an der Normandiefront im Einklang mit Rommel wusste: Waffenstillstandsverhandlungen im Westen und sofortige Einstellung des V-Waffen-Beschusses gegen England. Hitlers angebliche Wunderwaffe hatte keine strategische Bedeutung erlangen können, sondern höchstens vermehrte Luftangriffe auf deutsche Städte provoziert. Für eine kurze Zeitspanne gehörte der Oberbefehlshaber West ganz dem Widerstand.

Gegen 18 Uhr rief mein Großvater Falkenhausen an. Alles sei in Ordnung, er müsse allerdings den Militärbefehlshaber noch auf eine Dienstfahrt begleiten, der Freund möge sich am späten Abend bereithalten. Stülpnagel hatte entschieden, seinen Chef des Stabes im Majestic zu belassen, damit er alle weiteren Maßnahmen von dort aus koordinierte. Stattdessen nahm er meinen Großvater mit zum Oberbefehlshaber West nach La Roche-Guyon. Kluge blieb ein Unsicherheitsfaktor, und Hofackers Beredsamkeit konnte gegebenenfalls ausschlaggebend sein. Die Nachrichten aus dem Bendlerblock stimmten zwar nicht zuversichtlich, doch selbst wenn Hitler das Attentat tatsächlich überlebt haben sollte, konnte entschiedenes Handeln den Sturz des Systems herbeiführen. Hatten sie nicht immer wieder die »Westlösung« auch ohne Hitlers Tod erwogen, das Öffnen der Front, einen Waffenstillstand mit Montgomery? Hatte sich nicht auch Kluge schon gegenüber Dritten in diesem Sinne geäußert? Nichts war verloren, alles hing jetzt vom energischen Vorgehen in Frankreich ab.

Zwei Wagen standen mit Fahrern schon vor dem Hôtel Majestic bereit: der hintere für Stülpnagel und seinen nicht eingeweihten Adjutanten, der vordere für meinen Großvater und den eingeweihten Schwager von General Speidel, der den Weg kannte. Zur Sicherheit hatte Hofacker außerdem noch eine Straßenkarte auf dem Schoß – sie durften jetzt keine Zeit durch Umwege verlieren, um zu dem kleinen Ort La Roche-Guyon, 70 Kilometer westlich von Paris, zu gelangen. Etwas mehr als eine Stunde dauerte die Fahrt bis zu dem Schloss an der Seine, das Rommels Kommandozentrale in Frankreich gewesen war. Imposant ragte der mittelalterliche Wehrturm auf einem Kreidefelsen über dem Herrenhaus empor, das mit seinen barocken Anbauten und weitläufigen Gartenanlagen auf eine deutlich friedlichere Bestimmung in jüngerer Zeit verwies. An 1000 Jahre wechselvolle französische Geschichte fügte sich an diesem Abend ein weiteres – ein deutsches – Kapitel.

Die Fahrer blieben in ihren Wagen, und auch Stülpnagels Ordonnanzoffizier wartete in einem Vorzimmer und nahm nicht an der nun folgenden Besprechung teil. Die Miene des Feldmarschalls verriet keine Gefühlsregung, weder Zustimmung noch Ablehnung. Während seine Gäste auf dem Weg von Paris nach La Roche-Guyon darüber nachsannen, in welcher Verfassung sie den Oberbefehlshaber vorfinden würden, hatte Kluge schließlich Klarheit über die Situation im Führerhauptquartier bekommen und sich gegen den Widerstand positioniert. Nach dem Fernschreiben Witzlebens war kurze Zeit später ein weiteres von Hitlers oberstem Heeresführer Keitel eingegangen mit der klaren Botschaft, dass der »Führer« lebe und keine Befehle von Witzleben oder Beck zu befolgen seien. So erfuhr Kluge an diesem Tag zum zweiten Mal von Stieff die Bestätigung, dass das Attentat gescheitert sei. Seinem Stabschef General Blumentritt erzählte er daraufhin, dass er im Sommer 1943 zwei Versuche, ihn für den Widerstand zu werben, mit den Worten »Herrschaften, laßt mich aus dem Spiel«[3] abgelehnt habe.

Stülpnagel und mein Großvater ahnten jedoch nicht, dass für Kluge die Würfel gefallen waren. Als sie den Saal mit den Ahnenbildern der Familie La Rochefoucault betraten, bat Stülpnagel, seinem Begleiter, dem Oberstleutnant von Hofacker, das Wort zu lassen. Mein Großvater hatte nur spärliche 15 Minuten Zeit, um den Verlauf des Staatsstreiches noch einmal zu drehen und zumindest zu einem Teilerfolg zu führen. Nach all den versteckten Andeutungen der vergangenen Monate, dem vorsichtigen Abtasten und heimlichen Horchen nach Hinweisen auf eine Gesinnungsübereinstimmung hatte er jetzt nichts mehr zu verlieren. Er schilderte die Vorgeschichte und Planung des Attentats, die Zusammenarbeit mit dem zivilen Widerstand und seine eigene Rolle als Verbindungsmann zwischen Paris und Berlin. Kluge hörte schweigend, ohne eine innere Regung zu zeigen, zu. Mein Großvater steigerte laut späteren Berichten seine Ausführungen zu einem leidenschaftlichen Appell:

»Herr Feldmarschall, was in Berlin geschieht ist nicht das Entscheidende. Sehr viel wichtiger sind die Entschlüsse, die hier in Frankreich gefaßt werden. Ich appelliere an Sie im Namen der deutschen Zukunft, daß Sie das tun, was an Ihrer Stelle der Feldmarschall Rommel getan hätte, den ich noch am 9. Juli unter vier Augen gesprochen habe. Sagen Sie sich los von Hitler und übernehmen Sie die Führung der Befreiungsaktion im Westen. In Berlin ist die Staatsgewalt auf Generaloberst Beck als vorläufigen Staatschef übergegangen; schaffen Sie an der Westfront gleichfalls vollendete Tatsachen. Die Soldaten wie das Volk werden es Ihnen danken. Beenden Sie hier den Krieg indem Sie Verhandlungen einleiten. Machen Sie Schluß mit dem blutigen Morden, damit das Ende nicht noch fürchterlicher wird, und verhindern Sie die schrecklichste Katastrophe der deutschen Geschichte.«[4]

Blumentritt schilderte den weiteren Verlauf folgendermaßen:

»Als er geendet hatte, stand v. Kluge auf und sagte nur: ›Ja, meine Herren, eben ein mißglücktes Attentat‹, wobei er *völlig* ruhig und sicher blieb! V. Stülpnagel wurde unruhig und fragte über den Tisch hinweg: ›Herr Feldmarschall, ich dachte, Herr Feldmarschall wüßten Bescheid?!!!‹ V. Kluge *verneinte* und antwortete: ›Keine Ahnung habe ich!‹ Daraufhin erhob sich v. Stülpnagel und verließ den Raum. Wir alle waren tief beeindruckt. Was nun?

Nach kurzer Zeit kam Stülpnagel wieder und v. Kluge forderte uns alle zum Essen auf. Hier war der Feldmarschall lebhaft, unbekümmert und erzählte von der Schlacht in der Normandie. Stülpnagel und Hofacker sprachen und aßen kaum. Während des Essens bat v. Stülpnagel den Feldmarschall nochmals *allein* zu sprechen, was im Nebenzimmer stattfand. Ich wurde hinzugerufen und fand v. Kluge erregt: Stülpnagel hatte auf eigene Verantwortung den gesamten SD mit Obergruppenführer Oberg in Paris verhaften und in franz. Gefängnisse sperren lassen. Ich mußte sofort in Paris den Chef Stülpnagels anrufen, den Oberst Linstow, der mir sagte, die Aktion sei im Gange und könne nicht mehr rückgängig gemacht werden! V. Kluge war sehr aufgebracht, machte v. Stülpnagel Vorwürfe, daß er nicht vorher ihn (v. Kluge) oder mich angerufen habe. Stülpnagel antwortete, er habe uns Beide nicht erreichen können. (V. Kluge war bis 18 Uhr abwesend, ich auf der Fahrt nach La Roche-Guyon gewesen.)

Das Essen wurde fortgesetzt und gegen 23 Uhr befahl v. Kluge dem General Stülpnagel, nach Paris zu fahren, den verhafteten SD freizulassen und sich vorerst ›des Dienstes enthoben‹ zu betrachten!«[5]

Welche Dramatik steckte hinter dieser eher nüchternen Schilderung, die Blumentritt zwei Jahr später in englischer Gefangenschaft in seine rot eingebundenen Hefte schrieb. Er fügte noch erklärend hinzu, dass er in dieser Nacht und in den nächsten Tagen zahlreiche Anfragen von allen Armeen und Dienststellen auch aus der Heimat bekommen habe, »die wissen wollten, was los sei und ihren Abscheu über das Attentat zum Ausdruck brachten, mitten in schwersten Kämpfen«. Der ganze militärische Nachrichtenbetrieb habe gestockt, weil die Nachrichtenhelferinnen wegen des »Todes des Führers« zuerst außer sich waren. »So war die Stimmung in der Heimat und Front«, unterstrich er. »Das festzuhalten, ist historisch wichtig!«

Vielleicht hilft es zu verstehen, dass Kluge an diesem Abend nicht über seinen Schatten springen konnte. Stülpnagel hatte alles riskiert, hatte mit der Verhaftung der SS gefährliche Fakten geschaffen, die es dem Feldmarschall kaum noch ermöglichten, sich rauszuhalten. Doch Kluge wollte nicht als der große Verräter in die NS-Annalen eingehen – konnte er sich etwas anderes als die nationalsozialistische, vom Krieg beherrschte Gegenwart vorstellen? Anders als Stülpnagel, Hofacker, Stauffenberg oder Beck hatte er nicht die vergangenen Monate in einem heimlichen Kontakt mit Gleichgesinnten gestanden, sondern in einer militärischen Blase gelebt, in der allein der Abwehrkampf gegen die Alliierten zählte. Er hatte dem »Führer« die Treue geschworen, von ihm eine Dotation über 250 000 Reichsmark empfangen und noch vor wenigen Wochen unter seinem unmittelbaren Einfluss im Obersalzberg gestanden – solange Hitler lebte, konnte Kluge das innere Band nicht durchtrennen. »Ja, wenn das Schwein tot wäre«, antwortete er lediglich auf ein verzweifeltes letztes Aufbegehren meines Großvaters gegen die Gewissheit, dass alles verloren war. Schon im Gehen wandte er sich noch einmal an Kluge: »Herr Feldmarschall, Sie stehen mit Ihrem Wort und Ihrer Ehre im Feuer. Die Ehre der ganzen Armee und das Schicksal von Millionen liegen in Ihrer Hand.«[6]

»Ja, wenn das Schwein tot wäre.« Und an Stülpnagel gerichtet: »Verschwinden Sie in Zivil irgendwohin.«[7]

Am nächsten Tag schickte Kluge Hitler ein Ergebenheitstelegramm und lieferte Stülpnagel durch seinen Bericht der nationalsozialistischen Rachejustiz aus – meinen Großvater erwähnte er darin offensichtlich nicht. Doch Hitlers Misstrauen konnte der Feldmarschall nicht ausräumen. Am 16. August 1944 wurde Kluge als Oberbefehlshaber West abgesetzt. Aus Angst davor, wie andere unehrenhaft aus der Wehrmacht ausgestoßen und vor dem Volksgerichtshof zum Tode verurteilt zu werden, nahm er auf der Fahrt nach Deutschland bei Verdun Zyankali.

Ein Schauspiel anderer Art spielte sich derweil im feinen Pariser 16. Arrondissement ab. General Boineburg hatte die Festnahme der SS zur Chefsache erklärt und überwachte persönlich die Durchführung seines Befehls: »(D)as Regiment nimmt sofort die gesamte SS und SD in ihrem Kasernement in der Avenue Foch fest.« Seinen Stellvertreter, Generalmajor Brehmer, schickte er mit einem Zug Panzerspähwagen los, um den Höheren SS- und Polizeiführer Oberg zu verhaften. Um 22:30 Uhr erfolgte der Zugriff. Das Sicherungsregiment hatte sich unauffällig mit Mannschafts- und Panzerspähwagen unter den Bäumen des breiten Boulevard Lannes gegenüber den Gestapoquartieren positioniert. Alle waren eingewiesen, es ertönten keine Befehle, sondern nur Pfiffe als Kommando.

Angeführt von den Offizieren, drangen die Stoßtrupps mit vorgehaltenen Maschinenpistolen in die ausgekundschafteten Häuser ein. Die völlig überraschten Wachposten ließen sich ohne Gegenwehr entwaffnen, genauso die SS-Männer in ihren Quartieren. Die Verhafteten wurden abgeführt, an bestimmten Sammelpunkten auf Lastwagen verladen und in dem Wehrmachtsgefängnis Fresnes sowie der alten Festung Saint-Denis eingesperrt. Der Spieß hatte sich umgedreht: Nun saßen 1200 Gestapoleute hinter Schloss und Riegel.

Genauso reibungslos verlief die Verhaftung der höheren Führer des Geheimdienstes SD der SS. Das energische Auftreten von Boineburgs Offizieren ließ keinen Zweifel an der Entschlossenheit, notfalls von der Waffe Gebrauch zu machen. Innerhalb kürzester Zeit war der gesamte Kommandostab verhaftet. Nur der Oberste SD-Führer Knochen fehlte noch, wurde in einem Nachtlokal ausfindig gemacht, ins Quartier bestellt und festgenommen. Allerdings brauchte er keine Gefängniszelle mit seinen Männern zu teilen, sondern wurde zusammen mit Oberg im Hotel Continental unter durchaus annehmbaren Bedingungen unter Arrest gestellt. Am nächsten Morgen sollte das Sondergericht zusammentreten, dessen Urteil schon feststand.

Mehrere sehr unterschiedliche Berichte über diesen erfolgreichen Umsturz bezeugen, dass die Soldaten offensichtlich mit Genugtuung die SS-Männer festsetzten und dass die Offiziere, unabhängig von den widersprüchlichen Nachrichten aus dem Reich, ohne zu zögern ihren Auftrag durchführten. Ansehen und Autorität des Militärbefehlshabers mögen dabei eine Rolle gespielt haben, wohl auch die Rivalität bis hin zur offenen Animosität zwischen Wehrmacht und SS. Allerdings würde eine Einteilung in »gut« und »böse« ein verzerrtes Bild wiedergeben: Die Stülpnagel unterstellten Sicherungsregimente wurden im Frühjahr 1944 unter dem Kommando von Generalmajor Brehmer in Südfrankreich zur Partisanenbekämpfung herangezogen. Dabei ging die sogenannte Brehmer-Division, zu der auch SS-Einheiten gehörten, mit äußerster Brutalität gegen Ortschaften vor, in denen man Unterstützung von Résistancekämpfern vermutete. Hunderte von Zivilisten, vor allem auch Juden, wurden ermordet oder deportiert, Dörfer und Höfe angezündet. Der sogenannte Bandenkrieg galt als militärisch notwendig und gerechtfertigt, vor allem nach der Invasion der Alliierten, da nun zunehmend Nachschub- und Versorgungsstrecken durch Anschläge der Résistance unterbrochen wurden.

In Berlin hatte nicht nur das Wachbataillon unter Major Remer, sondern auch die ursprünglich aufgrund von »Walküre« ausgerückte Panzerersatzbrigade den Befehl erhalten, den Putsch niederzuwerfen. Während Witzleben gegen 20:15 Uhr den Umsturz offenbar für gescheitert hielt und den Bendlerblock verließ, bestand die Gruppe um Stauffenberg in verzweifelter Entschlossenheit darauf, dass die Radionachrichten gefälscht seien, Hitler tot sei und der Umsturz vorangetrieben werden müsse. Erst um 22 Uhr gaben sie auf, und Stauffenberg meldete an Linstow nach Paris, dass in Berlin alles verloren sei – eine halbe Stunde bevor an der Seine der Einsatz gegen die SS begann.

Im Bendlerblock sammelte sich eine Gruppe nicht eingeweihter Offiziere zu einem bewaffneten Schlag »für den Führer«. Gegen 22:50 Uhr gelang es ihnen, General Fromm zu befreien und damit endgültig den letzten Funken Widerstand zu ersticken. Fromm ließ Stauffenberg, Mertz, Olbricht und Haeften in seinem Dienstzimmer festnehmen und übergab sie augenblicklich einem Erschießungskommando des Wachbataillons Großdeutschland. Beck stellte er frei, sich das Leben zu nehmen. Der Generaloberst fügte sich durch zwei Schüsse selbst schwere Verwundungen zu und wurde durch einen Feldwebel getötet.

Im Dienstzimmer Mertz von Quirnheims saßen Schwerin, Schulenburg, Yorck und Berthold Stauffenberg in der Falle. Der Gang war durch bewaffnete Soldaten versperrt, eine Schießerei angesichts des Kräfteverhältnisses wenig Erfolg versprechend. Schwerin verbrannte in einem Aschenbecher Papiere, die er bei sich trug.

Zwischen 00:15 und 00:30 Uhr zerrissen die Gewehrsalven des Erschießungskommandos die nächtliche Stille im Hof des Bendlerblocks. Die ersten Opfer der nationalsozialistischen Rachejustiz wurden zunächst heimlich in der Dunkelheit begraben, dann aber auf Hitlers Befehl exhumiert, verbrannt, und ihre Asche wurde verstreut. Hitler hätte Stauffenberg und die anderen »Verräter« lieber ganz anderen Torturen und Verhören ausgesetzt. Das vorschnelle Handeln Fromms ließ den General in seinen Augen umso verdächtiger erscheinen. Ähnlich wie Kluge konnte auch Fromm seinen Kopf nicht mehr retten. Eine Beteiligung an der Verschwörung war ihm nicht nachzuweisen, deshalb wurde er wegen »Feigheit vor dem Feind« zum Tode verurteilt und im März 1945 erschossen.

Nach der Ermordung ihrer Schicksalsgefährten wurden schließlich auch die Freunde im Dienstzimmer verhaftet. Ein SS-Sturmbannführer riss ihnen Orden und Ehrenabzeichen ab und warf diese in einen umgestülpten Stahlhelm.[8] Noch demütigender war es, im Beisein der mit Maschinengewehren bewaffneten SS-Männer gegen ein Uhr nachts die hasserfüllten Schmähreden von Hitler, Goebbels und Großadmiral Dönitz anhören zu müssen: »Eine ganze kleine Clique ehrgeiziger, gewissenloser und zugleich unvernünftiger, verbrecherisch-dummer Offiziere hat ein Komplott geschmiedet.«[9]

Auch meinem Großvater blieb es nicht erspart, in aller Öffentlichkeit durch die geifernde Stimme Hitlers das endgültige Scheitern des Staatsstreichs entgegengeschrien zu bekommen. Stülpnagel und mein Großvater trafen kurz nach Mitternacht wieder in Paris ein – etwa zur gleichen Zeit, wie der Putsch in Berlin mit den Exekutionen im Hof des Bendlerblocks sein tragisches Ende fand. Angesichts der verzweifelten Aussichtslosigkeit der Nachrichten, die sie aus La Roche-Guyon mitbrachten, bot sich ihnen in den blau tapezierten Salons hinter der Eingangshalle des Hôtel Raphael ein groteskes Bild. Einige Offiziere feierten offensichtlich bestens gelaunt die Festsetzung des Sicherheitsdienstes. Ein sehr blasser Oberst von Linstow meldete dem Militärbefehlshaber den erfolgreichen Vollzug der angeordneten Aktion, überbrachte jedoch gleichzeitig die Nachricht vom endgültigen Scheitern des Aufstands in Berlin.

Wie sollte Stülpnagel jetzt handeln? Feldmarschall von Kluge hatte die sofortige Freilassung der festgesetzten Gestapoleute angeordnet. Er selbst war seines Postens enthoben, in wenigen Stunden würde General Blumentritt kommen, um vorübergehend die Amtsgeschäfte des Militärbefehlshabers zu übernehmen. Blieb ihm da etwas anderes übrig, als ebenfalls alles verloren zu geben?

Bargatzky und Teuchert klammerten sich noch an einen letzten Hoffnungsschimmer. Wenn Stülpnagel jetzt hart bliebe und die SS-Führer tatsächlich erschießen ließe, dann – so meinten sie – könne Kluge gar nicht anders, als doch mitzuziehen. Sie drängten Hofacker, in diesem Sinne auf Stülpnagel einzuwirken.

Auch der Militärbefehlshaber zögerte zunächst, mit seinem Befehl den endgültigen Schlussstrich unter ein Unternehmen zu setzen, das Antrieb und einziges Ziel ihres Handelns in den vergangenen Monaten gewesen war. Danach würde es keine Chance mehr geben – nicht für ihn und die meisten der Mitverschworenen, nicht für ihre Familien, nicht für Deutschland. Aber war das noch zu ändern, wenn er jetzt den Konflikt mit der SS weiter verschärfte? Aus dem Lautsprecher in der Eingangshalle des Hôtel Raphael ertönte in immer kürzeren Abständen Marschmusik und dann die Durchsage: »Achtung! Achtung! Demnächst spricht der Führer!« Nach und nach versammelten sich alle Anwesenden unter dem Lautsprecher: unbeteiligte und nichts ahnende Offiziere genauso wie Boineburg, Linstow, Stülpnagel und mein Großvater. Gegen ein Uhr nachts sprach der »Führer«:

»Deutsche Volksgenossen und -genossinnen!

Ich weiß nicht, zum wievielten Male nunmehr ein Attentat auf mich geplant und zur Ausführung gekommen ist. Wenn ich heute zu Ihnen spreche, dann geschieht es aus zwei Gründen:

1. Damit Sie meine Stimme hören und wissen, daß ich selbst unverletzt und gesund bin.
2. Damit Sie aber auch das Nähere erfahren über ein Verbrechen, das in der deutschen Geschichte seinesgleichen sucht.

Eine ganz kleine Clique ehrgeiziger, gewissenloser und zugleich unvernünftiger, verbrecherisch-dummer Offiziere hat ein Komplott geschmiedet, um mich zu beseitigen und zugleich mit mir den Stab praktisch der deutschen Wehrmachtführung auszurotten. [...] Es hat sich in einer Stunde, in der die deutschen Armeen in schwerstem Ringen stehen ähnlich wie in Italien nun auch in Deutschland eine ganz kleine Gruppe gefunden, die nun glaubte den Dolchstoß in den Rücken wie im Jahre 1918 führen zu können. Sie haben sich dieses Mal aber sehr getäuscht. Die Behauptung dieser Usurpatoren, daß ich nicht mehr lebte, wird jetzt in diesem Augenblick widerlegt, da ich zu Euch, meine lieben Volksgenossen, spreche. Der Kreis, den diese Usurpatoren darstellen, ist ein denkbar kleiner. Er hat mit der Deutschen Wehrmacht und vor allem auch mit dem Deutschen Heer gar nichts zu tun. Es ist ein ganz kleiner Klüngel verbrecherischer Elemente, die jetzt unbarmherzig ausgerottet werden. [...] Diesmal wird nun so abgerechnet, wie wir das als Nationalsozialisten gewohnt sind. [...]

Ich selber danke der Vorsehung und meinem Schöpfer nicht deshalb, daß er mich erhalten hat - mein Leben ist nur Sorge und ist nur Arbeit für mein Volk -, sondern, wenn ich danke, nur deshalb, daß er mir die Möglichkeit gab, diese Sorge weiter tragen zu dürfen und in meiner Arbeit weiter fortzufahren, so gut ich das mit meinem Gewissen und vor meinem Gewissen verantworten kann. [...] Ich ersehe daraus auch einen Fingerzeig, daß ich mein Werk weiter fortführen muß und daher weiter fortführen werde!«[10]

Hitler hielt Wort. Die kommenden neuneinhalb Monate bis zur Kapitulation am 8. Mai 1945 sollten noch einmal genauso viele Menschenleben fordern wie die ersten vier Kriegsjahre zusammen.

Hitler zeigt Mussolini die vom Attentat des 20. Juli 1944 stark beschädigte Lagebaracke im Führerhauptquartier Wolfsschanze. [16]

11
Paris in den Tagen danach

Welche Kraft und Selbstbeherrschung muss es die Eingeweihten gekostet haben, mit unbewegter Miene die triumphalen Hasstiraden des überlebenden Diktators aus dem Lautsprecher über sich ergehen zu lassen! Das anschließende Echo von Goebbels und Großadmiral Dönitz war kaum leichter zu ertragen, schon gar nicht das dreifache »Sieg Heil«, mit dem die Sendung endete und in das alle Anwesenden einstimmen mussten. Noch konnte Stülpnagel sich nicht dazu durchringen aufzugeben, da kündigte sich eine neue Stufe der Eskalation an: Admiral Theodor Krancke drohte, mit seinen Marinesoldaten die verhafteten Gestapoleute aus ihren Gefängnissen gewaltsam zu befreien.

Es gab in Frankreich nicht nur einen Oberbefehlshaber des Heeres, sondern – wenngleich weniger bedeutend – auch einen der Luftwaffe und des Marine-Gruppenkommandos West. Sie hatten ihre eigenen Wachtruppen. Ihre Kommandeure gehörten nicht zum Kreis der Verschwörer und versetzten, zutiefst beunruhigt über die Gerüchte des Attentats und seiner bis nach Paris hineinreichenden Auswirkungen, ihre Männer in den späten Abendstunden des 20. Juli in Alarmbereitschaft. Sie glaubten an einen Überfall auf die SS von verkleideten Résistancekämpfern in deutschen Uniformen. Während sich der Luftwaffengeneral von Boineburgs Stabschef schnell wieder beruhigen ließ, gab es für Admiral Krancke keinen Anlass zur Entwarnung. Er reagierte besonders empfindlich auf Anzeichen von Aufruhr, haftete der Marine doch noch der Makel von 1918 an, als die Meuterei der Matrosen bei Kriegsende die revolutionären Erhebungen in Deutschland ausgelöst hatte. Krancke stand loyal zum NS-System, zu Hitler und zum hitlerhörigen Großadmiral Karl Dönitz. Dessen eindeutige Positionierung nach dem Attentat ließ keinen Zweifel aufkommen.

»Männer der Kriegsmarine!
Der verräterische Attentatsversuch auf den Führer erfüllt jeden von uns mit heiligem Zorn gegen unsere verbrecherischen Feinde und ihre Mietlinge. Göttliche Vorsehung ersparte dem deutschen Volk und der Wehrmacht dieses unbeschreibliche Unglück. In der wunderbaren Bewahrung unseres Führers sehen wir aufs neue die Bestätigung des Rechtes unserer Sache. Laßt uns noch mehr als bisher um unseren Führer zusammenschließen und mit all unserer Kraft kämpfen, bis der Sieg unser ist.«[1]

Wenig später folgte ein Fernschreiben mit der konkreten Anweisung, Befehlen der SS Folge zu leisten, keinesfalls jedoch jenen der Kommandobehörden des Heeres. Krancke war bereit, die alte Ordnung in Paris wiederherzustellen und dafür deutsche Marinesoldaten gegen deutsche Soldaten des Heeres marschieren zu lassen. Stülpnagel war dazu nicht bereit. Um kurz vor zwei Uhr nachts gab er den Befehl, die Gefangenen freizulassen, und General von Boineburg bekam die delikate Anweisung, SS-Obergruppenführer Oberg ins Hôtel Raphael zu bringen.

»Das war ein schöner Auftrag! Ich fuhr also ins ›Conti‹. Vor der Tür saß der gute Rittmeister König. Ich sage: ›König, schließen Sie auf!‹ Ich ging hinein und sagte: ›Oberg, ich habe den Befehl des Oberbefehlshabers. Sie sind wieder frei. Ich soll Sie hinfahren.‹ Er brüllte mich an: ›Was machen Sie denn hier?‹ Ich antwortete: ›Bitte, mein lieber Oberg, alles, was Sie zu sagen haben, sagen Sie dem Militärbefehlshaber, nicht mir. Ich habe nur die Befehle des Militärbefehlshabers ausgeführt. Bitte folgen

Sie mir. Unten steht mein Wagen. Ich fahre Sie ins Hôtel Raphael. Dort können Sie alles, was Sie auf dem Herzen haben, dem Militärbefehlshaber sagen.‹ Wir fuhren schweigend die Champs Elysées hinauf. Ich lieferte Oberg und Knochen ab.

Oberg fiel sofort mit fürchterlichem Geschrei über Stülpnagel her, der eiskalt sagte: ›Bitte, lieber Oberg, wir wollen erst einmal ein Glas Champagner trinken, und dann können wir über die Sache reden.‹ Im Laufe der Unterhaltung wurde jedenfalls die Atmosphäre immer ruhiger und friedlicher.«[2]

Es floss noch viel Champagner in dieser Nacht, in der niemandem zum Feiern zumute war. Doch die Stimmung lockerte sich zusehends, und damit stieg die Bereitschaft, eine für beide Seiten gesichtswahrende Lösung zu finden. Nahm Oberg es Stülpnagel ab, dass er an einen Putsch linksgerichteter SS-Kreise geglaubt habe? Ein hartes Vorgehen in Paris, eine intensive Gestapountersuchung würde für die Verschwörer, aber auch für die am Rande Beteiligten wie Boineburg und die Offiziere des Wachbataillons verheerende Folgen haben. Andererseits konnte der Höhere SS- und Polizeiführer nicht gerade stolz auf seine Männer sein, die sich ohne Gegenwehr hatten verhaften lassen, und weder er noch Knochen gingen als Helden aus dieser Episode hervor.

Schließlich einigte man sich auf eine Sprachregelung: Die ganze Aktion sei lediglich eine gut geplante und einvernehmlich durchgeführte Übung gewesen.

Um das Ganze noch überzeugender wirken zu lassen, wurden die Männer des Sicherungsregiments von Oberg für den nächsten Abend zum Biertrinken mit der SS eingeladen. Die Sprachregelung lag sicher in gegenseitigem Interesse – und bleibt doch absolut bemerkenswert. Fern vom Reich in Paris gab es bei allen weitreichenden Divergenzen anscheinend auch eine Art soldatischer, kameradschaftlicher Verbindung zwischen der Führung der SS und des Majestic – vielleicht gefördert durch den gemeinsamen verzweifelten Kampf von Wehrmacht und Waffen-SS in der Normandie. Es änderte nichts daran, dass bei einem Erfolg des Staatsstreichs weder Oberg noch Knochen den 21. Juli 1944 überlebt hätten.

Mein Großvater wusste zunächst nichts von der Sprachregelung. Er hatte mit Obergs Erscheinen den Blauen Salon des Raphael unbemerkt verlassen und eilte zur Wohnung von Elmar Michel. Er musste den Verwaltungschef über den katastrophalen Ausgang informieren, ihn warnen und auf die sicherlich bald einsetzenden Gestapountersuchungen vorbereiten.

»Gegen 3 Uhr morgens erschien unerwartet Hofacker bei mir. Er war blaß und aufs Äußerste erregt. Ich hatte ihn noch nie so außer Fassung gesehen. Er begann mit den Worten: ›Es ist alles in den Eimer gegangen.‹«[3] Dann unterrichtete er Michel in groben Zügen von dem Verlauf des Abends bis hin zu der Befürchtung, dass Stülpnagel wohl bald auf Befehl Kluges verhaftet würde.

»Aufs Tiefste erschüttert schwieg Hofacker lange nach seinem Bericht. Auch ich blieb still. Schließlich sagte Hofacker, es sei tieftraurig, daß es nicht gelungen sei, das von ihm so sehr perhorrescierte System zu Fall zu bringen, und es sei unglaublich, daß sich unter den vielen Generalen, die täglich mit Hitler zusammen gewesen seien, bisher keiner gefunden habe, der soviel Mut und Verantwortung aufgebracht habe, Hitler zu erschießen und damit das deutsche Volk zu befreien. Niemand könne wissen, was nun folgen werde. Ihm bleibe nichts anderes übrig als zu versuchen, in der nächsten Zeit bei französischen Freunden unterzutauchen.«[4]

Als mein Großvater schließlich am frühen Morgen in sein eigenes Zimmer im Hôtel Royal Monceau trat, erwartete ihn dort sein Freund Falkenhausen. Sie hatten sich für die späten Abendstunden verabredet, um nach einem geglückten Putsch alle weiteren Schritte für den nächsten Tag zu besprechen. Nachdem Falkenhausen nichts mehr von Hofacker gehört hatte, beschloss er, unauffällig im Hotel auf ihn zu warten – ohne Radio und ohne nähere Informationen über den weiteren Verlauf des Umsturzes in Berlin und Paris. Auch er beschrieb meinen Großvater als »blaß und am Ende seiner Kräfte«.

»Er rechnete damit, dass der SD sofort zu einem Gegenschlag ausholen und alle Verdächtigen verhaften würde und wollte sich dem durch sofortige Flucht entziehen. Ich konnte ihm nicht abraten, gab ihm mein französisches Geld, das ich in meiner Brieftasche hatte, ca. 4000 Francs, und verabschiedete mich von ihm. Wohin Hofacker sich wenden wollte, sagte er mir nicht, ich wollte es auch gar nicht wissen, nahm aber an, dass er bei französischen Freunden, etwa dem Industriellen Boussac, Zuflucht suchen würde. Ich selbst setzte mich auf mein Rad und fuhr gegen 4 Uhr morgens durch die totenstille Stadt unangefochten in meine Wohnung.«[5]

Der Textilindustrielle Marcel Boussac gehörte zu den einflussreichen französischen Freunden meines Großvaters mit Beziehungen in die unterschiedlichsten Kreise. Der spätere Begründer des Modehauses Dior, Pferdeliebhaber und Multimillionär galt in den Dreißigerjahren als reichster Mann Frankreichs. Während der Besatzungszeit schützte er sein Imperium nicht zuletzt durch gute Kontakte zu hohen deutschen Offizieren und zu Vertretern der Vichy-Regierung. Er belieferte die deutsche Kriegsmarine mit seinen Stoffen. Gleichzeitig unterstützte er großzügig die Angehörigen seiner zahlreichen Arbeiter, die zum Arbeitsdienst nach Deutschland zwangsverpflichtet worden waren, was ihn unter anderem nach dem Krieg vor einem Kollaborationsverfahren bewahrte.

Mein Großvater hatte den Widerstand gegen Hitler stets als innerdeutsche Angelegenheit angesehen und auch seinen französischen Vertrauensleuten gegenüber keine Andeutungen gemacht – mit Ausnahme von Marcel Boussac. Dieser besaß Kontakte in britische Regierungskreise und sollte Hofacker nach einem geglückten Staatsstreich Türen zu den Alliierten öffnen.

Da mein Großvater nichts von der zwischen Oberg und Stülpnagel getroffenen Sprachregelung wusste, musste er damit rechnen, dass der Sicherheitsdienst bald sein Zimmer nach verdächtigen Schriftstücken durchsuchen würde. Sorgfältig vernichtete er in den frühen Morgenstunden des 21. Juli alle Spuren, Namenslisten, Aufrufe.

Um sechs Uhr früh erwartete er im Hôtel Majestic den Mitarbeiter des Auswärtigen Amtes Hans Buwert, einen weiteren Mitverschwörer, der im Auftrag Stülpnagels in Madrid und Portugal mit wenig Erfolg versucht hatte, bei den Alliierten Stimmung für den deutschen Widerstand zu machen. In kurzen Worten informierte und warnte Hofacker den Diplomaten. Auch Buwert beschrieb ihn als »totenblass und von einer sonst bei ihm nie gekannten Nervosität«[6]. Alles sei verloren, es bliebe nur noch, sich so schnell und so unauffällig wie möglich in Sicherheit zu bringen. Er persönlich habe diesbezüglich bereits seine Vorkehrungen getroffen.

Doch anstatt im französischen Milieu abzutauchen, packte mein Großvater seine Koffer und suchte zunächst bei einem deutschen Freund Zuflucht. Ernst Röchling war ein Neffe des saarländischen Stahlmoguls Hermann Röchling und verwaltete für ihn sein Pariser Büro. Aus einer Geschäftsbeziehung hatte sich zwischen Hofacker und Ernst Röchling ein vertrautes und freundschaftliches Miteinander entwickelt, nachdem sie sich in ihrer Kritik an der deutschen Besatzungspolitik und Sympathie für Frankreich gefunden hatten. Röchling war Zivilist und gehörte nicht zum Stab des Militärbefehlshabers im Majestic, gegen den sich die Gestapo mit ihren Nachforschungen als Erstes wenden würde. Außerdem lag das Gästezimmer in einem anderen Stockwerk als Röchlings Wohnung – beides schien günstig für eine erste Fluchtstation.

Den Militärbefehlshaber in Frankreich konnte keine Sprachregelung mehr retten. Feldmarschall von Kluge hatte noch in der Nacht Bericht über den denkwürdigen Abend in La Roche-Guyon erstattet, und die Reaktion darauf folgte prompt: Um neun Uhr am Morgen des 21. Juli erhielt Stülpnagel einen Anruf und die Aufforderung, umgehend ein Flugzeug nach Berlin zu nehmen und sich bei Hitlers oberstem Feldherrn, Feldmarschall Keitel, zu melden. Es gab keinen Zweifel für ihn, was dieser Befehl bedeutete. Seine langjährige Sekretärin, durch die Vorkommnisse des Vortags sehr in Sorge, versuchte aus der Haltung des Generals etwas herauszulesen.

»Er war ruhig und freundlich wie immer, und es war ihm keinerlei Erregung anzumerken. Er gab sofort Befehl, seine Abfahrt mit dem Wagen nach Berlin für 11:30 Uhr vorzubereiten. Entgegen allen Befehlen, daß ein einzelner Wagen wegen der bestehenden Terroristengefahr nicht allein, sondern nur im Geleit fahren durfte, wünschte er allein, nur von seinem Fahrer und von seinem Burschen begleitet, zu reisen. Auch der Ordonnanz-Offizier, der ihn sonst immer begleitete, sollte zurückbleiben. Um ein Flugzeug, wie von Keitel befohlen, bemühte er sich nicht (es war schlechtes Wetter). Vor seiner Abreise war er etwa 11/2 Stunden im Büro, während der er nicht, wie sonst vor einer Reise, Anordnungen zurückließ oder mit seinen Vertretern oder sonstigen Offizieren sich besprach.«[7]

Vor allem Letzteres beunruhigte Gräfin Friederike von Podewils, seine äußere Ruhe, die herzlichen Abschiedsworte, das Geburtstagsgeschenk für sie – all das konnte ihre Sorge nicht mindern, verriet doch seine fieberheiße Hand die Erregung. Als sie hinter ihm her zum bereitstehenden Wagen eilte, in der Vorahnung, ihn nicht wiederzusehen, verabschiedete er sich ein letztes Mal mit den Worten: »Leben Sie wohl, leben Sie alle wohl.«[8]

Verhaftung, Verhöre, eventuell Folter, um mehr Einzelheiten, Namen von weiteren Verschwörern aus ihm herauszupressen – all dies hatte Stülpnagel auf sich zukommen sehen. Sein Entschluss stand fest, verlieh ihm die äußere sichere Ruhe und innere Erregung. In der Nähe der Schlachtfelder von Verdun ließ er seinen Fahrer halten, um sich die Füße zu vertreten. Kurze Zeit später fiel ein Schuss. Fahrer und Bursche eilten umgehend ihrem Chef hinterher – was mutig war, denn sie gingen von einem Überfall der Résistance aus. Sie fanden Stülpnagel schwer verletzt im Wasser eines Kanals treiben, zogen ihn heraus und brachten ihn in das nächste Lazarett. Der Schuss in die Schläfe hatte Stülpnagel nicht das Leben, sondern lediglich das Augenlicht gekostet. Als Gräfin Podewils wenige Tage später telefonisch nachfragen wollte, wie es ihm gehe, hieß es nur, dass er von der SS bewacht werde und sie sich nicht weiter zu erkundigen habe. Haft, Verhöre, ein Schauprozess vor dem Volksgerichtshof und die Hinrichtung durch den Strang blieben dem schwer verwundeten General nicht erspart.

Während dieser tragischen Ereignisse am 21. Juli hielt sich mein Großvater in der Wohnung seines Freundes verborgen. Röchling, der selbst geschäftlich viel unterwegs war, wollte ihn am liebsten sofort mit seinem eigenen Wagen nach Italien fahren und suchte noch am gleichen Tag den Verwaltungschef in dessen Büro auf. Michel sollte Hofacker einen Dienstreiseausweis zu einer Besprechung mit der deutschen Militärverwaltung in Rom ausstellen. Doch Michel zögerte. Italien gehörte nicht zu Hofackers bisherigen Reisezielen, eine Fahrt dorthin schien ihm gerade jetzt mehr als auffällig. Er riet dazu, abzuwarten, noch halte die Gestapo still, ein Verschwinden Hofackers würde den Verdacht erst recht auf ihn lenken. Sie verabredeten sich für den Abend in Röchlings Wohnung, um alles Weitere gemeinsam mit Hofacker in Ruhe zu besprechen.

Mein Großvater hatte von seinem ersten Impuls, in Paris unterzutauchen, wieder Abstand genommen. Nachmittags war Marcel Boussac in Röchlings Wohnung gekommen und hatte angeboten, ihn einige Tage zu verstecken, bis er eine Lösung für seinen weiteren Verbleib gefunden habe. Doch Hofacker zögerte, auf den Vorschlag einzugehen. Zum einen meinte er in Boussacs Worten eine gewisse Sorge und Zurückhaltung angesichts des Risikos zu spüren und wollte ihn nicht in Gefahr bringen. Zum anderen fühlte er sich durch diesen Schritt in die Illegalität als Deserteur. Einfach so seinen Posten zu verlassen und mithilfe des Feindes abzutauchen widersprach seinem von Kindesbeinen an verinnerlichten Offizierskodex. Außerdem bedeutete es eine erhebliche zusätzliche Gefährdung seiner Familie, die stellvertretend für ihn in Geiselhaft genommen werden könnte.

So ließ er sich am Abend von Michels Bedenken gegen eine Flucht nach Italien überzeugen und sehr schnell zu einer entgegengesetzten Strategie bewegen. Schon am nächsten Tag wollte er sich in der Öffentlichkeit zeigen und seine Arbeit wieder aufnehmen, als ob er mit der ganzen Sache nicht das Geringste zu tun hätte. In wenigen Tagen würde er mit einem von Michel ausgestellten Passierschein nach Deutschland reisen und sich dem Personalamt der Luftwaffe zu neuer Verwendung zur Verfügung stellen, mit der Begründung, dass er lediglich auf Stülpnagels Drängen das letzte Jahr noch in Paris verbracht habe. Mit diesem Plan gewann er seine gewohnte Ruhe und Sicherheit, ja, sogar seine Zuversicht wieder. Irgendwo im Reich würde sich der Widerstand neu formieren – diese Hoffnung gab seinem Handeln eine neue Ausrichtung.

Am 22. Juli erschien er wie gewöhnlich im Majestic, zur Verwunderung aller Eingeweihten, die ihn längst in einem Untergrundversteck wähnten. Er aß mittags im Casino des Raphael, äußerlich ruhig, auch als sich die Nachricht vom Suizidversuch Stülpnagels verbreitete – niemand glaubte wirklich an einen Anschlag von Partisanen. Er verbrachte den Nachmittag in seinem Büro, besuchte Falkenhausen und frühstückte am Sonntag mit ihm zusammen in Röchlings Wohnung. Danach ging er ins Majestic und nutzte die Antrittsrede von Stülpnagels kommissarischem Nachfolger General Blumentritt ganz bewusst, um sich in aller Selbstverständlichkeit dem versammelten Stab zu zeigen. Dabei lag inzwischen eine neue, bedrohliche Spannung in der Luft. Die SS hatte mit Nachforschungen begonnen und verhörte Stülpnagels Fahrer, seinen Burschen, die Sekretärin und schließlich auch Linstow als Chef des Stabes. Auch wenn sich Oberg bisher an die Sprachregelung gehalten hatte, so waren doch Berichte über die Verhaftung der SS ins Reichssicherheitshauptamt durchgesickert, und der vermeintliche Überfall auf Stülpnagel ließ die Gestapo in Berlin erst recht misstrauisch werden.

Mein Großvater blieb jedoch zuversichtlich, dass man ihn mit den Geschehnissen vom 20. Juli nicht so schnell in Verbindung bringen würde. Am Sonntagnachmittag holte er sich bei Michel seine Papiere für die Dienstreise nach Deutschland ab, allerdings ohne seine Abreise fest zu terminieren. Am nächsten Tag verkündete er im Majestic, dass er abends den Zug nach Deutschland nähme, plante jedoch erst später mit Röchling im Wagen, bis nach Metz zu fahren, um dann der Situation entsprechend alles Weitere zu entscheiden.

Mit den Verhören rückte die Gefahr näher, sämtliche Mitarbeiter aus Stülpnagels Stab sollten angeblich von einer neu gebildeten Kommission vernommen werden. Der herzkranke und nervlich angeschlagene Oberst von Linstow hatte sich, um Stülpnagel zu schützen, bei der ersten Befragung in Widersprüche und offensichtliche Falschaussagen verstrickt und war unter Hausarrest gestellt worden. Die Spur führte langsam auch zu Hofacker, dem »Generaladjutanten« – so eine Bezeichnung der Gestapo – des Militärbefehlshabers. Gleichzeitig schien eine Flucht immer abwegiger, nachdem in Deutschland im Rundfunk und in Zeitungen Vergeltungsmaßnahmen gegen die Familien der Beteiligten angekündigt worden waren.

Die Bedrohung wuchs, auch wenn Himmler noch keine Sippenhaft angeordnete hatte und nicht alle Berichte die hasserfüllte Rhetorik eines Robert Ley übernahmen. In einem Leitartikel für die Zeitung *Der Angriff* hatte sich der Reichsleiter der NSDAP verbal regelrecht ausgetobt: »Degeneriert bis in die Knochen, blaublütig bis zur Idiotie, bestechlich bis zur Widerwärtigkeit und feige, wie alle gemeinen Kreaturen, das ist die Adelsclique, die der Jude gegen den Nationalsozialismus vorschickt. [...] Dieses Geschmeiß muss man ausrotten, mit Stumpf und Stiel vernichten. [...] Es genügt nicht, die Täter allein zu fassen. [...] Man muss auch die ganze Brut ausrotten.«[9]

Falkenhausen kam am Montag, den 24. Juli, abends zum Essen in Röchlings Wohnung. »An diesem Abend konzentrierte sich die Unterhaltung natürlich auf die bevorstehende Reise Röchlings und Hofackers, und es wurden nochmals alle Möglichkeiten erörtert, die es für Hofacker gab«, beschrieb er später das letzte Zusammensein. »Schließlich blieb als Ergebnis nur der Entschluß, den gefaßten Plan durchzuführen und zunächst einmal bis zur Grenze zu fahren, wo dann Hofacker je nach den Umständen hätte handeln müssen. Er glaubte noch immer, daß er in Deutschland Anschluß an eine noch bestehende Widerstandsgruppe finden könnte. Im ganzen war die Stimmung an diesem Abend etwas nervös, aber bei den übrigen Teilnehmern halbwegs zuversichtlich, manchmal sogar fast heiter, während ich die Zukunft am schwärzesten sah.«[10]

Da er nun einmal beschlossen hatte, nicht unterzutauchen, machte es für meinen Großvater auch keinen Sinn, sich in Röchlings Wohnung zu verstecken. Am Dienstag, den 25. Juli, traf er sich um acht Uhr auf eine Stunde zum Frühstück mit dem stellvertretenden deutschen Botschafter im Hotel Ritz. Es gab keinen besonderen Grund für diese Unterredung, außer dass er vielleicht noch einmal mit einem ihm nahestehenden Menschen sprechen oder sich öffentlich zeigen wollte – ohne jedoch in das inzwischen von der SS kontrollierte Hôtel Majestic zu gehen.

Falkenhausen übernahm es, den Verwaltungschef Michel über Hofackers endgültige Reisepläne zu informieren und sich unauffällig vor Ort ein Bild vom Stand der Untersuchungen zu machen. Der Höhere SS- und Polizeiführer Oberg sowie der Leiter des Sicherheitsdienstes Knochen hatten die Verhöre zur Chefsache erklärt. Hofacker stand eindeutig unter Verdacht, und Falkenhausen schwang sich auf sein Rad, um ihn zu einer unverzüglichen Abreise aus Paris zu bewegen – ein vergeblicher Freundschaftsdienst, der ihn selbst die Freiheit kosten sollte. Falkenhausens Bericht gibt die Verhaftung meines Großvaters anschaulich wieder.

»Ich fand Hofacker reisefertig im Röchlingschen Gastzimmer, Röchling selbst war nicht zu Hause. Ich berichtete über die Unterhaltung mit Dr. Michel und mahnte dringend zur Vorsicht, umso mehr als ich hörte, Hofacker sei an diesem Morgen noch im Hotel Ritz beim Gesandten v. Bargen gewesen. Wir sprachen dann noch einmal über unsere Pläne und deren Aussichten, wobei wiederum Hofacker viel zuversichtlicher war als ich. Fliegeralarm verzögerte meinen Fortgang, ich konnte es daher nicht vermeiden, zusammen mit Hofacker von Röchlings Haushälterin gesehen zu werden. Vor dem Abschied verabredeten wir für den Fall einer Katastrophe gegenseitig völliges Stillschweigen über unsere gemeinsame Tätigkeit, insbesondere Verschwiegenheit über unser nächtliches Zusammensein am 20./21. Juli. Wir machten auch zum Abschied nicht viele Worte, wir wußten, worum es ging, was wir uns in den letzten Jahren gewesen waren. Als wir uns zum Abschied noch für alle Fälle Grüße an unsere Angehörigen auftrugen, wurde Hofacker einen Moment ernst, schüttelte diese Stimmung aber wieder von sich. Sein letztes Wort zu mir war: ›Ich bin überzeugt, daß noch alles gut gehen wird.‹ Das war das Letzte, was ich von ihm hörte und sah.«[11]

Falkenhausen wurde unten an der Haustür von zwei SS-Offizieren abgefangen, einer von ihnen war der berüchtigte Maulaz persönlich. Mehrere Wagen standen auf der Straße. Die Gestapo hatte offensichtlich Kenntnis über den Aufenthaltsort meines Großvaters und war mit einem größeren Aufgebot angerückt. Falkenhausens Versuch, sich mit einem Besuch bei Röchling herauszureden, scheiterte.

Über die weiteren Ereignisse gibt der für Hitler bestimmte Gestapobericht Aufschluss. Maulaz ging mit seinen Leuten ins Haus und begegnete Röchling auf der Treppe. Als versierter Sicherheitsdienstmann stellte er ihm eine Fangfrage: »Sie wissen doch, daß Hofacker am Montagmorgen mit der Bahn weggefahren ist.« Röchling bejahte, in der Hoffnung, die Durchsuchung auf diese Weise schnell zu beenden. »Der SS-Führer verlangte daraufhin die hinterlassenen Koffer Hofackers zu sehen. Als er die Wohnung im 5. Stock betrat, saß Hofacker selbst dort.«[12]

Röchling und Falkenhausen wurden ebenfalls festgenommen, zunächst in das Pariser Stabsquartier des Sicherheitsdienstes gebracht und später nach Berlin überführt. Beiden konnte jedoch nicht nachgewiesen werden, im Vorfeld etwas von dem geplanten Staatsstreich gewusst zu haben. Mein Großvater hatte sie in den Verhören überzeugend entlastet – so zumindest berichtete es Maulaz dem unschuldig nachfragenden Elmar Michel: Falkenhausen sei zu weich und sensibel, habe Hofacker ausgesagt, Röchling zu unstet und geschäftig – beide seien nicht zuverlässig genug gewesen, um sie in ein »Hochverratsunternehmen« einzuweihen.[13]

Die Freunde wurden am 12. Januar 1945 dem Volksgerichtshof vorgeführt. Die Anklage lautete auf Begünstigung des Verräters Hofacker, nicht auf Mitwisserschaft. Das von Freisler unterzeichnete Urteil spiegelt einmal mehr die ideologisch verbrämte Subjektivität des Verfahrens wider. Falkenhausen kam dabei deutlich besser weg, denn er hatte »im Weltkrieg und danach im Grenzschutz mit Auszeichnung seine Pflicht getan. [...] Früher Stahlhelmer ist er seit 1937 Parteigenosse und erklärte, so zu denken, wie es sich für einen Nationalsozialisten gehört. Er machte auf uns einen geraden, offenen Eindruck«.[14]

Röchling hingegen hatte schon als Gastgeber Hofackers den größeren Argwohn des NS-Gerichts auf sich gezogen und zugegeben, dass er von ihm am 21. Juli über Einzelheiten des Putsches unterrichtet worden war. Weder konnte er eine Parteimitgliedschaft noch die Zugehörigkeit zu einer anderen NS-Organisation vorweisen, im Gegenteil: »Er ist in seiner inneren Haltung der Typ des Kosmopoliten. Längere Zeit hörte er in Paris Feindfunk, englische Heeresberichte! Vom Gemeinschaftsleben der Deutschen in Paris hielt er trotz seines verpflichtenden Namens und seiner glänzenden äußeren Stellung sich auch seit der Besetzung zurück.«[15]

Das Gericht hob zwar begünstigend hervor, dass Röchlings Unterstützung Hofackers nicht als Fluchthilfe gewertet werden könne, weil die Abfahrt nach Deutschland nicht beschleunigt wurde. »Aber seine Tat wiegt schwer. Denn man muß zu ihrer Beurteilung die Vorgeschichte, sein ehrloses Verhalten vom Abend des 21.7. ab [sic!], seine Persönlichkeit, wie sie oben geschildert ist, heranziehen.«[16]

Falkenhausen wurde freigesprochen, Röchling zu fünf Jahren Zuchthaus und weiteren fünf Jahren Ehrverlust verurteilt. Außerdem musste er die Kosten des Verfahrens tragen.

Mein Großvater wurde noch am Tag seiner Verhaftung in einem der Salons im Hôtel Majestic den SS-Offizieren Knochen und Oberg vorgeführt. Auch General Blumentritt war bei der Vernehmung dabei und sicher darum bemüht, das Gespräch nicht auf den Abend in La Roche-Guyon zu bringen. So eindeutig Feldmarschall von Kluges Ablehnung auch gewesen war – hätte er danach nicht noch energischer durchgreifen, zumindest auch Hofacker »melden« müssen? Blumentritt seinerseits hatte nichts unternommen. Geringe Verfehlungen reichten schon aus, um ins Zwielicht des Verdachts zu geraten. Doch bei diesem Verhör ging es vorerst noch nicht um konkrete Einzelheiten.

Mein Großvater hatte mit seiner Verhaftung zu einer klaren Linie gefunden und verzichtete auf jegliches Leugnen. Stattdessen nutzte er die Verhöre genauso wie später den Prozess vor dem Volksgerichtshof, um öffentlich mit dem NS-Regime abzurechnen. Dabei ging es ihm wohl weniger um die moralische Verurteilung eines Gegners, der einer solchen Argumentation nur spottete, sondern um den Versuch, ihn mit seinen eigenen Waffen zu schlagen. Mein Großvater prangerte den Irrsinn der Besatzungspolitik an, die Vielzahl der zuständigen Dienststellen, die Ausbeutung der Wirtschaft, den gnadenlosen Umgang mit der Bevölkerung, die Maßlosigkeit jeglichen Eingriffs. Der Angriff galt nicht nur einer fernen Führungsspitze in Berlin, sondern ganz offen auch ihren Handlangern, den Männern, die ihn jetzt gerade verhörten: Oberg und Knochen. Er thematisierte weniger die Unmenschlichkeit als vielmehr die Dummheit einer solchen Politik, da sie nichts als Hass gegen alles Deutsche schüre und Frankreich in die Arme der Alliierten treibe.

Auf dieselbe Weise hatte er in seinen zahlreichen Denkschriften argumentiert, überzeugend und doch ohne den Kern dessen zu berühren, was den Staatsstreich erforderlich gemacht hatte. Wer das menschen- und völkerrechtsverachtende, beispiellose Unrecht vor der Gestapo oder dem Volksgerichtshof offen ansprach, erntete in der Regel Hohn und Verachtung. Auch wenn aus heutiger Sicht eine klare Verurteilung der Gräueltaten besonders von den Offizieren und Männern, die anfangs ihre Hoffnung auf Hitlers Diktatur gesetzt hatten, wünschenswert gewesen wäre, ist doch die Regierungserklärung, die nach einem erfolgreichen Staatsstreich veröffentlicht worden wäre, ein klares Bekenntnis und bezieht in eindeutigen Worten gegen dieses Unrecht Stellung. Ohne das Entsetzen vor der Bösartigkeit eines im Namen Deutschlands handelnden Regimes wäre die Tat nicht möglich gewesen. Mein Großvater hätte sein Leben und die Freiheit seiner Familie nicht für eine Erfolg versprechendere Frankreichpolitik riskiert. Vaterlandsliebe bedeutete für ihn nicht mehr, für eine möglichst große Machtstellung Deutschlands in der Welt zu kämpfen, sondern für Werte, die er nicht losgelöst von seinen deutschen Wurzeln und familiären Prägungen sehen konnte.

Doch wie sollte ein überzeugter SS-Mann und Nazi solche Gedanken verstehen? Wie sollte er begreifen, dass ein solches Ziel nicht nur den Einsatz des eigenen Lebens, sondern auch die Gefährdung der liebsten Menschen rechtfertigte? Genau diese Frage stellte Oberg in dem Verhör und berührte damit die verletzlichste Stelle. Ob Hofacker denn nicht daran gedacht habe, welche Folgen sein Handeln für seine Frau und seine Kinder haben würde.

Anstelle langer Ausführungen antwortete mein Großvater mit beinahe trotzigem Pathos mit einem abgewandelten Zitat aus dem Gedicht *Die Grenadiere* von Heinrich Heine: »Was schert mich Weib, was schert mich Kind, wenn es um Deutschland geht ...« Genau eine Woche zuvor hatte er es in seinem letzten Brief an meine Großmutter aus dem Schlafwagen zwischen Berlin und Paris anders ausgedrückt: »Heute wäre jedes ungenutzte Verstreichenlassen auch nur weniger Stunden eine Sünde wider den Heiligen Geist und ein Verstoß nicht zuletzt gegen meine Pflichten als Mann einer deutschen Frau und Vater deutscher Kinder.«[17]

Der SS-Offizier schien beeindruckt von Hofackers Vortrag. Er ließ meinen Großvater ohne Unterbrechung reden, bestellte belegte Brote und Sekt zur Stärkung, bot ihm Zigaretten an. Am Ende soll er über ihn gesagt haben, er sei »der gefährlichste Staatsfeind«, der die Wege des Sicherheitsdienstes in Paris je gekreuzt habe, »aber ein ganzer Kerl«.

Es gibt kein schriftliches Protokoll von dieser ersten Vernehmung im Hôtel Majestic, dafür mehrere Berichte anderer Angehöriger des Pariser Widerstandskreises.[18] Sie versuchten, über verschiedene Kanäle möglichst unauffällig so viel wie möglich über Hofackers Schicksal zu erfahren, hing doch nicht zuletzt ihr eigenes Los von seinen Aussagen ab. Stündlich rechneten sie mit dem Erscheinen der Gestapo, mit Festnahme und Verhör – doch nichts geschah.

»Hofacker hatte schon beim ersten Verhör alles zugegeben, sich als Alleinverantwortlichen bezeichnet und über die Motive seines Handelns lange Ausführungen gemacht«, brachte Teuchert in Erfahrung, als er selbst in seinem Büro von einem SD-Mann »rein aus Neugierde« zum 20. Juli befragt wurde. »Diese Darlegungen müssen eine seiner rhetorischen Meisterleistungen gewesen sein, die auch bei den verhörenden SS-Führern tiefen Eindruck hinterließ.«[19]

Bargatzky, Teuchert, Michel und die wenigen anderen Eingeweihten blieben unbehelligt. Keiner der Verhafteten hatte in den Verhören ihre Namen preisgegeben. Mit Stülpnagel, Hofacker und Linstow schienen die Hauptverantwortlichen für den kurzzeitig erfolgreichen Umsturz in Paris gefasst, mit Falkenhausen und Röchling zwei spätere Komplizen; darüber hinaus wurden vorübergehend noch zwei weitere Nachbarn Röchlings festgehalten. Der Stadtkommandant von Paris, General von Boineburg, der ohne zu zögern Stülpnagels Befehl zur Festnahme der SS hatte ausführen lassen, wurde abberufen, desgleichen der Kommandeur der Sicherungsdivision, Generalmajor Brehmer. Oberst Eberhard Finckh, der spät hinzugekommene Oberquartiermeister aus Kluges Stab, geriet über seine Berliner Widerstandsverbindungen in die Fänge der Gestapo und wurde später vor dem Volksgerichtshof zum Tode verurteilt.

Doch damit fanden die Nachforschungen zu weiteren Verschwörern aus dem Umfeld des Militärbefehlshabers in Frankreich ihr vorläufiges Ende. Es gab andere Sorgen. Die Alliierten näherten sich Paris, und die Stäbe von SS und Sicherheitsdienst hatten vollauf damit zu tun, ihre Spuren zu verwischen, ihre Akten und umfangreichen Karteien einzupacken oder zu vernichten. Sie verließen mit als die Ersten die französische Hauptstadt, die auf Hitlers ausdrückliche Anweisung in Schutt und Asche gelegt werden sollte. Boineburgs Nachfolger, General Dietrich von Choltitz, verweigerte im August 1944 die Ausführung dieses Befehls.

12
»Stark bleiben und den Helm doppelt fest binden«

SS-Gruppenführer Carl Oberg – im August 1944 zum SS-Obergruppenführer befördert – hatte mit seiner Frage einen wunden Punkt berührt, der alle Frauen und Männer im Widerstand umtrieb und für sie das größte Opfer bedeutete: die Folgen ihres Handelns für ihre Angehörigen. Auf Mitwisserschaft stand der Tod, und es gab ausreichend Belege dafür, dass diese Strafandrohung umgesetzt werden würde. Auch die Praxis der Sippenhaft war bekannt, und über Konzentrationslager kursierten hinreichende Berichte. Allein der Ausschluss aus der »Volksgemeinschaft«, die anscheinend harmloseste Konsequenz für Angehörige von »Verrätern«, bedeutete ein Stigma, eine Degradierung zu Menschen zweiter Klasse, ausgegrenzt, ohne Teilhabe am gesellschaftlichen Leben, ohne Zukunftsaussichten für die Kinder.

Die Sippenhaft wurde zwar erst nach dem 20. Juli 1944 als Repressionsmaßnahme größeren Umfangs eingesetzt, doch als Bedrohung stand sie bereits allen Verschwörern klar vor Augen. Wenige Tage nach dem Attentat hatte Himmler das Thema auf dem Zettel für eine Lagebesprechung mit Hitler, und er beeilte sich, mit markigen Worten die Rachsucht des »Führers« zu stillen und sein eigenes Versagen zu überspielen. Der Reichsleiter SS, oberster Chef der Geheimpolizei, war von Attentat und Umsturzversuch überrascht worden, obwohl er von oppositionellen Strömungen gegen Hitler gewusst hatte – und nicht dagegen vorgegangen war.[1] Anfang August verteidigte er unter dem Beifall parteitreuer Gauleiter in Posen das im Inland gefürchtete und im Ausland verfemte Unrecht der Sippenhaft.

»Es soll uns ja niemand kommen und sagen: das ist bolschewistisch, was Sie da machen. Nein, nehmen Sie es mir nicht übel, das ist gar nicht bolschewistisch, sondern sehr alt und bei unseren Vorfahren gebräuchlich gewesen. Sie brauchen bloß die germanischen Sagas nachzulesen. Wenn sie eine Familie in Acht taten und für vogelfrei erklärten oder wenn eine Blutrache in einer Familie war, dann war man maßlos konsequent. Wenn die Familie vogelfrei erklärt wird und in Acht und Bann getan wird, sagten sie: Dieser Mann hat Verrat geübt, das Blut ist schlecht, da ist Verräterblut drin, das wird ausgerottet. Und bei der Blutrache wurde ausgerottet bis zum letzten Glied in der ganzen Sippe. Die Familie Stauffenberg wird ausgelöscht werden bis ins letzte Glied.«[2]

Am 26. Juli, dem Tag nach der Verhaftung meines Großvaters in Paris, durchsuchte die Gestapo das hofackersche Haus in Krottenmühl nach Hinweisen, in erster Linie nach aufschlussreichen Briefen. »Mittelschönes Wetter. Ein unangenehmer Tag mit viel Besuch (Ge-Sta-po)«, schrieb meine damals 14 Jahre alte Mutter in ihr Tagebuch. Mehr nicht. Lotte hatte ihre beiden ältesten Kinder Eberhard und Anna-Luise am Tag nach dem Attentat in groben Zügen über das Verwandtschaftsverhältnis zu Stauffenberg und die Rolle des eigenen Vaters ins Bild gesetzt und sie gleichzeitig verdonnert, zu niemandem ein Wort darüber zu verlieren. Rundfunk und Presse sorgten hinreichend für ein Klima der Angst, sodass sie die Ermahnung beherzigten.

Da meine Großmutter alle verdächtigen Briefe schon am Abend des 20. Juli verbrannt und die anderen versteckt hatte, fanden die beiden Gestapomänner nur noch zwei belanglose Briefe, beschlagnahmten sie und quittierten geflissentlich den Akt auf einem bis heute erhaltenen Notizbuchblatt. Nachdem auch das zwangsverpflichtete Kindermädchen aus der Ukraine ohne eingeweiht zu sein schlagfertig beteuerte, die Briefe von Herrn von

Hofacker dienten in diesen kargen Zeiten und bei fünf Kindern als Klopapier, zogen die Beamten mehr oder weniger unverrichteter Dinge wieder ab. Die Gefahr war höchstens vorübergehend gebannt. Meine Großmutter rechnete mit weiteren Maßnahmen – und sollte recht behalten.

Die Repression der Gestapo gegenüber der Familie, so belastend sie für meinen Großvater auch gewesen sein muss, war letztendlich nur die Konsequenz einer Lebensmaxime, die er nie infrage gestellt hatte: frei zu sein im Handeln, und familiäres Glück notfalls für eine größere Sache zu opfern. Als Abiturient war es einfach gewesen, dieses Ideal zu propagieren, hatte er darunter doch nur ein *persönliches* Opfer verstanden. Auch als Student kam es ihm leicht über die Lippen, denn Familie bedeutete allenfalls Eltern und Geschwister, so nah er ihnen auch stand. Seine Frau und die fünf Kinder alleinzulassen hatte eine ganz andere Dimension. Er wusste, was er ihnen nahm, was ihnen künftig fehlen würde. Dabei ging es nicht vorrangig um seine Verantwortung als Ernährer und Beschützer der Familie: Schon in Paris hatte er das Gefühl, dieser Rolle nur halbwegs gerecht zu werden, und Lotte hatte in den entbehrungsreichen Kriegsjahren ihre praktische Tüchtigkeit immer wieder beweisen müssen. Aber bei allen Widrigkeiten war mein Großvater selbst aus der Ferne stets präsent gewesen, in Briefen, Gedanken, hatte Anteil genommen, sich eingebracht, Entscheidungen getroffen oder nachträglich abgesegnet. Er hatte seine Familie auch von Paris aus geführt – und Lotte brauchte diese Anlehnung.

Sein patriarchalisches Familienbild hinderte ihn nicht daran, ein geradezu moderner Vater zu sein, der mit pädagogischem Eifer in den frühen Berliner Jahren schon die Kleinkinder abends gewickelt und gefütterte hatte. Er feierte Eberhards achten Geburtstag mit einer Gruppe von Jungen im Grunewald, nahm Alfred mit zu kleinen Spritztouren im neuen Auto und setzte Anna-Luise, die er seiner schwäbischen Heimat getreu Annele nannte, aufs Pferd. Unvergesslich blieben meiner Mutter als schlechter Skifahrerin die tröstenden Worte des Vaters: »Gell Annele, wir beide sind halt Reiter.«

Mit umfangreichen Paketsendungen bemühte er sich von Paris aus, Lotte in ihrem Alltag zu unterstützen. Die Lieferungen reichten von Apfelsinen, Brühwürfeln, Zigaretten, Konserven, Kleidung und Seife bis hin zu einem Fahrrad für den siebenjährigen Alfred, Knochenmehl für die Hühner und Millimeterpapier für Eberhard, damit dieser mit einer genauen Eierkurve ihre Legeleistung dokumentieren und nach Paris berichten konnte.

Er vermittelte seinen beiden Großen die für ihn wichtigsten Eckpunkte der deutschen Geschichte. Nie fiel zu Hause ein kritisches Wort zum aktuellen politischen Geschehen, über das Regime oder Hitler. Im Gegenteil, die Kinder wurden im Glauben an einen gerechten Kampf erzogen und stellten weder Krieg noch »Führer« infrage. Ein unbedachtes Wort in der Schule oder zu den falschen Menschen in der Nachbarschaft hätte die Familie – und nicht zuletzt auch Hofackers Rolle im Widerstand – gefährdet, und so wahrte er den Kindern genauso wie seinem Pariser Umfeld gegenüber den äußeren Anschein der Systemtreue. Eine Ausnahme bildete sein Brief zur Konfirmation von Eberhard und Annele: Drei Monate vor dem Attentat und im Wissen um das damit verbundene Risiko war es ihm zu wichtig, den Kindern eine Botschaft fürs Leben mitzugeben, deren politische Brisanz sie damals mit Sicherheit noch nicht erfassen konnten.

Die insgesamt seltenen und wenigen Urlaubstage verstrichen schnell. Für die jüngeren Kinder blieb er ein Vater in der Ferne, den älteren schrieb er in den späten Abendstunden lange Briefe, bemüht, sie trotz räumlicher Distanz nah zu begleiten.

Eberhard nahm er als Ältesten in die Pflicht, die Mutter nach allen Kräften zu unterstützen, den Geschwistern ein Vorbild zu sein, nicht zu nörgeln und »seinen Mann zu stehen«. Er war fordernd, manchmal auch überfordernd in seinem Bemühen, aus der Ferne zu erziehen und meine Großmutter im familiären Alltagsstress zu entlasten. Andererseits war es für Eberhard auch stärkend, vom Vater ernst genommen zu werden, nicht nur als Ältester im Geschwisterkreis, sondern bei allen wichtigen Themen, die einen 15-Jährigen in Kriegszeiten beschäftigten. Der Vater ging auf seine Pläne ein, der Hitlerjugend beizutreten, auf seine Schulaufsätze und jugendlichen Berufsvorstellungen, fand Gefallen an seinem Interesse für Landwirtschaft, ermutigte ihn und zeigte Perspektiven auf.

»Ich will Dich nicht beeinflussen. Jeder ist schließlich seines eigenen Glückes Schmied. Ich will Dir nur einen Weg weisen, der mir für Deine Zukunft geeignet zu sein und Deiner Veranlagung und Deiner Neigung zu entsprechen scheint. Wenn man sich nämlich frühzeitig klar wird, worauf man im Leben hinaus will und sich schon in seiner Kindheit darauf einstellt und vorbereitet, dann hat man einen großen Vorsprung vor denen, die das nicht tun.

Vorläufig kommt es vor allem auf folgendes an:

1) dass Du der überlasteten Mutti eine möglichst große praktische Hilfe bist;

2) dass Du trotz des mangelhaften Schulbetriebs die Schule ernst nimmst, weil Du sonst die Lücken Deines Schulsacks zu empfindlich spüren wirst;

3) dass Du jede Gelegenheit ausnützt, Dein landwirtschaftliches und handwerkliches Können zu erweitern.

Du bist auf dem richtigen Wege und ich habe das feste Vertrauen, dass, wenn Du so weiter machst und weiter an Dir arbeitest, bestimmt etwas sehr Brauchbares aus Dir werden wird.«[3]

Mit der Übersiedelung nach Oberbayern im März 1943 entspann sich zwischen meiner Mutter und ihrem Vater eine Korrespondenz, die sie später als ihr ganz persönliches, geheimes väterliches Vermächtnis aufhob. Dem Umzug nach Krottenmühl war der schwere Bombenangriff auf Berlin vorangegangen, bei dem ihre engste Freundin Felicitas von Simson ums Leben kam. Meine Mutter verfiel in eine tiefe Traurigkeit, sie hatte von Schulweg und Hausaufgaben über den Reitunterricht bis hin zu den Terminen für die Zahnregulierung alles mit Felicitas geteilt, nicht nur in Berlin, sondern auch in Krottenmühl, denn auch Simsons hatten die Sommermonate am Simsee verbracht. Während sich ihre

Geschwister sehr fröhlich und schnell an den Winteralltag in dem ländlichen Paradies gewöhnten, blieb Annele zurückgezogen. Mein Großvater versuchte von Paris aus, sie zu trösten und gegen ihre depressive Stimmung anzuschreiben.

»*Mein geliebtes Annele!*
Meine Gedanken sind soviel bei Dir. Wie weh muß es Dir auf Schritt und Tritt in Krottenmühl ums Herz sein, wo in jedem Zimmer, auf jedem Fleck Erde die Erinnerungen an Felicitas Dich auf Schritt und Tritt umgeben, an jene noch so nahe glückliche Zeit, wo Ihr unbekümmert Seite an Seite, Bett an Bett lachtet, schwätztet und jede Minute des Tages miteinander teiltet. Und Du wirst Dich jeden Tag immer von neuem an den unfaßbaren, so schrecklich wehen Gedanken gewöhnen müssen, daß die schönen blauen Augen von Felicitas, ihr feines Gesicht, all das, was Dir an ihr lieb und teuer war, nicht mehr zu den Lebenden gehört, nicht mehr neben Dir steht, sondern für immer erloschen ist. […] Aber wenn eines Dich trösten und für alle Zukunft mit diesem schrecklichen Schicksal versöhnen muß, so das Gefühl, daß gerade Du es gewesen bist, die ihr durch Deine Freundschaft ihr Leben in den letzten vier Jahren verschönt hat. Sie ist aus einem Leben geschieden, in dem sie gerade durch Dich glücklich gewesen ist, und würde, wenn sie vom Himmel zu Dir sprechen könnte, jetzt sicher jeden Tag zu Dir sagen: ›Annele, komm. Sei *nicht so traurig: es ist zwar schrecklich, daß wir nicht mehr zusammen sein können. Aber es geht mir gut, ich bin von aller Erdenschwere erlöst, mit Vater und Mutter zusammen, habe keine Sorgen mehr. Ich habe zwar das Leben verloren, aber dafür den Himmel gewonnen. Und wenn ich an das Leben zurückdenke, dann fällst immer* Du *mir ein, weil es ohne Dich soviel ärmer für mich gewesen wäre. Also bitte, bitte Annele, sei nicht so traurig, ich weiß wie Du mich vermißt und wie schwer Du es hast. Aber es ging so schnell, daß ich eigentlich garnichts gespürt habe, und ich bin im Himmel genau die gleiche geblieben wie vorher auf der Erde, und begleite Dich in Gedanken auf allen Deinen Wegen.*«[4]

Meine Mutter nahm die Worte dankbar an. »Du tröstest mich in so lieber Weise, daß ich immer denke, daß ich nicht einen Brief lese, sondern mit Dir spreche.«[5] Doch die Schwermut blieb, bis hin zur Todessehnsucht.

»Lieber Vater, ich habe schon so oft darüber nachgedacht wie schön es sein müßte, ihr zu folgen. Auch bei Gott sein zu dürfen, rein und von allen Sünden und allem Leide dieser Erde befreit. Einmal hatte ich mit Mutti darüber gesprochen. Sie hielt mir Euer großes Leid vor. Liebster Vater! Ich glaube sicher, daß Ihr erst traurig wäret. Ich glaube aber auch bestimmt, daß Ihr mich im Himmel wüßtet, daß Ihr wüßtet, ich bin bei Gott und bei ihr.«[6]

Die Eltern nahmen die düsteren Stimmungen ihrer dreizehn Jahre alten Tochter sehr ernst. Doch meine Großmutter hatte neben den anderen vier Kindern und einem Haushalt, der in der ländlichen Einfachheit aus viel mühevoller Handarbeit bestand, kaum die nötige Zeit und Kraft, sich Anneles so anzunehmen, wie sie es gebraucht hätte. Einmal mehr spürte Cäsar schmerzlich, welche Last sie allein zu schultern hatte. »Es ist so bitter, Dir nur schreiben zu können, anstatt selber einzuspringen. Aber es ist nun einmal Krieg und bei unserer Trennung bleibt mir nichts anderes übrig, als – auf die Gefahr hin, Dir nichts Neues zu sagen oder sogar daneben zu greifen – wenigstens meine Gedanken auszusprechen und Dir zum mindesten dadurch zu helfen, daß Du fühlst, wie sehr mein Herz für Dich und unsere geliebten 5 schlägt!«[7]

Umso dankbarer war er, dass Annele sich ihm gegenüber öffnete. In nächtlichen Stunden füllte er Bogen um Bogen voller Anteilnahme, aber auch mit mahnenden Worten, sich nicht ganz im Schmerz zu verlieren, und er beendete die Briefe liebevoll: »Sei heiß und innig umarmt von Deinem Dich liebenden Vater.«

»Mein geliebtes Annele!
Heute nachmittag bekam ich Deinen lieben langen Brief vom 11., in dem Du mit so ergreifenden Gedanken Deinen Kummer und Deine Verzweiflung vor mir ausgebreitet hast. So sehr mir das Herz beim Lesen blutete, so dankbar bin ich doch als Vater, daß Du mich nicht – wo ich so weit weg bin und deshalb nicht mit Dir sprechen kann – vergißt und ausgeschaltet hälst, sondern in Stunden der Einsamkeit und des Übermanntseins das Bedürfnis hast, den Weg zu meinem Herzen zu finden. [...]

Nicht das ist das Entscheidende, daß wir Eltern tief gebeugt wären, wenn der liebe Gott Dich zu sich und zu Felicitas nehmen würde. Wir müßten unseren Schmerz und unser ewiges Vermissen tragen, wie soviele viele andere heute auch. Das Entscheidende und Furchtbare wäre, daß Du dem Leben viel zu früh entrissen wärest, daß Du das nicht mehr erfüllen könntest, wofür die Mutter Dich geboren und der liebe Gott Dir das Leben geschenkt hat.

Es ist ja nicht so, daß der Mensch nur für sich da ist. Er ist in erster Linie für andere da. Nicht darauf kommt es an, ob man hienieden froh oder traurig, ob man selber glücklich oder unglücklich ist, ob man lieber den Weg auf der Erde weitergeht oder sich zu Gott und in den Himmel sehnt, sondern allein darauf, daß man stark und tapfer sein Schicksal auf sich nimmt, daß man die Pflichten erfüllt, die einem das Leben stellt, daß man durch Leid sich selber läutert, nie verzagt und sich immer bewußt bleibt, daß der liebe Gott einen ja nicht zwecklos in dieses Leben hineingestellt hat. [...]

Nein, mein geliebtes Annele, das ist nicht der Sinn solcher schweren Schicksalsschläge, mit denen der Herrgott uns Überlebende oft so hart trifft und so tief beugt, daß wir innerlich verzweifeln, dem Leben den Rücken kehren und mit unseren Gedanken vor der Härte des uns umgebenden irdischen Lebens ins Jenseits flüchten. Gerade wir Überlebenden müssen es uns vielmehr zur heiligen Pflicht machen, stark zu bleiben, den Helm, wie der Soldat sagt, doppelt fest zu binden und das, was den Händen der Toten entglitten, viel zu früh entglitten ist, nunmehr selber zu übernehmen und in unserem Leben das doppelt zu erfüllen, was die anderen nicht mehr erfüllen können.[...]«[8]

Mit den aus Krieg und Soldatenleben entlehnten Bildern war schon mein Großvater aufgewachsen. Sie gehörten zu den Metaphern, die im Ersten Weltkrieg genutzt wurden, um die »Heimatfront« bei der Stange zu halten. Jeder hatte seine Aufgabe tapfer zu erfüllen, das Durchhalten zu Hause war nicht weniger wichtig als jenes an der Front. Es gab schon den Kindern das Gefühl, am Ganzen teilzuhaben. Das Wort »Team« gehörte noch nicht zum Wortschatz meines Großvaters, aber er beschrieb seine Familie immer wieder als eingeschworene Gemeinschaft.

»Unerschütterlich und unverändert geblieben ist aber – und das ist mein Trost und zugleich meine Hoffnung – der feste innere Zusammenhalt unserer Familie, unser durch Dick und Dünn Zusammenhalten, komme was mag. Und das ist – neben dem Vertrauen in Gott – das Wichtigste. Auf die inneren Werte, den inneren Reichtum, die Kraft der gegenseitigen Liebe kommt es an, nicht auf äußere Güter. Letztere kann man sich immer wieder aus ersteren erwerben, nicht aber umgekehrt.«[9]

Was für schwere Kriegszeiten galt, musste das nicht genauso für die noch viel härtere Zeit der Verfolgung gelten? Mein Großvater mutete seiner Frau und seinen Kindern viel zu, doch er sprach ihnen in seinen Briefen auch diesen Mut zu, das alles durchzustehen. Soweit es ihm möglich war, hatte er sie für diese Zeit gerüstet.

Bei seinem letzten Besuch in Krottenmühl im April 1944, kurz nach der Konfirmation von Eberhard und Annele, hatte er meiner Großmutter etwas mehr über die Planung von Attentat und Staatsstreich erzählt. Sie wusste nun, dass ein Anschlag auf Hitler geplant und Cäsar in Paris maßgeblich in die Vorbereitungen des Umsturzes eingebunden war.[10] Und sie ahnte, was es für sie bedeuten würde.

»Schnell noch einen zärtlichen, so heimweherigen Gutenachtgruß. Es ist alles noch so erfüllt in mir vom Gewesenen, so nah bist Du

mir, daß ich Dich körperlich noch fühle. Hier lagst Du noch vor ein paar Stunden neben mir, voll Zärtlichkeit und Abschiedsstimmung – wortlos – und soo fühlte ich diese Stimmung, die mich auch so durchflutete. Ein Abschied mit einer drückenden Ungewißheit der Zukunft – belastender als bisher – liegt hinter uns. Jeder von uns beiden hat es so stark empfunden und jeder von uns weiß, daß es nicht sicher ist, ob wir uns noch einmal sehen und fühlen werden. Ich glaube zwar so stark an unseren GUTEN STERN, allein es ist mir klarer denn je, daß – falls er uns auch in Zukunft erhalten bleibt – dies mehr als ein unerhörter Glücksfall ist.

Jeder von uns wird sich in naher Zukunft behaupten und verteidigen müssen; jeder so gut wie er kann, aber Du wirst mehr Glück dazu nötig haben als wir hier, da überall in Frankreich Gefahren lauern werden, nicht nur durch die Invasion! Heiß und innig werd' ich für Dich beten, mein Peter, und wenn es möglich wäre, daß unser aller Liebe Dich schützen könnte, so wird Dir gewiß nichts geschehen!

[...]

Mut ist nicht eine meiner hervorstechendsten Eigenschaften, noch weniger heldischer Mut. Aber ich verspreche Dir, daß ich alles tun werde, um den vielseitigen Anforderungen gewachsen zu sein, und meine Nerven nicht zu verlieren. Der Selbsterhaltungstrieb wird dabei die stärkste Waffe sein.«[11]

Am 30. Juli wurden meine Großmutter und ihre beiden ältesten Kinder Eberhard und Annele von der Gestapo abgeholt. Sie kamen nach München in das Polizeigefängnis in der Ettstraße, während die drei Jüngeren – die zwölfjährige Christa, der neunjährige Alfred und die sechsjährige Liselotte – zunächst in der Obhut einer Schwester der Nationalsozialistischen Volkswohlfahrt (NSV) blieben. Diese trug braune Tracht und wurde von den Kindern deswegen nur »braune Schwester« genannt, bemächtigte sich in erster Linie der Lebensmittelvorräte und überließ die Kleinen der sehr viel liebevolleren Fürsorge von Nadja, dem Mädchen aus der Ukraine, sowie von Nachbarn und Freunden. Vier Wochen später mussten auch Christa, Alfred und Liselotte ihre Köfferchen packen und wurden am 27. August völlig übernächtigt nach langer Zugreise von der Gestapo in Bad Sachsa im Harz in einem NSV-Kinderheim abgeliefert. Auch Cäsars Mutter und Schwester in Tübingen blieben nicht verschont und kamen für mehrere Monate ins Gefängnis.

Die Ungewissheit lastete am schwersten auf meiner Großmutter. Sie hatte keinerlei Nachricht von ihrem Mann, keine Ahnung, ob er verhaftet oder womöglich untergetaucht war und was die Gestapo über ihn wusste. Galt er lediglich als entfernter Mitläufer, verdächtig in erster Linie durch seine Verwandtschaft zu Stauffenberg? Oder stand er im Fokus der Ermittlungen, als treibende Kraft des Putschversuchs und Verbindungsmann zwischen Paris und Berlin? Und sie selbst? Was, wenn die Briefe doch noch gefunden wurden, die sie nicht verbrannt hatte? Reichten sie aus, um sie der Mitwisserschaft anzuklagen? Vor allem der letzte aus dem Schlafwagen, von dem sie sich nicht hatte trennen können?

Seit der Invasion der Alliierten in der Normandie hatten sich Cäsars Schilderungen nahezu ausschließlich um die Lage an der Front gedreht, unverfängliche Berichte eines Patrioten, der mit den deutschen Soldaten bangte und litt, mit kurzen persönlichen, so liebevollen und sehnsüchtigen Schlussworten, die ihr mehr bedeuteten als der ganze Rest. Nur ganz selten spielte er auf die Zukunft an: »Frage ist nur, wieviel vom deutschen Volk und vom deutschen Reich die kommenden Stürme, bevor jenes rettende Ufer einer neuen Zeit erreicht sein wird, überstehen wird. Die Entscheidung hierüber wird nicht mehr lange auf sich warten lassen. Wir müssen in sie – komme was kommen mag – nicht kleinmütig, sondern mit starkem Herzen hineingehen.«[12]

Waren solche Worte in den Augen der Gestapo wirklich belanglos? Was war mit ihren eigenen Briefen, die sicher bei Cäsar entdeckt worden waren? Ihre Frage nach seiner Reise nach B. kurz vor dem 20. Juli? In welche Widersprüche könnte sie sich bei einer Vernehmung verstricken?

Immer wieder ging sie in ihrer Zelle mit Eberhard und Annele mögliche Fragen und Antworten durch. Das Verhör ließ auf sich warten. Inzwischen drangen bruchstückhafte Nachrichten über die ersten Prozesse vor dem Volksgerichtshof mit ausnahmslosen Todesurteilen auch durch die dicken Mauern des Münchner Gefängnisses. Meine Mutter hielt nach der Befreiung im Mai 1945 tagebuchartig ihre Erinnerung an ihre Haftzeit fest.

»Mutti schrieb mehrere Gesuche an die Ge-Sta-Po, mit der Bitte, sie doch zu verhören, um wenigstens den genauen Haftgrund zu erfahren. Es geschah jedoch nichts. Es verliefen die Tage weiter öde und trübsinnig. Unsere Behandlung war freundlich. Wir bekamen auch jeden Tag eine Zeitung, sodaß wir die schaurigen Verhandlungen des Volksgerichtshofs verfolgen konnten. Mehrere Male ließen wir den Oberinspektor kommen, welcher sehr nett war, aber auch nichts für uns tun konnte.«[13]

Das Gefängnispersonal war eher an den Umgang mit Kriminellen gewöhnt und bemüht, der Mutter mit ihren beiden halbwüchsigen Kindern das Eingesperrtsein durch kleine Privilegien, wie Spaziergänge auf dem Flur mit Blick auf die Türme der Frauenkirche, etwas erträglicher zu machen. Selbst der Gestapobeamte, der meine Großmutter schließlich am 18. August verhörte, unternahm keine Anstalten, sie durch Fangfragen zu verwirren, und wollte nichts wissen, was sie hätte belasten können. Doch gleichzeitig bestätigte er ihre schlimmsten Befürchtungen: Cäsar war in Berlin inhaftiert, und es gab wenig Hoffnung für ihn.

So furchtbar diese Nachricht auch war, sie traf meine Großmutter nicht völlig unvorbereitet. Peter Yorck, Fritzi Schulenburg und Berthold Stauffenberg gehörten zu den Opfern der ersten Prozesse, über die mit Häme in der Zeitung berichtet worden war. Wie sollte da der Kelch an Cäsar vorübergehen? Die Perfidie der Sippenhaft entzog sich jedoch ihrer Vorstellung. Immer noch meinte sie, ihre Verhaftung müsse einen zu rechtfertigenden Grund haben. Jetzt, da auch sie verhört worden war und offensichtlich weder als belastet noch als aufschlussreiche Informantin galt, rechnete sie damit, bald mit ihren beiden Großen wieder entlassen zu werden.

Doch ein Tag reihte sich an den anderen, ohne Ziel und ohne Erklärung für die Haft. Zu der Sorge um die zurückgelassenen Kinder kam die Angst vor den Luftangriffen der Alliierten auf die Münchner Innenstadt. Ein Seitenflügel des Gefängnisses wurde getroffen, vor allem Annele reagierte mit Panik auf jeden Alarm. Um ihrer hilflosen Ohnmacht etwas entgegenzusetzen, kam meine Großmutter auf den Gedanken, sich »öffentlich« scheinbar von ihrem Mann loszusagen – ein Akt der Verzweiflung, der sich meiner Mutter tief eingeprägt hat.

»In dieser Not kam Mutter auf die Idee, ihm [dem Vater] einen Brief zu schreiben, in dem sie ihn mit bittersten Vorwürfen wegen seiner Beteiligung am Attentat anklagte und sich in harten Worten von ihm lossagte. ›Wie konntest Du nur Deine Hand gegen unseren geliebten Führer erheben?‹ stand da drin und daß er dadurch sie selbst und uns Kinder, sowie auch seine alte Mutter ins Elend gestürzt habe. Es war ein schlimmer Brief, der freilich nur für die Gestapozensur gedacht war. Sie hoffte, dadurch unsere Freilassung zu erwirken, und war gleichzeitig überzeugt davon, daß Vater genau das richtig verstehen würde.

Als sie uns den Brief vorgelesen hatte, war ich wie gelähmt vor Schreck. ›Du darfst ihn auf keinen Fall abschicken, denn sie würden ihn Vater bestimmt aushändigen, um ihn zu quälen.‹ Ich weiß nicht mehr genau, was wir alles noch hin- und hergeredet haben, aber am Schluß war Mutter vollkommen erlöst: ›Ihr wollt also wirklich nicht, daß ich ihn abschicke?‹ Sie zerriß ihn in kleine Schnipsel und warf sie ins Klo. Dann schrieb sie einen anderen, einen echten Abschiedsbrief an Vater, dessen Worte mir unvergeßlich in die Seele eingraviert blieben:

›Mein Geliebter! Über Raum und Zeit hinweg reiche ich Dir beide Hände und danke Dir und denke Dein Tag und Nacht. Mache Dir keine Sorgen um mich und die Kinder, es geht uns gut.‹ Keiner weiß, ob Vater diesen Brief je bekommen hat, wahrscheinlich nicht. Aber es blieben die letzten schriftlichen Zeilen, die Mutter an ihn schrieb.«[14]

13
Der Prozess

Einen Tag nach dem Attentat auf Hitler, am 21. Juli 1944, wurde im Reichssicherheitshauptamt die »Sonderkommission 20. Juli« gegründet, der rund 400 Mitarbeiter angehörten. Hitler hatte genaue Vorstellungen davon, wie weiterhin zu verfahren sei: Er forderte ein schnelles Durchgreifen gegen die »kleine, reaktionäre Verräterclique«, einen Schauprozess, der ihre verbrecherische Niedertracht bloßstellen sollte, und einen unmittelbar darauffolgenden ehrlosen Tod durch den Strang – das Ganze gefilmt und von der gelenkten Presse der Öffentlichkeit als abschreckendes Spektakel dargeboten. Im Präsidenten des Volksgerichtshofs Roland Freisler, einem der 15 Teilnehmer der Wannseekonferenz und gewissenlosesten Verteidiger des NS-Unrechts, fand er einen willigen Vollstrecker, der die zahlreichen Prozesse zur Selbstinszenierung nutzte, bis er am 3. Februar 1945 bei einem Luftangriff von einem Balken erschlagen wurde.

Alle am Staatsstreich beteiligten Wehrmachtsangehörigen unterstanden laut Gesetz dem Reichskriegsgericht, das sich zu einem systemkonformen NS-Terrorinstrument entwickelt hatte. Doch Hitler wollte den Offizieren die letzte soldatische Würde nehmen und sie als ehrlose »Verbrecher« der Volksjustiz überstellen. Der Rechtsbruch gehörte zwar zur Normalität im nationalsozialistischen Regime, aber auch der Versuch, die Willkür mit einem Schein von Legitimität zu ummanteln. So beschlossen Hitler, Himmler und Keitel bei ihrer Besprechung am 30. Juli in der Wolfsschanze, einen sogenannten Ehrenhof des Heeres einzurichten, der die am Putsch beteiligten Offiziere aus der Wehrmacht ausstoßen sollte. Diesem Gremium gehörten ausschließlich Feldmarschälle und Generale an, Vasallen Hitlers, obwohl sie längst nicht mehr alle an den Endsieg glaubten.

Den Vorsitz übernahm Generaloberst Gerd von Rundstedt, vor weniger als einem Monat noch Oberbefehlshaber West und aufgrund des raschen Vormarsches der Alliierten in der Normandie und wegen Kritik an Hitlers Führungsstil seines Amtes enthoben. »Was Ihr machen sollt? Schluss sollt Ihr machen mit dem Krieg, Ihr Idioten!«,[1] hatte er kurz zuvor aufgebracht Keitel als Chef des Oberkommandos der Wehrmacht entgegnet. Jetzt versuchte er offensichtlich, die Gunst des »Führers« zurückzugewinnen, und übergab als eine der ersten Entscheidungen des Ehrenhofs seinen Vorgänger als Oberbefehlshaber West, Generalfeldmarschall Erwin von Witzleben, der Volksjustiz. Da mein Großvater als Flieger nicht in die Zuständigkeit des Ehrenhofs fiel, unterzeichnete der Oberbefehlshaber der Luftwaffe, Hermann Göring, persönlich folgendes formlose Schreiben:

Hauptquartier, den 11. August 1944

»Der Reichsmarschall
des Großdeutschen Reiches
An den
Oberstleutnant (d.R.) Cäsar von H o f a c k e r
Wegen Ihrer nach Ihrem Geständnis erwiesenen
Beteiligung an dem auf den Führer am 20.7.1944
verübten Attentat
s t o ß e
ich Sie mit Wirkung vom 11.8.1944 aus der
Luftwaffe
a u s .«[2]

Damit war dem Recht genüge getan, und Freisler bekam Zugriff auf alle Beteiligten.

Der Sonderkommission 20. Juli gelang es recht schnell, den engeren Kreis der Verschwörer auszumachen und festzunehmen. Ähnlich wie mein Großvater nutzten viele die Vernehmungen, um die Beweggründe ihres Handelns zu erläutern und gleichzeitig ihre vernichtende Kritik am NS-Regime in aller Deutlichkeit darzulegen. Sie konnten nicht wissen, dass manche ihrer Äußerungen durch die nach dem Chef des Reichssicherheitshauptamts benannten Kaltenbrunner-Berichte direkt zu Hitler gelangten.

Auf ausgesprochen infame Weise verdrehte der Leiter der Auswertungsstelle der Sonderkommission 20. Juli, SS-Obersturmbannführer Georg Kießel, nach dem Krieg im Internierungslager die Intention dieser Berichte. Die Aussagen, die für die Verschwörer das sichere Todesurteil bedeuteten, seien angeblich von Kaltenbrunner an Hitler weitergegeben worden, um auf »Mißstände im Reich« aufmerksam zu machen. Die wahren Motive so vieler Männer »von hervorragenden beruflichen und charakterlichen Qualitäten« sollten einen »Schock« hervorrufen und Hitler, der diese Berichte geradezu verschlungen habe, zu »zwingenden Änderungen« veranlassen.[3]

Kießel wurde im März 1947 wegen in Jugoslawien begangener Verbrechen zum Tode verurteilt und 1950 in Belgrad hingerichtet. Seine Äußerungen bedienen das wissenschaftlich nicht haltbare Narrativ, Himmler und Teile der SS hätten von der Verschwörung des 20. Juli gewusst und sie in stillem Einvernehmen toleriert. Himmler gehörte stattdessen gerade zu den großen Profiteuren des missglückten Staatsstreichs, konnte er doch seine Macht hiernach auf Kosten der Wehrmacht deutlich ausweiten. Die Kaltenbrunner-Berichte wollten keineswegs den Eindruck erwecken, dass hier »Männer von hervorragenden beruflichen und charakterlichen Qualitäten« vernommen wurden, sondern eher den von frustrierten Ehrgeizlingen, die – anstatt ihr Leben im deutschen Schicksalskampf zu riskieren – auf künftige Posten spekulierten. Doch auch die von Stauffenberg, Beck und Goerdeler so sorgfältig vorbereitete Regierungserklärung und die Aufrufe an die Bevölkerung wurden abgeschrieben und weitergegeben. Neben all den tendenziösen Bemerkungen und Schmähungen sind Gedanken und Überzeugungen aus dem Widerstand ausgerechnet durch die Kaltenbrunner-Berichte der Nachwelt erhalten geblieben. Das allerdings war sicherlich nicht die Intention der SS-Behörde: Sie sammelte Belastungsmaterial für ihre Ermittlungen und forderte deshalb zu umfangreichen Darlegungen auf. So schrieb Carl Goerdeler in aller Ausführlichkeit seine Beweggründe auf.

Auch Fritz-Dietlof von der Schulenburg sollte sich schriftlich »rechtfertigen« – und er nahm kein Blatt vor den Mund. Als junger Verwaltungsjurist, der schon 1932 in die NSDAP eingetreten war, hatte er sein Herzblut und seine Schaffenskraft einer nationalsozialistischen Zukunft widmen wollen. Als Regierungsrat und Landrat in Ostpreußen und schließlich stellvertretender Polizeipräsident von Berlin hatte er im NS-System Karriere gemacht, war einerseits darin verstrickt und andererseits angeeckt und hatte sich noch vor dem Krieg ernüchtert von der NS-Diktatur abgewandt. In der Gestapohaft machte er keinen Hehl aus seiner Verachtung für ein System, »dem der uneingeschränkte Machttrieb der einzige Maßstab seines Handelns war«. In den Berichten an Hitler finden sich immer wieder Aussagen von Schulenburg, auch noch Wochen nach seiner Hinrichtung.

»Anfangs suchte ich noch nach Möglichkeiten, dies Übel im Wege der Reform zu heilen. Allmählich aber kam ich zu der Erkenntnis: Eine Reform hilft nicht mehr, da alles ineinander verkettet ist und in Grundtatsachen beruht, die mit dem Charakter des Systems unwandelbar verbunden sind.« Als charakteristisch für das System nannte er Korruption und »die Abkehr einer ganzen Führerschicht von den Grundsätzen der Einfachheit und Schlichtheit, die sie in der Kampfzeit gepredigt hat«. Auch den alle Verschwörer einenden Leitgedanken sandte Schulenburg mittels SS-Rapport direkt ins Führerhauptquartier: »Als Grundlage für die Ordnung wollen wir wieder heiliges, unverbrüchliches Recht schaffen.«[4]

Der erste Prozesstag wurde auf den 8. August, keine drei

Wochen nach dem Attentat, festgelegt und von Propagandaminister Joseph Goebbels persönlich minutiös vorbereitet.

»Zum Volksgerichtshof, der am Montag tagt, werde ich eine Reihe von erstklassigen Journalisten entsenden, die darüber einen großartigen Bericht für die Öffentlichkeit schreiben sollen. Ich selbst werde Freisler noch am Sonnabend vorher empfangen und werde ihn bestandpunkten, wie der Prozess vor sich zu gehen habe. Es werden keine langatmigen Verteidigungsreden und Debatten geduldet; die Angeklagten haben nicht die Möglichkeit, ein albernes Friedensgerede von sich zu geben; sie haben sich nur zur Sache selbst zu äußern.«[5]

Doch Hitlers und Goebbels Plan ging nicht auf. Auch wenn die Angeklagten in schäbiger Zivilkleidung ohne Schlips, Gürtel oder Hosenträger, in Handfesseln und gezeichnet von der Haft ihrem Richter gegenüberstanden, boten sie keinesfalls das Bild kläglicher Verräter, das der Öffentlichkeit präsentiert werden sollte. Dabei stimmte die von versteckten Kameras festgehaltene Kulisse: Der große Saal des Kammergerichtsgebäudes war mit einer Hitler-Büste und Hakenkreuzfahnen dekoriert, und Freislers Rhetorik ließ nichts an theatralischer Dramatik und lautstarken Schmähungen vermissen. Jede Einwendung der Angeklagten unterbrach und überschrie er in sarkastischer Verdrehung der Tatsachen. Die Anwesenheit von Pflichtverteidigern, die erst kurz vor der Verhandlung Einsicht in die Anklageschriften bekommen hatten, blieb eine reine Farce, das Urteil stand von vornherein fest.

Und doch ließ sich ein Feldmarschall von Witzleben nicht einschüchtern, sondern entgegnete Freisler: »Sie können uns dem Henker überantworten; in drei Monaten zieht das empörte und gequälte Volk Sie zur Rechenschaft und schleift Sie bei lebendigem Leibe durch den Kot der Straßen.«[6] Auch Schulenburg zeigte in der Hauptverhandlung eine überlegene, beinahe distanzierte Selbstsicherheit. Er wisse, dass er für seine Tat gehängt werde, bereue nichts und hoffe, dass sie ein anderer unter glücklicheren Umständen vollenden werde. Als Freisler, der ihn permanent als Verbrecher oder Schurke titulierte, einmal aus Versehen Graf

Schulenburg sagte, verbesserte ihn dieser sofort mit einer leichten ironischen Verbeugung: »Schurke Schulenburg, bitte.«[7]

Solche Szenen dienten nicht der gewünschten Diskreditierung und Abschreckung und wurden von der gleichgeschalteten Presse auch nicht verbreitet. Während Kießel aus dem Internierungslager beteuerte, dass die propagandistische Schilderung des Prozessverlaufs in der Bevölkerung lähmendes Entsetzen über die Verhandlungsführung hervorgerufen habe und nicht wie erwartet Empörung gegen die Putschisten, kam ein Bericht aus dem Reichssicherheitshauptamt vom 20. August 1944 zu einem anderen Ergebnis. Freislers Vorgehen habe einen starken Eindruck hinterlassen, die Bevölkerung sei überzeugt, dass »ein Gelingen des Putsches ein unbeschreibliches Unheil über Deutschland gebracht hätte [...] und nur der Führer in der Lage ist, die schwierige Situation zu meistern und alle Fäden sicher in der Hand zu behalten«[8]. Allerdings, so räumte auch der Verfasser dieses Berichts ein, werde in »Kreisen der Intelligenz und der Rechtswahrer« der Vergleich mit sowjetischen Schauprozessen gezogen und die »billige Art« des Vorsitzenden kritisiert, der die Angeklagten beschimpft und lächerlich gemacht habe. Das entspreche nicht der Würde des höchsten deutschen Gerichtshofs. Der aus mehreren Verhandlungen zusammengeschnittene Propagandafilm *Verräter vor dem Volksgerichtshof* wurde am Ende aus Sorge vor Kritik an der Prozessführung der Öffentlichkeit vorenthalten.

Auch die dank der 400 ermittelnden Beamten der Sonderkommission stetig wachsende Anzahl an verhafteten Mitverschwörern passte nicht in Hitlers Bild der »ganz kleinen Clique ehrgeiziger, gewissenloser und zugleich unvernünftiger, verbrecherisch-dummer Offiziere«. Keineswegs handelte es sich dabei ausschließlich um Wehrmachtsangehörige, die Verbindungen reichten in alle gesellschaftlichen Kreise: zu Gewerkschaftern, Sozialdemokraten und Konservativen, in die katholische und evangelische Kirche, in die Verwaltung und ins Bildungsbürgertum. Hitler hatte kein Interesse daran, den Anschlag gegen ihn und seine Politik zum Dauerbrenner in den Zeitungen werden zu lassen. Nach den ersten Prozessen wurden die weiteren

Verhandlungen ab Mitte/Ende August unter Ausschluss der Öffentlichkeit und ohne anschließende mediale Verbreitung geführt. Die Hauptverhandlung gegen meinen Großvater am 29. August 1944 fand schon nicht mehr im großen Saal, sondern in einem kleineren Nebenraum des Kammergerichts statt.

Hofacker war am 29. Juli zusammen mit Finckh und Linstow in Zivilkleidung von Paris nach Berlin überführt worden. Am 30. Juli, einem Sonntagmorgen, kamen sie am Potsdamer Bahnhof an – es war der Tag, an dem meine Großmutter zusammen mit ihren beiden ältesten Kindern in Krottenmühl verhaftet wurde.

Mein Großvater gab in den nun folgenden Verhören im Gestapogefängnis in der Prinz-Albrecht-Straße 8 offensichtlich wie schon in Paris unverhohlen Auskunft über seine Rolle und Motivation und vermied es zugleich, Namen von Pariser Mitverschwörern zu nennen, außer von denjenigen, die nicht mehr zu retten waren, wie General Stülpnagel.[9]

Die an Hitler weitergeleiteten Berichte zeichneten das Bild eines »fanatischen Defaitisten«, der sich in »selbstzerfleischenden Erörterungen«[10] über die deutsche Frankreichpolitik ausließ, einen völligen »Systemwechsel unter Beseitigung des Führers«[11] anstrebte, nicht »Mitläufer, sondern Mittäter«[12] sein wollte und zum Staatsstreich antrieb. Die Gestapo gewann den Eindruck, mit meinem Großvater »eine der wesentlichen Figuren«[13] für die Vorbereitung des Anschlags und den »Kopf der am 20. Juli in Paris abgelaufenen Putschmaßnahmen«[14] festgesetzt zu haben. Der verantwortliche SS-Obersturmbannführer stellte abschließend in seinem Schlussbericht noch einmal klar: »Hofacker hat in diesem Krieg praktisch niemals an Kampfhandlungen teilgenommen. Seit 1940 befindet er sich in Paris. Dem schlechten Einfluß des dort im allgemeinen herrschenden Wohllebens ist er offensichtlich durch die Länge der Zeit erlegen.«[15]

Genau in diese Kerbe stieß auch Freisler, als er im Prozess am 30. August 1944 das Urteil verkündete:

»Karl Heinrich von S t ü l p n a g e l , mit der Aufgabe des Militärbefehlshabers in Frankreich betraut, und Cäsar von H o f -
a c k e r , eine charakterlose Etappenkreatur, verrieten eidbrüchig - ehrlos,
- statt mannhaft wie das ganze deutsche Volk, dem Führer folgend, den Sieg zu erkämpfen -
so wie noch niemand in unserer Geschichte das Opfer unserer Krieger, Volk, Führer und Reich. Den Meuchelmord an unserem Führer setzten sie ins Werk.«[16]

Die Hauptverhandlung hatte einen Tag vorher begonnen. Neben meinem Großvater und dem völlig erblindeten »früheren« General von Stülpnagel – auch er hatte wie alle anderen Heeresoffiziere durch den »Ehrenhof« seinen militärischen Status eingebüßt – standen die Obersten Finckh und von Linstow vor dem Volksgerichtshof sowie zwei weitere am Umsturzversuch beteiligte junge Offiziere, die jedoch nicht in das direkte Pariser Umfeld gehörten.

Die Verhandlung fand unter Ausschluss der Öffentlichkeit statt, lediglich einige Vertreter von Ministerien waren zugelassen. Filmaufnahmen des Prozesses – falls es sie gab – liegen heute nicht mehr vor, doch ein Foto zeigt meinen Großvater etwas unscharf im Profil auf der Anklagebank, links und rechts eingerahmt von Polizisten. »Der Präsident des Volksgerichtshofes, Dr. Freisler, leitete die Hauptverhandlung wie immer recht geschickt«, stellte der Parteigenosse Dr. Friedrich aus der Berliner Parteikanzlei fest, der aufgrund der »besonderen Bedeutung« des Prozesses es sich nicht nehmen ließ, dabei zu sein und persönlich seinem Chef, Hitlers Privatsekretär Reichsleiter Martin Bormann, unmittelbar im Anschluss zu berichten.[17] Die mit Datum versehene handschriftliche Bemerkung »dem Führer vorgelegt« am Rande der »Geheimen Reichssache« bezeugt, dass sie auch Hitler noch am gleichen Abend gezeigt wurde. Das Urteil sollte zwar erst am nächsten Morgen verkündet werden, doch da es

»zweifellos bei sämtlichen Angeklagten auf Todesstrafe lauten wird, gebe ich schon jetzt Ihnen, Herr Reichsleiter, einen Bericht über die Verhandlung.«[18]

Weit davon entfernt, eine unvoreingenommene Schilderung wiederzugeben, wirkt der SS-Rapport im Vergleich zu Freislers Ergüssen dennoch geradezu sachlich. Stichpunktartig fasst er die Vita meines Großvaters zusammen, um ihn dann folgendermaßen zu charakterisieren: »Vetter von Stauffenberg. Grosse Erscheinung, überlegter ruhiger Mensch, jedoch Typ des Umstürzlers aus Überlegung, typischer Intellektueller, geistiger Repräsentant der Reaktion. [...] Kein blosser Mitläufer, sondern treibende Kraft.« Was immer der Parteigenosse unter »recht geschickter« Verhandlungsführung verstand – keiner der Beschuldigten machte den Versuch, die Vorwürfe abzustreiten, geschweige denn, dass die Pflichtverteidiger sich für sie eingesetzt hätten – Freisler blieb sich selbst treu: Er verhöhnte, schrie, geiferte und fiel den Angeklagten ins Wort. Mein Großvater ließ das nicht zu. Als Freisler ihm das Schlusswort abschneiden wollte, wies er ihn zurecht: »Sie sollen jetzt schweigen, Herr Präsident, denn jetzt geht es um meinen Kopf, in einem Jahr aber um den Ihren!«[19]

Dieser Satz wurde überliefert – nicht jedoch von den Protokollanten festgehalten. Er passte ebenso wenig in das gewünschte Bild des jämmerlichen Feiglings wie zuvor Schulenburgs Auftreten und auch nicht in Freislers schwülstige Ausführungen über die »Verräter an allem, wofür wir leben und kämpfen« im Allgemeinen und über Hofacker, »eine jener Etappenkreaturen ohne Charakter«, im Besonderen. Vielleicht zeigte aber doch die auffallend häufige Wiederholung gerade dieser Schmähung, dass Cäsar von Hofacker ins Ziel getroffen hatte. Denn mein Großvater provozierte Freisler wiederholt. Weder der Präsident des Volksgerichtshofs noch der SS-Berichterstatter konnte einfach darüber hinweggehen: »Zum Schluss stellte Hofacker die ungeheuerliche Behauptung auf, er habe am 20. Juli mit dem gleichen Recht gehandelt, wie der Führer am 9. November 1923«, schrieb der Parteigenosse Friedrich und fügte seiner Darstellung lediglich hinzu: »Keinerlei Gefühl für seine Verräterstellung.«

Freisler hingegen sah wieder einmal den Beweis dafür, »wie ihn der Etappengeist zermürbt habe«, und heulte buchstäblich auf: »Seine Tat sei mit der vom 9. November 1923 zu vergleichen! Die Tat des Mordes am eigenen Volk mit dem ersten Fanal des Wiederaufstiegs unseres Volkes aus Knechtschaft und Untergang!«[20] Hitlers gescheiterter Putschversuch in München, seit 1939 ein offizieller »Gedenktag für die Bewegung«, wurde von den Nazis geradezu mystisch verklärt. Abschließend konstatierte Freisler:

»Beide, von Hofacker und von Stülpnagel stehen also in einer Linie mit den Verrätern des 20. Juli, die schon gerichtet sind: etwa mit Klaus Graf von Stauffenberg [sic!], von Witzleben und Olbricht. Sie sind des Verrats schuldig, unser Volk und unser Reich nach Meuchelmord an unserem Führer den Feinden auszuliefern und es innenpolitisch ebenso seiner Freiheit zu berauben; genauso wie die anderen bereits Gerichteten.«[21]

Leicht abgeschwächt lautete der Vorwurf gegen Finckh und von Linstow, die vom »Verrat der Verschwörerbande« wussten, nichts dagegen unternommen, sondern sich daran beteiligt zu haben. Für ein Todesurteil reichte auch dieser Vorwurf allemal, denn sie standen, »was den Verrat anlangt, in einer Linie miteinander und mit denjenigen, die als Komplottanten des 20. Juli schon gerichtet sind«. Auch früher vollbrachte Leistungen könnten daran nichts ändern. Denn, so Freislers dramatischer Schlusssatz: »Verrat zermürbt die Persönlichkeit zu nichts; er löscht damit zusammen daher alle früheren Leistungen ein für alle Mal aus.«[22]

Wie von Hitler gefordert, wurden Stülpnagel, Finckh und Linstow noch am Tag der Urteilsverkündung dem Henker übergeben und im Hinrichtungsraum des Strafgefängnisses Berlin-Plötzensee ermordet. Im Gegensatz zu den meisten anderen Beteiligten am Umsturzversuch hatte Hans-Otfried von Linstow sich nicht in monatelangem Wissen auf den Staatsstreich und seine Konsequenzen innerlich vorbereiten können, sondern hatte nur kurze Zeit das Gefühl der »gemeinsamen politischen Verschworenheit« erlebt, das für meinen Großvater so wichtig war.[23] Linstow war erst im späten Frühjahr nach Paris gekommen. Als Chef des Kommandostabs beim Militärbefehlshaber besetzte er eine Schlüsselfunktion für die Verschwörung, wurde jedoch aufgrund seines Herzleidens zunächst geschont und erst kurz vor dem 20. Juli eingeweiht. Doch Stülpnagel vertraute seinem neuen Stabschef, der dann auch alle Befehle für das Festsetzen von SS und Sicherheitsdienst weitergab.

Linstow hielt die Stellung, als der General mit Hofacker abends in La Roche-Guyon bei Feldmarschall von Kluge war, auch nachdem sich das Scheitern des Umsturzes in Berlin immer deutlicher abzeichnete. Er geriet nach dem 20. Juli schnell ins Visier der Gestapo. Sein eigenes Mitwirken konnte er nicht verbergen, doch die Namen der Pariser Mitverschwörer gab er nicht preis. Seine Frau Ingeborg brachte am Tag seiner Hinrichtung eine Tochter zur Welt – der Vater erfuhr es nicht mehr.

14
Abkehr von der Diktatur

»Wenn durch die Hilfsmittel der Regierungsgewalt ein Volkstum dem Untergang entgegengeführt wird, dann ist Rebellion eines jeden Angehörigen eines solchen Volkes nicht nur Recht, sondern Pflicht. Menschenrecht bricht Staatsrecht!«[1]

Was sich als Auszug einer Erklärung von Beck, Stauffenberg oder Goerdeler liest, ist eine Passage aus *Mein Kampf* und eine nachträgliche Rechtfertigung Hitlers für seinen Putschversuch vom 9. November 1923. Mein Großvater hatte den Angriff der nationalsozialistischen Bewegung auf die junge Demokratie in seiner kämpferischen Studentenzeit und auch noch später befürwortet. Doch wie stand er dazu im Juli 1944?

Seine Provokation vor dem Volksgerichtshof deutet auf eine nach wie vor ablehnende Haltung gegenüber der Weimarer Republik hin, auch wenn man im Kontext eines Scheinprozesses vor Freisler sicher vorsichtig mit kategorischen Interpretationen sein muss. Doch was hieß der Satz, er habe mit dem gleichen Recht gehandelt wie Hitler 1923, im Umkehrschluss anderes, als dass Hitlers Marsch auf die Feldherrnhalle damals genauso berechtigt gewesen war wie das Attentat vom 20. Juli 1944 heute? So bedingungslos er sich auch dem Widerstand gegen die NS-Gewaltherrschaft verschrieben hatte, stellt sich doch die Frage, ob und inwieweit sich die politischen Ansichten meines Großvaters durch die Erfahrung von Machtmissbrauch und Diktatur gewandelt haben.

Niemand in der so heterogenen Gruppe der Widerstandskämpfer sah in der Weimarer Republik eine Blaupause für einen

Staat nach Hitler. Im Gegenteil: Was die Männer und Frauen einte, war neben dem Willen, das verhasste Regime zu stürzen und einen Rechtsstaat einzurichten, die Überzeugung, besser nicht an das vormalige System anzuknüpfen.[2] Die erste deutsche Demokratie galt als gescheitert – und wurde selbst später, bei der Gründung der Bundesrepublik Deutschland, in vielen Punkten als Negativbeispiel betrachtet.[3]

Die konservativen Widerstandskreise standen einer pluralistischen Parteiendemokratie skeptisch bis ablehnend gegenüber. Der alte Vorwurf, dass Parteien lediglich die Interessen ihrer Klientel, nicht aber die des gesamten Staates vertreten und das Volk bis ins kleinste Dorf entzweien würden, blieb vorhanden, genauso wie das Ideal einer im Sinne des Gemeinwohls handelnden starken Führung. Selbst Sozialdemokraten wie Julius Leber oder Carlo Mierendorff äußerten sich kritisch über die Herrschaft der Parteibürokratien. Angesichts der unterschiedlichen Vorstellungen war es naheliegend, die Frage der künftigen Staatsform auf Friedenszeiten zu vertagen und sich auf das Entscheidende zu einigen: die Beseitigung der nationalsozialistischen Schreckens- und Gewaltherrschaft, die Etablierung eines Rechtsstaats mit einer Übergangsregierung und politisch unabhängiger gewerkschaftlicher Organisation der Arbeitnehmer, die Beendigung des Krieges und die Einbindung Deutschlands in eine europäische Friedensordnung. Der nach Gestapounterlagen rekonstruierte Entwurf einer Regierungserklärung von Ludwig Beck und Carl Friedrich Goerdeler blieb somit ein Ausdruck ihrer Haltung mit klaren rechtsstaatlichen, gesellschaftlichen und wirtschaftlichen Vorstellungen für eine Nachkriegsordnung, aber ohne konkretes politisches Programm. Jeder Gedanke, jede Zeile zeugt von einer klaren Abgrenzung zum NS-Regime.

»Erste Aufgabe ist die Wiederherstellung der vollkommenen Majestät des Rechts. Die Regierung selbst muss darauf bedacht sein, jede Willkür zu vermeiden, sie muss sich daher einer geordneten Kontrolle durch das Volk unterstellen. […]

Zur Sicherung des Rechts und des Anstandes gehört die anständige Behandlung aller Menschen. Die Judenverfolgung, die sich in den unmenschlichsten und unbarmherzigsten, tief beschämenden und gar nicht wieder gut zu machenden Formen vollzogen hat, ist sofort eingestellt. Wer geglaubt hat, sich an jüdischem Vermögen bereichern zu können, wird erfahren, dass es eine Schande für jeden Deutschen ist, nach einem unredlichen Besitz zu streben. [...]

Die zerbrochene Freiheit des Geistes, des Gewissens, des Glaubens und der Meinung wird wieder hergestellt. [...]

Die Erziehung muss wieder bewusst auf die christlich-religiöse Grundlage gestellt werden, ohne dass die christlichen Gesetze der äußersten Duldsamkeit gegenüber Andersgläubigen verletzt werden sollen. [...]

Echte Selbstverwaltung wird, sobald irgendwelche Wahlen möglich sind, wieder in Verbundenheit mit dem Volk hergestellt. [...]

Das Eigentum ist Grundlage jeden wirtschaftlichen und kulturellen Fortschritts [...]

Die Ordnung des Wirtschaftens wird auf Selbstverwaltung aufgebaut werden. Das bisher geübte System der Gängelung von oben wird aufgehoben.«[4]

Mein Großvater hat keine schriftlichen Aufzeichnungen über seine Vorstellungen einer Nachkriegsordnung hinterlassen. Wir kennen seine politischen Überzeugungen aus den Zwanziger- und Dreißigerjahren, aber wir wissen nicht genau, welche Ideen den Trümmerhaufen der NS-Diktatur überlebt hätten, nachdem ihre Umsetzung so krachend gescheitert war. Einmal mehr sind wir auf das Zeugnis seines Henkers angewiesen: Freisler bestätigte in seinem Urteil, dass Hofacker bei seinem letzten Berlin-

Aufenthalt mit Beck das Manifest erörtert habe, »das man unmittelbar vorm Usurpieren der Macht herausgeben wollte«.

Mein Großvater wird aus Überzeugung hinter der Regierungserklärung gestanden haben. Sie bedeutete eine klare Kurskorrektur seiner früheren Gedanken zu Politik und Wirtschaft und ein für ihn neues Bekenntnis zum christlichen Fundament der Staatsordnung. Die moralische Ausrichtung des Manifests wird ihm – genauso wie allen anderen – nach den Erfahrungen der NS-Diktatur besonders wichtig gewesen sein. Es hatte auch andere Zeiten gegeben, in denen er in revolutionärem Streben nach politischer Veränderung und in der Überzeugung, dass »in der Politik nicht das Recht, sondern allein die Macht entscheidend ist«[5] Unrecht in Kauf genommen hatte.

Ein »eingefleischter Nationalsozialist« – so bezeichnete der Historiker Klemens von Klemperer[6] Hofacker für die Zeit der Dreißigerjahre. Unbestritten ist, dass er Demokratie und Parlamentarismus aus tiefster Überzeugung ablehnte, die Diktatur herbeisehnte und in Hitler einen genialen Staatsmann sah, dem er nahezu bedingungslos vertraute. Etwas kritischer stand er dem Nationalsozialismus gegenüber – und vor 1933 zeigte er keine besonderen Sympathien für diese Bewegung. Seine nationalkonservativen Vorstellungen entsprangen einer Mischung aus Erziehung, Weltkriegserfahrung, Jugendbewegung und radikalvölkischem studentischem Engagement, inspiriert von den Gedanken Oswald Spenglers, Martin Spahns und anderer »konservativer Revolutionäre«, ohne dass mein Großvater in seinen Reden und Briefen je konkret auf Werke dieser rechten Ideologen Bezug genommen hätte. Er las viel, doch er war kein Intellektueller, sondern ein Mann der Tat, dem es vor allem auf das Ergebnis ankam.

Sein Umfeld prägte ihn, der radikale Hochschulring in den krisengebeutelten frühen Zwanzigerjahren genauso wie später das bereits erwähnte weltoffene rheinländische Industriellenumfeld. Die Krefelder Jahre von 1925 bis 1927 fielen nicht nur in die stabilste Phase der Weimarer Republik, sie bedeuteten auch für meinen Großvater eine politische Atempause. Ungewöhnlich versöhnlich klingt es, wenn er schrieb, dass das staats- und verfassungsbejahende Bekenntnis des Reichsverbands der Industrie seine vollste Zustimmung fände – auch wenn er im gleichen Atemzug hinzufügte, dass er trotzdem deutschnational bleibe.[7] Vor allem aber vereinnahmte ihn seine – den Eltern nicht leicht zu vermittelnde – Liebe zu Lotte. Im November 1927 heirateten meine Großeltern, und damit glätteten sich die emotionalen Wogen, während sich ein Jahr später mit Beginn der Weltwirtschaftskrise die Politik zunehmend radikalisierte.

Zur gleichen Zeit wechselte Hofacker von Krefeld nach Berlin, von der Textil- in die Stahlindustrie. Er fing als wissenschaftlicher Hilfsarbeiter im Berliner Büro der Vereinigten Stahlwerke an, stieg zwei Jahre später zum Handelsgehilfen auf und wurde 1936 Prokurist, was ihn nicht daran hinderte, zeit seines Lebens mit der Tätigkeit in der Industrie zu hadern. Neben dieser Arbeit erstattete er in den turbulenten Krisenjahren einem Vorstandsmitglied des Düsseldorfer Großkonzerns Bericht über die politische Stimmung in der Hauptstadt und konnte so sein schmales Gehalt um immerhin 200 Mark aufbessern.

Er wollte jedoch nicht nur beobachten, sondern mitgestalten, nicht ganz so engagiert wie zu Studienzeiten, doch in ähnlich nationalem Umfeld. In klarer Opposition zur parlamentarischen Demokratie kam für ihn dabei nur eine außerparlamentarische Gruppe infrage, zumal die rechte, republikfeindliche DNVP immer wieder zerstritten war und er keinerlei Sympathien für ihren Vorsitzenden Hugenberg hegte. Die NSDAP stand nicht zur Debatte. Er wurde Mitglied im Stahlhelm, doch der etwas wilhelminisch altbackene Konservatismus des Bunds der Frontsoldaten entsprach nur teilweise seinem Bedürfnis nach Erneuerung. Er sah eine Kluft zwischen zwei Generationen.

»[…] einer Generation, die noch in Vorkriegsbegriffen und -Gefühlen lebt, die einen ganz bestimmten, engen, herkömmlich abgestempelten ›Patriotismus‹ mit Begriffen wie ›Erbfeind‹ usw. huldigt, und einer Generation, die in jungen, noch bildungsfähigen Jahren

durch das Trommelfeuer des furchtbarsten aller Kriege, durch grundstürzende politische und soziale Umwälzungen hindurchgegangen ist, für die 1000 Werte und Begriffe sich geändert haben, die ein zutiefst reformatorisches Zeitalter in bewusster Bejahung handelnd miterlebt. Der ›Nationalismus‹ dieser letzteren Generation ist etwas grundsätzlich anderes als der ›Patriotismus‹ der ersteren, ist eine sich anbahnende Synthese politischer, sozialer, religiöser, kultureller Elemente, ist eine den ganzen Menschen in allen seinen Lebensäußerungen umfassende Religion der Pflicht, der bewussten, sittlichen Verantwortung des Individuums gegenüber der nationalen Gemeinschaft.«[8]

Am ehesten fand er sich im »bündischen« Gesellschaftsideal wieder. Angelehnt an die Jugendbewegung, verschmolzen hier Ideen einer in nationaler Einheit »gebundenen«, klassenlosen Volksgemeinschaft mit dem Ideal asketischer Lebenshaltung, selbstlosen Dienens und elitärer Berufung – das Ganze verwoben mit Naturverbundenheit und bäuerlicher Sozialromantik. »Bündisch« stand für Selbstverwaltung und Eigenverantwortung im überschaubaren Rahmen des Dorfes oder Berufsstands und gleichzeitig freiwillige Unterordnung unter die Interessen der Nation und Autorität eines Führers. Mein Großvater trat der »Bündischen Reichsschaft« bei, einer der zahlreichen kleinen, neu gegründeten Organisationen, die mit Vorträgen und Schriften die junge Rechte für ihre politischen Ziele gewinnen wollte und schon bald wieder von der Bildfläche verschwand. Mit dem Vorsitzenden Kleo Pleyer, einem völkischen Mitstreiter aus studentischen Zeiten, der später zu den radikalsten nationalsozialistischen Historikern gehören sollte, verkehrte er privat. Auch die populären Schriftsteller Ernst Jünger und August Winnig traf mein Großvater gelegentlich bei abendlichen Gesprächsrunden.

Hofacker übernahm in der »Bündischen Reichsschaft« die Leitung der Hauptgruppe Wirtschafts- und Sozialpolitik. Er identifizierte sich mit den »bündischen« Wirtschaftszielen eines dritten Wegs zwischen Kapitalismus und Kommunismus, einer sinnvollen Planwirtschaft, eines Ausgleichs zwischen Landwirtschaft und Industrialisierung. Doch sein Interesse galt weniger komplizierten wirtschaftlichen Zusammenhängen, und seine Vorträge blieben in erster Linie politisch motiviert. Es ging ihm um ein »wahres inneres Gleichgewicht«[9] in der Gesellschaft als Voraussetzung für einen starken Staat. Er kritisierte liberale Egoismen, städtische Vermassung und Entwurzelung und forderte die »sittlich-nationale Erneuerung unserer materialisierten und mechanisierten Nation, die Umgestaltung unserer vom Westen importierten, für uns Deutsche geradezu selbstmörderischen formaldemokratischen Verfassung nach dem bündischen Prinzip, d.h. nach demjenigen deutschen Lebensgesetz, dem allein die großen geschichtlichen Leistungen unserer Nation – wie z.B. das mittelalterliche Reich, der Ritterorden, der preuss. Staat eines Freiherrn vom Stein, die preuss.-deutsche Armee usw. – zu verdanken sind«[10].

Ähnlich verstand Hofacker auch das Verhältnis zu den östlichen Nachbarstaaten: An der kulturellen, wirtschaftlichen und politischen Überlegenheit Deutschlands und einem daraus resultierenden Großmachtanspruch gab es für ihn, wie für viele Deutsche, damals keinen Zweifel. Doch er distanzierte sich klar von einer »imperialistischen Beherrschung«. Stattdessen verfocht er das »bündische Prinzip« mit dem Ziel, »nicht nur den deutschen Osten der heutigen Reichsgrenze zu retten, sondern darüber hinaus den Völkermischgürtel zwischen Deutschland und Russland einerseits, dem Baltischen und Schwarzen Meer andererseits derjenigen wahrhaft föderativen Ordnung entgegenzuführen, die niemals mit den heutigen westlich-liberal-imperialistischen Methoden, sondern einzig und allein unter deutscher geistiger und politischer Führung denkbar und verwirklichbar ist«[11].

Bei aller nationalen Überheblichkeit lagen Welten zwischen solchen Vorstellungen und Hitlers klar definiertem Ziel der Beherrschung des Ostraums und Versklavung der slawischen Bevölkerung. Doch mein Großvater hatte *Mein Kampf* nicht gelesen, und ihm fehlte zu Beginn der Dreißigerjahre die abgeklärte Hellsicht eines Ewald von Kleist. Dieser überzeugte Nationalkonservative und spätere Widerstandskämpfer stand für eine ganz andere Art rechter Überzeugung. Er konnte dem völkisch-revolutionären Gedankengut der Nazis nichts abgewinnen. Im Gegensatz zu den meisten seiner Standes- und Gesinnungsgenossen hatte er Hitlers programmatische Schrift gelesen und nahm den Autor beim Wort. Er traute Hitler den Wahnsinn zu, den sie als Phrasen abtaten, weil sie lieber ausblendeten, was nicht in ihr hoffnungsvolles Zukunftsbild passte.

Hofackers innere Abwehr gegenüber der NSDAP bröckelte mit ihrem unerwarteten Erfolg bei der Reichstagswahl im September 1930, bei der sie mit über 18 Prozent nach der SPD das zweitbeste Ergebnis erzielte, während die DNVP die Hälfte ihrer Sitze einbüßte. »Ich bin zu wenig Parteimann und zu sehr Nationalist, um mich im Grunde meines Herzens nicht über den Erfolg der National-Sozialisten zu freuen. Gebe Gott, daß sie ihre Chance richtig ausnützen, auf daß es nicht einen erneuten Rückschlag wie beim Kapp-Putsch 1920 oder Hitler Putsch 1923 gibt«[12], schrieb er seiner Mutter.

Die Bündische Reichsschaft blieb letztendlich nur eine unbedeutende Splittergruppe unter vielen anderen. Ein ganz anderes Forum bot der Stahlhelm mit seinen insgesamt mehr als 500 000 Mitgliedern. Auch hier engagierte sich mein Großvater gegen den »Klassen- und Partei-Fanatismus der heutigen Zeit« und forderte die Kameraden auf, wie 1914 in einer Front zusammenzustehen, »die nicht Hitler, nicht Papen, nicht Thälmann, sondern allein – D e u t s c h l a n d heißt«[13]. Doch schon wenige Monate später, im Februar 1933, nach Hitlers Ernennung zum Reichskanzler und vor der Reichstagswahl im März, brach mein Großvater mit dem Vorsatz, sich nicht parteipolitisch zu engagieren. Er hielt vor Stahlhelmern eine Wahlkampfrede zugunsten der Kampffront Schwarz-Weiß-Rot, eines politischen Zusammenschlusses der DNVP mit dem Stahlhelm. Erklärtes Ziel war es nicht, ein Gegengewicht zu Hitler herzustellen, sondern die Demokratie zu stürzen, »in möglichst überwältigender Weise die nationale Regierung zu ermächtigen, in Zukunft mit dem ewigen

Wählen endgültig Schluss zu machen, den Reichstag durch die Diktatur, das Wort durch die Tat zu ersetzen«[14]. Der Plan ging auf, keine drei Wochen nach der Wahl vom 5. März stimmte die Kampffront im Reichstag für das Ermächtigungsgesetz.

Die Motivation meines Großvaters für einen solchen Auftritt lag weniger in einer Begeisterung für die Nationalsozialisten als vielmehr im Streben nach nationaler Einheit. Neben den politischen Grabenkämpfen innerhalb der rechtsnationalen Bewegung belastete ihn die Rivalität zwischen Stahlhelm und SA, zwischen der grauen und der braunen Armee. So befürwortete er auch die zunehmende Gleichschaltung des Stahlhelms und dessen Eingliederung in die SA. Es war für ihn der Beginn einer neuen Zeit, die er selbst heraufbeschworen hatte. Sie forderte den »ganzen Menschen« – auch das waren seine eigenen Worte gewesen. Was das bedeutete, ahnte er vielleicht zum ersten Mal im Sommer 1933 am Baltrumer Strand, als er seinen fünf Jahre alten Sohn Eberhard beobachtete.

»[...wie er] in gravitätischem Schritt u. ohne nach rechts u. links zu sehen mit ernstem feierlichen Gesicht das Horst-Wessel-Lied intoniert und in sämtlichen 4 Strophen in Text u. Melodie fehlerlos zu Ende singt u. marschiert, dann ist er – so wie Christa die Begeisterung der Mütter – die Begeisterung aller jungen S. A.-Väter: Wenn er die Zeile ›S. A. marschiert mit mutig festem Schritt‹ oder ›die Straße frei den braunen Bataillonen‹ singt, u. zwar mit wirklich todernstem Gesicht u. männlich umwölkter Stirn, dann weiß man aber auch wirklich nicht, ob man über dieses einzig herzige Bild zu Tränen lachen oder in ihm den tiefsten reinsten künstlerisch elementarsten Ausdruck einer wirklich neuen deutschen Geschichtsepoche empfinden soll. Das ›Gleichschalten‹ ist bei ihm kein Problem mehr, er gehört bereits bewußt und mit Haut u. Haaren in seiner ganzen kleinen Männlichkeit dem Neuen, dem Großen, dem Einen Dritten Reich an, wächst in es hinein wie die Pflanze in die sie umgebende Luft.

Wir Väter müssen uns wirklich ranhalten, wenn wir unsere Söhne noch auf den Schultern halten wollen. Denn neben uns steht eine neue Zeit, die es auch ohne uns u. von sich aus besorgt, wenn wir es nicht tun.«[15]

Seine Mutter stand dieser neuen Zeit verhaltener gegenüber. Als Cäsar ihr im Sommer 1933 mitteilte, dass er der NSDAP beitreten wolle, klang es nach einer Rechtfertigung – zumal er nicht den Eindruck erwecken wollte, aus Opportunismus auf den fahrenden Zug aufzuspringen.

»Ich trete jetzt der Partei bei, da man außerhalb vollkommen Statist der Weltgeschichte ist. Die Partei muß sich in vieler Hinsicht noch wandeln, wird das aber niemals unter Druck von außen, sondern nur von innen heraus tun. Sich durch Beitritt die Mitwirkung bei den kommenden internen Auseinandersetzungen zu erzwingen, ist Pflicht aller zukunftsbejahenden, innerlich zu Hitler stehenden, aktiven, anständigen politischen Kräfte. Man kann nicht dauernd theoretisch kritisieren, sondern muß endlich die Kritik durch die Tat herrühren. Das kann man aber nur innerhalb, nicht außerhalb der Partei.«[16]

Zur Bekräftigung fügte er hinzu: »Nux tut dasselbe. Zudem ist ja für einen Stahlhelmer jetzt der Beitritt eine Selbstverständlichkeit und entbehrt jedes konjunkturpolitischen Grunds.« Da er sich zu dieser Zeit aktiv um einen Wechsel ins Auswärtige Amt bemühte – auch mit Unterstützung seines Freundes Fritzi Schulenburg, der schon Parteigenosse war –, wird wohl doch auch etwas »Konjunkturpolitik« die Entscheidung befördert haben. Am Ende scheiterte beides: die Aufnahme in den diplomatischen Dienst wie auch in die Partei, Letzteres aufgrund einer im Sommer 1933 verhängten Aufnahmesperre. Mein Großvater blieb weiterhin als Sturmführer im nun zur SA gehörenden Wehrstahlhelm aktiv. Als er als Flieger nach mehreren – zunächst geheimen – Reserveübungen 1935 zum »Offizier des Beurlaubtenstandes der Reichsluftwaffe« ernannt wurde, also einen offiziellen Reservistenstatus der Reichswehr erlangte, musste er aus der SA austreten. Er wehrte sich dagegen, weil er in Tuchfühlung zu einer NS-Organisation bleiben wollte. Sein Eintritt in die Partei 1937 beendete den Konflikt.

Kritik an Gewaltexzessen, Unrecht und Machtmissbrauch habe ich in dieser Zeit vergeblich bei ihm gesucht. Mein Großvater hatte in seiner »Kampfzeit« immer eine starke Führung verlangt, die mit Härte und Kompromisslosigkeit nationale Interessen durchsetzte, und seine Stahlhelmrede Anfang 1933 wich in nichts von dieser Rhetorik ab. Hier ging es nicht mehr um Reformen, sondern um die Revolution von oben, und er nahm offensichtlich ihre Opfer als das kleinere Übel in Kauf.

»Was jetzt versäumt wird, kostet später Ströme von Blut. Binnen kürzester Frist muss jetzt nachgeholt werden, was 14 Jahre lang vernachlässigt wurde: die Wehrhaftmachung der Nation. Wo so gehobelt wird, da fliegen Späne. Da gibt es keine Kompromisse. Wer nicht für uns ist, ist gegen uns. Und wer gegen uns ist, der kann heute, wo es ums Ganze, um Leben oder Sterben des Volkes geht, nicht mehr erwarten, mit Glacéhandschuhen angerührt zu werden.

Und dass wir eine Regierung haben, die das Hobeln versteht, die weiß, dass keine Zeit mehr zu verlieren ist, das haben die Ereignisse der letzten Wochen, die ja nur ein Anfang waren, zur Genüge gezeigt. Eine solche Regierung, die weiß, was sie will, die nicht lange zögert und fackelt, sondern die zupackt, handelt, marschiert, es wäre gelacht, wenn eine solche Regierung nicht Mann für Mann der alten Frontsoldaten hinter sich hätte und Mann für Mann der deutschen Jugend mit flammendem Glauben und flammendem Willen erfüllte.«[17]

Wie schon zu Studentenzeiten klangen seine öffentlichen Aufrufe deutlich radikaler als die Briefe an die Mutter, in denen er offen zugab, dass der politische Zweck ihm wichtiger sei als die »in jeder Bez. restlos unanfechtbare histor. Wahrheit«[18].

Hitler erfüllte nach anfänglicher Skepsis lange Zeit seine hochgesteckten Erwartungen, nicht jedoch der Nationalsozialismus. Natürlich ließ sich der bündische Gesellschaftsumbau nicht so leicht in die Tat umsetzen, doch seiner Meinung nach wollte das offensichtlich auch niemand. Parteikader und politische Funktionäre spielten eher ihre neue Macht zum eigenen Vorteil aus, als dass sie durch Bescheidenheit und überdurchschnittlichen Fleiß den elitären Vorstellungen konservativer Idealisten wie Schulenburg oder Hofacker entsprochen hätten. Zwei Jahre nach Hitlers Machtergreifung forderte mein Großvater mehr Sozialismus vom NS-System, um »den neuen deutschen Staat vor der ganzen Welt zum Bannerträger eines sozialistischen Gemeinwesens auf nationaler Grundlage zu machen«[19]. Dann würden Deutschland »außer der überlegenen Kraft unseres eigenen Volkes im *Rücken* der feindlichen Heere bundesgenössische Kräfte erwachsen, die im nächsten Krieg vielleicht ausschlaggebender sein werden als all unsere eigenen Kanonen und Bombenflugzeuge«. Er dachte dabei nicht an wirtschaftlichen Sozialismus – »denn auf diesem Gebiet werden wir niemals mit Erfolg mit dem Marxismus und Kommunismus konkurrieren können«, sondern an einen »geistigen Sozialismus preußischen Stils, jenen Sozialismus der Haltung, der Schlichtheit, der Härte, wie er sich in der Person des Führers so wundervoll und in den Persönlichkeiten der Unterführer leider so wenig verkörpert«, schreckte aber im Schwung seiner vermutlich an Schulenburg adressierten Ausführungen[20] auch nicht vor einer Verstaatlichung der Rüstungsindustrie und rücksichtslosen »Liquidierung des Großgrundbesitzes« zurück.

Mit der Lebenswirklichkeit meines Großvaters, der sich anschickte, Prokurist in Europas größtem Stahlkonzern und Mitglied der Deutschen Adelsgenossenschaft zu werden, hatte das allerdings wenig zu tun. Eher hielt er sich sonst an allgemeinere Forderungen: »Wir, das Volk Weimars und Potsdams, wir, die tiefsten Reformatoren der Weltgeschichte und gleichzeitig besten Organisatoren, wir, das Land mit den fortgeschrittensten sozialen Einrichtungen und der Tradition des so ganz und gar unkapitalistischen preußischen Staatsgedankens, wir müssen doch aus dem Dritten Reich etwas anderes, Universelleres, Umstürzenderes, Weltbewegenderes, Moderneres machen können als der Faschismus aus Italien oder der tartarische Bolschewismus aus Russland!«[21]

Zwischen solchen Gedanken und der nach dem Umsturz geplanten Regierungserklärung lagen Welten. Nicht wegen nationalistisch-sozialistischer Vorstellungen, von denen wir weder sicher sagen können, dass Hofacker sie wirklich ernsthaft verfolgte, noch dass er sie 1944 gänzlich abgelegt hätte. Entscheidend waren in dem Manifest des konservativen Widerstands die Betonung der Rechtsstaatlichkeit und die Begrenzung der Regierungsmacht durch das Volk. Kein noch so wundervoller Führer sollte uneingeschränkt herrschen können.

Mein Großvater hatte ab 1933 alles auf die Karte Hitler gesetzt und lange Zeit an seinem fatalen Trugbild festgehalten. Die nationale Bewegung hatte für ihn zwischenzeitlich ersatzreligiöse Züge angenommen, und sein Vertrauen in Hitlers Genie überwog noch 1939 die Zweifel an seiner aggressiven Politik. Beides hatte sich als gefährliche Verblendung erwiesen. Welcher Um-

Cäsar in späteren Jahren, undatiert [17]

kehrprozess lag dieser Erkenntnis zugrunde! Er musste sich eingestehen, mit den Wölfen geheult und über Jahre hinweg für fragwürdige Ziele gekämpft zu haben. Äußere Realitäten bedingten diese Entwicklung: Die beispiellose Schreckenstyrannei, vor deren Gewaltexzessen und Opfern keiner mehr die Augen verschließen konnte, und der Krieg, der Deutschland statt zur erhofften Großmachtstellung in eine Katastrophe ungeahnten Ausmaßes zu ziehen drohte.

Freunde wie Nux oder Schulenburg hatten bei meinem Großvater schon vor dem Krieg Zweifel gesät und ihn auf seinem Weg in den aktiven Widerstand entscheidend begleitet. Doch spätestens ab dem Jahr 1943 setzte bei Hofacker noch eine ganz andere Entwicklung ein: die intensive Auseinandersetzung mit dem Glauben. Das Christentum beeinflusste zunehmend Cäsars Einstellung zu politischer Macht, Sinn und der Verantwortlichkeit des eigenen Handelns. Es bot ihm einen Wertekompass, der ihm in seinem letzten Lebensabschnitt eine neue, klare Orientierung verschaffte.

15
Rückkehr zum Glauben

Angesichts der teils prominenten evangelischen Geistlichen in der württembergischen Familie Hofacker scheint es naheliegend, die christliche Erziehung eher in der väterlichen Tradition zu sehen als bei der Mutter, deren Eltern so konsequent mit allen überkommenen Konventionen gebrochen hatten. Das Gegenteil war der Fall. Gerade Cäsars Mutter vermittelte ihren Kindern die Religion als »Quelle von Liebe, Kraft und Hilfe«,[1] während es dieses religiöse Empfinden – nach Ansicht meines Großvaters – im Leben seines Vaters nicht gab, genauso wenig wie bei Nux. Wo er sich selbst verorten sollte, wusste er im Herbst 1933 noch nicht. »Religion fängt glaube ich erst dann an, wenn man irgendwann und irgendwie im eigenen Leben praktisch erlebt hat, daß es eine höhere Macht gibt. Man muß doch irgendwie auf die Reise geschickt worden sein.« Sowohl er als auch Lotte hätten höchstens eine Ahnung davon.

Cäsar und seine Geschwister waren während der Kaiserzeit in einem protestantischen Selbstverständnis groß geworden. Das Gutenachtgebet mit der Mutter gehörte zu den abendlichen Ritualen, der liebe Gott zum kindlichen Kosmos und die Bibel zu Weihnachten genauso wie die Bescherung. Als Heranwachsender blieben ihm diese Kindheitsprägungen wichtig, doch abgesehen vom Konfirmandenunterricht scheint eine bewusste, altersgemäße Weiterentwicklung des Glaubens nicht erfolgt zu sein. Cäsars jugendliche Begeisterung galt dem deutschen Freiheitskampf und Theodor Körner, allenfalls noch Martin Luther als deutschem Vorkämpfer für die Freiheit der Meinungsäußerung. Da auch die Kirchen den Ausbruch des Ersten Weltkriegs als nationales Erlebnis feierten, ließ er sich als 18-Jähriger zunächst bereitwillig auf den Gedanken ein, dass dieser Konflikt eine göttliche Bestimmung habe.

»Der Ernst und die Gefahr der gegenwärtigen Tage hat den alten naiven Gottesglauben u. das Gottvertrauen der Kindheit wieder mit elementarerer Gewalt im Herzen Einzug halten lassen. [...] und jetzt bete ich wieder wie vor 16 Jahren, und stelle mir Dich im Geiste wie damals auf meinem Bette sitzend vor«,[2] schrieb er im September 1914 der Mutter aus der Ludwigsburger Kaserne, voller Ungeduld, endlich selbst in die Schlacht zu ziehen.

Doch das feierliche Bekenntnis hielt den brutalen Kriegserfahrungen nicht stand. Schon wenige Monate später hatte er Kameraden fallen sehen, war über Felder mit entstellten Leichen geritten, lebte mit der täglichen Gefahr des eigenen Todes und wehrte sich gegen weihevolle Phrasen. »Und das Sterben fürs Vaterland irgend einem absoluten lenkenden Willen unterzuordnen, [...] das kann nur einer, der von all dem, was in diesem Sterben liegt, keinen Schimmer hat, dem jedenfalls noch nie in seinem Leben neben Andren die Kugeln um die Ohren gepfiffen sind.«[3] Während er Ende 1915 an den Vater die üblichen Neujahrswünsche »für unser teures Vaterland, dem Gott im neuen Jahre den endgültigen Sieg verleihen möge«[4] schrieb, erklärte er der Mutter in einem nachdenklichen Brief, warum Beten seiner Meinung nach unmoralisch sei.

»Ich mag nicht sagen: ›Ein glückliches neues Jahr‹! Denn das ist im Grunde eine namenlose Rohheit gegen all die, denen ihr Leben genommen wurde und die ihr Leben noch werden hergeben müssen, und gegen ihre Angehörigen. Eine Entweihung ohnegleichen. Ich sage auch nicht: ›Daß Deine Gebete im neuen Jahr ebenso erhört werden wie im alten‹, das wäre nicht viel anders, nur noch widerlicher. Ich sage auch nicht: ›Sei dankbar, daß es uns im letzten Jahr so gut gegangen ist.‹ Das ist eine ebensolche Geschmacklosig-

keit, denn wenn der Ausdruck ›dankbar‹ nicht imaginär sein will (eine ›Dankbarkeit‹ dem nicht personifizierten Geschick gegenüber gibt es nicht), so kann er nur Gott oder etwas Ähnlichem gegenüber gebraucht werden. Ich sage nur das: Wir wollen froh sein, daß es uns so gut geht, nicht dankbar; wir wollen uns ganz klar und voll bewußt sein, was wir an unserem Leben haben, uns unseres Lebens freuen, soviel wir können, nur nicht für unser Leben danken.«[5]

Wenn er auch keinen Zugang mehr fand zum lieben Gott seiner Kindheit, so blieb doch eine transzendente Bindung zu etwas Überpersönlichem bestehen. »Laß Dich grüßen drüben im Unbekannten, im Nichts, das mir noch teurer und trauter ist, seit es Dich enthält«, schrieb er völlig verzweifelt nach dem Tod eines ihm sehr nahestehenden Fliegerkameraden, und an die Mutter gewandt: »Bete für ihn, das ist das schönste und größte, was man, auch wenn man an nichts glaubt, einem unbekannten Toten darbringen kann.«[6] An die Stelle von Gott trat das Schicksal, das unpersönlich die Geschicke der Menschen lenkte und auf dessen Hilfe man sich besser nicht verließ.

Mit Hofackers politischer Radikalisierung in den Zwanzigerjahren wurde sein »Organ für das Religiöse«, das er bei allen »ausgesprochenen Männern der Zeit«[7] im innersten Wesen verborgen wähnte, zunehmend empfänglich für eine weihevolle Verklärung des Nationalismus. Wer in Idealen wie Humanismus, Pazifismus und Völkerverständigung nur leere Worthülsen sah, konnte rein vernunftmäßig mit der Bergpredigt nicht viel anfangen. Und für eine Auseinandersetzung mit der Religion gab es für ihn nur den Weg »verstandesmäßigen Suchens und philosophischer Vertiefung«, der jedoch niemals zum Ziel führen könne. Deshalb sei es besser, »man verwendet seine Zeit auf zweckvollere Dinge«[8].

Wichtiger waren ihm in den aufstrebenden Vorkriegsjahren Familie, berufliches Fortkommen, Wehrübungen und politische Gespräche. Hitler bediente mit seinem Tausendjährigen Reich die Sehnsucht nach etwas Höherem, Ewigem, den Glauben an Deutschlands Bestimmung. Das änderte sich für Hofacker in dem Moment, als er erkannte, dass diese Form der Verklärung in eine vernichtende Tyrannei geführt hatte, die im Begriff stand, nicht nur das Vaterland zu zerstören, sondern alle positiven Werte, die mein Großvater den Deutschen als Volk und Kultur zugeschrieben hatte. 1943 gehörte angesichts des Zusammenbruchs seines Lebensideals die Suche nach religiöser Sinngebung schon eher zu den »zweckvollen Dingen«. Hinzu kam die Sympathie für den neuen Militärseelsorger in Paris, Rudolf Damrath, und die Auseinandersetzung mit den großen religiösen Fragen seiner dreizehnjährigen Tochter. Vor allem Letztere forderte ihn heraus.

Annele und ihre Geschwister waren in ihrer frühen Kindheit mit der gleichen christlichen Grundprägung aufgewachsen wie mein Großvater, ohne viele Gottesdienstbesuche außerhalb von Weihnachten. Es gab keine Anbindung an ein kirchliches Gemeindeleben, keinerlei Anzeichen irgendeiner Sympathie für die völkisch-antisemitische Strömung der Deutschen Christen, die sich anschickten, die evangelische Kirche ideologisch und theologisch gleichzuschalten – aber auch keine Nähe zur Bekennenden Kirche. »Heute war eine brave Köchin bei mir – 51 Jahre, die zuletzt bei einem Pfarrer war. Strenge Bekenntniskirche und der heutigen Zeit abhold – aber das macht ja nichts«, schrieb Lotte am 2. Januar 1940 an ihre Schwiegermutter.

Anders sah es bei der Familie der besten Freundin meiner Mutter, Felicitas von Simson, aus, die zur Zehlendorfer Bekenntnis-Gemeinde gehörte und den christlichen Glauben dort aktiv lebte. Annele spürte den Unterschied zu ihrem eigenen Elternhaus und suchte darin eine Erklärung für den plötzlichen Tod ihrer Freundin: Felicitas sei rein und deshalb von Gott erlöst worden, während sie selbst noch als Sünderin geprüft und gestraft würde. »Ich habe mich zu wenig an Gottes Gebote und Gottes Willen gehalten. Ich bin in Berlin nie in die Kirche gegangen, sein Wort zu hören.«[9] Ihr Vater bemühte sich, ernsthaft besorgt, gegen diese selbstzerstörerischen Gedanken anzuschreiben, fragte nach und ließ sich ihre Gedanken erklären.

»Ich muß Dir da, liebe Annele, wirklich ein bißchen den Kopf waschen. Aus meinen letzten Briefen weißt Du, wie sehr ich Dich verstehe und mit Dir leide und fühle. Aber irgendwie habe ich das ganz starke Gefühl, daß Du auf dem falschen Wege bist und Dich in Stimmungen und Empfindungen hineinsteigerst, die unnatürlich sind, und die Du daher bewußt bekämpfen mußt. Auch, mein liebes Annele, in der Art Deines Verhältnisses zur Religion. Ich bin der erste, der sich darüber freut, daß Du so gläubig geworden bist, und eine starke innere Bindung zu Gott und Christus und den großen ewigen Werten gewonnen hast, die über uns Menschen stehen. Aber das bedeutet nicht, daß Du nur deshalb, weil Felicitas und ihre Eltern durch eine feindliche Bombe so tragisch aus dem irdischen Leben abgerufen wurden, in allem und jedem die besondere Art von Frömmigkeit und Religion, die Simsons hatten, zum Maßstab für Dich selber machst. Es gibt viele Arten von Glauben und Frömmigkeit, weite und enge, strenge und freiere, – und Gott ist jede recht, wenn sie nur echt ist. […] Ich freue mich, daß Du in Zukunft öfters in die Kirche gehen willst, denn die Sammlung, die man in der Kirche erfährt, erleichtert vielen Menschen das zu Gott Kommen. Aber es ist keine »Sünde«, daß Du bisher nicht dort warst. Das ist eine viel zu enge Auffassung vom Christentum. […] Nicht darauf kommt es an, ob man mehr oder weniger oft in die Kirche geht, ob man mehr oder weniger streng sich an die äußeren Regeln und Gebräuche der christlichen Religion hält, ob man viel oder wenig Andachten hält, sondern allein darauf, ob man gut ist und handelt und innerlich demütig ist. Diese Eigenschaften in Euch Kinder hineinzulegen, sie Euch durch unser Beispiel vorzuleben, war und ist das Ziel Deiner Eltern. […]

Innerhalb des protestantischen Glaubens gibt es sehr viele Arten von Frömmigkeit. Eine strenge, ernste, beinahe düstere Form, in der der Begriff der ›Sünde‹ und des ›strafenden‹ Gottes eine große Rolle spielt. […] Daneben gibt es eine freiere, nicht so streng in den äußeren Regeln wurzelnde, lebensbejahendere, ich möchte fast sagen ›strahlendere‹ Form, die genauso stark, genauso rein und echt sein kann wie die andere. Die nicht unter dem künstlichen Alpdruck von Sünde steht, nicht sich selbst zerfleischt und sich vom

Leben weg dem Himmel zuwendet, sondern die freudigen Herzens und erhobenen Hauptes sich zu ihrem Herrgott bekennt, treu und rechtschaffen seine Gebote im Leben erfüllt und noch *mehr aufs Handeln als aufs Beten eingestellt ist. – Diese letzte Form liegt Deinen Eltern und wohl auch den meisten Deutschen mehr als die erstere. Auch zu Deinem Wesen paßt sie mehr als die streng kirchliche Art von Simsons. Ich will damit beileibe nichts an Letzteren kritisieren. Ihre Art war ebenso gut und stark, aber es war eben* ihre *Art, und sicher nicht die einzige Art, in der man fromm und christlich sein kann.«*[10]

So überzeugend er sein eigenes Verständnis vom christlichen Glauben auch darlegte, seine 13 Jahre alte Tochter ließ sich nicht so schnell beeindrucken und konterte knapp: »›Wir sollen Gott fürchten und lieben!‹ Ich will versuchen, mich an diesen Satz zu halten. Ich glaube auch nicht, daß Simsons sich ihre Religion *so* düster gestalteten! Sie waren tief in ihrem Glauben verwurzelt, waren sehr gottesfürchtig, waren Gott aber auch in großer Liebe und Vertrauen zugetan. […] Jesus sagte einmal: ›Wer sein Kreuz nicht auf sich nimmt und mir folgt, der ist meiner nicht wert.‹ Ich will versuchen, Jesus mit meinem Herzen zu folgen.« Und mit einer Gegenfrage entlarvte sie die Schwachstelle der väterlichen Argumentation: »Was meinst Du mit den äußeren Regeln des Christentums? Ich kann mir nicht vorstellen, daß Simsons etwas nur äußerlich auffaßten.«[11]

Ostern 1943 verbrachte mein Großvater allein in Paris, froh, inmitten der mühsamen Stahlverhandlungen etwas Ruhe zu finden. »In diesen letzten 2 Tagen des Alleinseins habe ich *so* viel an Dich gedacht, daß, wenn Gedanken Briefform annehmen könnten, Du mindestens 20 Seiten bekommen hättest«,[12] schrieb er an Annele. So wurden es »nur« 6 Bögen. Er erzählte ihr, dass er am Ostersonntag zum ersten Mal seit langer Zeit im Gottesdienst gewesen war.

»Der mir befreundete junge Wehrmachtsoberpfarrer, der sich bei Rommel in Afrika das E. K. I [Eiserne Kreuz erster Klasse] erworben hat, predigte sehr gut. Er sprach über seine innerste Überzeugung, daß man wohl sterben, aber niemals tot sein könne, weil für jeden wahren Christen der Glaube an ein Weiterleben der Seele eine unumstößliche Gewißheit sei. – Deine lieben Briefe sind auch ein Grund dafür, daß es mich wieder einmal in den Gottesdienst hinzog. Und ich werde jetzt öfters hingehen. Man kann nicht nur im Irdischen wurzeln.«[13]

Rudolf Damrath, der zum Stab des Militärbefehlshabers gehörte und wie alle anderen Uniform trug, entsprach nicht dem Vorurteil, das mein Großvater – zumindest in jungen Jahren – gegen Pfarrer hegte, nämlich Moralisten zu sein, deren Gefühle sich nicht einer »Vergewaltigung durch den Verstand«[14] widersetzen könnten. Damrath war neun Jahre jünger als Hofacker und hatte während seiner Studentenzeit Ende der Zwanzigerjahre zwölf Monate heimlich in der sogenannten Schwarzen Reichswehr gedient. Später ermöglichte ihm diese Aktivität, Militärseelsorger zu werden, denn die Nazis verlangten den Nachweis einer ihrer Ideologie entsprechenden Grundeinstellung. Sie sahen zwar den Nutzen der Feldgeistlichen zur Aufrichtung und inneren Festigung der Kampfmoral innerhalb der Truppe, aber erkannten gleichzeitig die Gefahr einer subversiven Unterwanderung der Soldaten durch den christlichen Geist der Pfarrer. Doch Damraths anfängliche Sympathie für Hitler und die nationalsozialistische Bewegung legte sich schon vor der Machtergreifung angesichts des radikalen Antisemitismus der Deutschen Christen. Als Vikar bei einem Pastor jüdischer Herkunft erlebte er 1932 die brutale Diskriminierung und Verdrehung christlichen Gedankenguts durch diese hitlernahe Strömung in der Evangelischen Kirche.

Auch als ein der Bekennenden Kirche nahestehender Pfarrer war er nationalkonservativ eingestellt und teilte in vielem die Ansichten und Kritikpunkte meines Großvaters oder Stülpnagels. Er hatte an verschiedenen Fronten mit der Armbinde des

Roten Kreuzes im Gefecht gestanden, Verwundete versorgt, Sterbende begleitet und in Afrika die Überlegenheit der Engländer und die Sinnlosigkeit des Kampfes erlebt. In Paris betreute er nicht nur die deutsche Gemeinde und andere nach Frankreich versetzte Pfarrer, sondern auch die Insassen des Militärgefängnisses in Fresnes. Er wurde Zeuge von Rechtsverdrehung, spendete oft willkürlich zum Tode Verurteilten Trost in ihren letzten Stunden vor der Hinrichtung und beerdigte sie anschließend.

Damrath nutzte seine Möglichkeiten, von der Kanzel in biblischen Gleichnissen das Unrecht anzuklagen – unmissverständlich für diejenigen, die darin den Widerhall ihrer eigenen inneren Konflikte vernahmen, und doch zweideutig genug, um ihn vor Verfolgung zu schützen, auch wenn die Gestapo den wegen seiner mutigen Predigten »berühmt und berüchtigten«[15] Pfarrer durchaus im Visier hatte. Seine Worte richteten sich nicht nur gegen die Machthaber, sondern auch gegen die passiven Mitläufer, die mit fadenscheinigen Ausreden angeblich hehre Ziele verfolgten.

»Der da wiederkommen wird, zu richten die Lebendigen und die Toten, er steht selber vor Gericht. Die Menschen richten Gott, und Gott lässt sich richten«, predigte er in der Passionszeit im März 1944. »Die Menschen werden sagen, wie Gott aussehen müsste, und sie werden sich nicht sagen lassen, wie sie selber sein müssten nach Gottes Gebot. [...] Pilatus wird viele Nachfolger haben. Fromme und gottlose Nachfolger. Sie werden alle dasselbe tun: Gott gegenüber das Staatsinteresse wahren, für ihr Volk das Beste zu tun versuchen.« Den Zusatz »ihre Hände in Unschuld waschen«, hatte Damrath gestrichen, stattdessen fügte er an: »Sie werden Gott ans Kreuz schlagen und Barrabas laufen lassen.«[16] Die stilistische Wahl der Zukunftsform entrückte die Worte ihrem harten Gegenwartsbezug – auch dies war ein Schutz vor gereizten Reaktionen der Gestapo.

Das Umfeld nationalsozialistischer Besatzung und Bespitzelung förderte die innere Verbundenheit zwischen Menschen gleicher Geisteshaltung. Mein Großvater und Damrath freundeten sich an. Allerdings blieb es lediglich bei dem guten Vorsatz, künftig häufiger den Gottesdienst zu besuchen: »In der Kirche war ich nicht mehr, habe dafür – was mir mehr liegt – gestern einen langen Spaziergang mit unserem jungen Soldatenpfarrer gemacht, dem es immer ein Bedürfnis ist, mir sein Herz auszuschütten«,[17] schrieb Hofacker einen Monat nach Ostern meiner Großmutter. Unter freiem Himmel brauchte man keine unliebsamen Mithörer zu fürchten. Vielleicht erzählte Damrath ihm von dem jungen, der Homosexualität bezichtigten, todgeweihten Soldaten aus dem Gefängnis in Fresnes, dessen Schicksal ihn so bewegt hatte, dass er – natürlich vergeblich – bei Hitler persönlich zu intervenieren versuchte.

Deutlich spürbar ist, dass es bei diesen Begegnungen auch um Glaubensfragen ging. Die Wertvorstellungen meines Großvaters veränderten sich. Nicht, dass er von alten grundlegenden Prinzipien abwich, aber was früher etwas phrasenhaft klang, bekam jetzt eine andere Bedeutung und Tiefe. Als Hofacker im Sommer 1938 Pate des einzigen Sohnes von Fritzi Schulenburg wurde, legte er in einer gleichermaßen kurzen wie gewandten Rede dem Täufling folgende Losung in die Wiege: »Christ in der Demut der Haltung, Preuße in der Härte des Handelns, Deutscher in der Weite des Zieles, im Schwung der Gedanken.«[18] Fünf Jahre später formulierte er die Bedeutung von Demut vollkommen anders. Auch von der Geringschätzung der »äußeren Regeln« des gelebten Christentums war nicht mehr die Rede. Er hatte Damraths Gottesdienst am Totensonntag besucht und erzählte anschließend Annele darüber in einem Brief:

»Es war ergreifend und erhebend zugleich. Alles saß, wie es gerade kam, zwanglos durcheinander, ergraute Generäle neben blutjungen Soldaten, Krankenschwestern neben Kanonieren, Ritterkreuzträger neben Monteuren. Und jeder fühlte sich mit dem anderen im Innersten verbunden, als Deutscher zum Deutschen, als Mensch zum Menschen und vor allem als Christ zum Christen, weil vor Gott eben alle gleich sind, es keine Unterschiede des Ranges und Standes gibt. Es war eine Gemeinschaft, nicht der tönenden Phrasen, son-

dern der gemeinsamen Demut, des tiefernsten und doch gläubigen Sichbeugens vor einer Macht, die größer ist und höher steht als wir selbst. Ich habe selten so stark gefühlt wie bei diesem *Gottesdienst,* wie *sehr wir Menschen diese gemeinsame fromme Demut brauchen, weil wir ohne sie Gefahr laufen, jedes irdische Maß zu verlieren und entweder größenwahnsinnig oder zu Bestien zu werden.«*[19]

Das religiöse Empfinden meines Großvaters hatte eine feste Orientierung bekommen: Gott war die höhere Macht, an die er sich fortan gebunden fühlte – und nicht das Schicksal oder irgendwelche »unpersönlichen, auch jenseitigen Dinge, die nicht Christentum oder Gottesglaube zu sein« brauchten.[20] »Die Welt ist und bleibt doch ein Narrenhaus«, hatte der zwanzigjährige Cäsar 1916 aus dem Feld geschrieben.[21] 1943 sah sie nicht anders aus. Doch jetzt stand Gott als feste Größe darüber, ohne wie die Götter der Antike direkt in das menschliche Handeln einzugreifen, sondern sinnstiftend – höher als die menschliche Vernunft. Die großen Fragen seiner dreizehnjährigen Tochter, auf die er in seinen Briefen immer wieder zurückkam, wurden zunehmend seine eigenen.

Wenn er es auch vermied, vor seinen Kindern über Politik zu sprechen oder gar Kritik am Nationalsozialismus zu äußern, so machte er in seinem Brief zur Konfirmation seinen beiden Ältesten Eberhard und Annele unmissverständlich deutlich, dass sie sich mit diesem Schritt gegen den Zeitgeist stellten. Deshalb sei es wichtig, dass sie sich »völlig frei und unbeeinflußt und in voller eigener Überzeugung und Verantwortung *selbständig*«[22], nicht mit halbem, sondern mit ganzem Herzen entschieden.

»Nur wenn jeder von Euch in ehrlicher Selbstprüfung gewissenhaft von sich sagen kann, daß er Christ sein und bleiben will und daß es ihm ein wirkliches inneres Bedürfnis ist, sich auch nach außen hin als Mitglied der christlichen Gemeinschaft zu bekennen, ist es richtig, sich jetzt schon in jungen Jahren zu binden. Denn in Eurem späteren Leben, wenn Ihr älter und reifer seid, werden bei jedem von Euch Augenblicke kommen, wo sich aus Eurer Zugehörigkeit

zur christlichen Kirche nicht nur äußere Anfechtungen, ja sogar Anfeindungen ergeben werden, sondern wo Ihr auch mit inneren Zweifeln und Kämpfen zu tun haben werdet. Diese könnt Ihr nur dann bestehen, wenn die Bindung, die Ihr heute eingeht, Euch nicht nur eine oberflächliche Formsache bedeutet, sondern Eurem wirklichen Glauben und echten Gewissen entspricht.«[23]

Zwar ließ er seinen Kindern die Möglichkeit offen, sich gegen die Konfirmation zu entscheiden, doch er machte ihnen unmissverständlich deutlich, auf welcher Seite er stand und warum es so wichtig war, sich gegen diesen Zeitgeist zu stellen, der den christlichen Glauben für »überlebt« und »undeutsch« hielt.

»Warum haben wir gerade in heutiger Zeit Anlaß, uns mit besonderer Inbrunst zum christlichen Glauben zu bekennen?

Weil wir mehr denn je fühlen, daß jeder von uns in Gottes Hand ist, daß er die Menschen und Völker lenkt und daß wir daher tief demütig sein müssen; daß die Menschen die Demut, die Ehrfurcht vor etwas Höherem, Reinerem, Größerem als sie selbst brauchen, wenn sie nicht dem Übermut, dem Größenwahn, dem Verbrechen verfallen wollen. […] Und immer hat es dann schwere Rückschläge gegeben, wenn die Menschen glaubten, ohne Religion, d. h. ohne innere Bindung an Gott, ohne Ehrfurcht vor einer höheren überirdischen Macht auskommen zu können. […]

Man kann ein guter Christ und trotzdem ein guter Deutscher sein. Beides widerspricht sich nicht, sondern im Gegenteil, ergänzt und steigert sich. Wir Deutsche werden uns umso mehr die Achtung der Völker erwerben, wenn das, was wir tun, nicht gegen diejenigen christlichen Gesetze verstößt, die auch sie hochhalten. Sich zum Christentum zu bekennen, ein guter und starker Christ zu sein, die großen und ewigen Mahnungen des Heilands im Neuen Testament sich zur Richtschnur des eigenen Handelns zu machen, steht nicht im Gegensatz zu den Pflichten, die Du, Eberhard, einstmals als deutscher Mann und Kämpfer, und Du, Annele, einst als deutsche Frau und Mutter zu erfüllen haben werdet, sondern enthält in heutiger Zeit mehr denn je alles das, was notwendig ist, um durch das eigene Beispiel unser armes, aus tausend Wunden blutendes deutsches Volk wieder auf den richtigen Weg zu bringen.«[24]

Die Gedanken spiegeln die Überwindung seines eigenen übersteigerten Nationalismus wider, auch wenn die Betonung des Deutschen – und auch des Rollenverständnisses von Mann und Frau – für unsere Ohren befremdlich klingt. Mein Großvater hatte sich auf den Weg gemacht, und es blieb ihm nicht viel Zeit. An der Bedeutung des Christentums gab es für ihn keinen Zweifel: »Es gibt nun einmal in der ganzen bisherigen Geschichte keine geistige Macht, die so wie das Christentum es verstanden hat, die Menschen dazu zu bringen, ihre eigenen Grenzen zu erkennen, das Gute zu wollen und dem Schlechten zu widerstreben.«

Doch solche Sätze waren bei aller Überzeugungskraft auch etwas nüchtern und distanziert, als ginge es nur um die beste aller Möglichkeiten. Welche persönliche Nähe fand er zu dieser göttlichen Macht in der Einsamkeit der Gefängniszelle? Welche zu Jesus Christus? In seinem Konfirmationsbrief geht er auf ihn ein, als »einmalige große Persönlichkeit«, auch als Heiland, Geschenk Gottes und Offenbarung. »Durch seinen Mund, durch sein Leben und Wirken und Leiden hat uns Gott jene großen ewigen Lehren und Grundsätze verkündet, die wir Menschen einhalten, nach denen wir leben und streben müssen, wenn wir besser, reiner, glücklicher werden wollen. Die Lehre Christi ist das größte und tiefste Vermächtnis, das Gott uns Menschen bisher gegeben hat«, schrieb er – Gedanken, die vom Austausch mit Damrath zeugen.

In seinen fünf Monaten Gestapohaft blieb mein Großvater auf der Suche. Er bat mehrmals um eine Bibel – sie wurde ihm verwehrt.[25] General Speidel, als Mithäftling der letzte Zeuge, der dem durch Folter gezeichneten Hofacker im Verhör gegenübergestellt wurde, berichtete in seinen Erinnerungen: »Ehe er abgeholt wurde, bat er – offensichtlich zum wiederholten Male – um eine Bibel, was mit den Worten abgelehnt wurde: ›So etwas führen wir nicht! Sie hätten längst Zeit in Ihrem Leben gehabt, darin zu lesen.‹«[26] Er durfte keine Briefe schreiben, auch keinen

Abschiedsbrief – zumindest hat keiner seine Familie erreicht. Welchen Trost er im Glauben fand, können wir nur aus seinen Gedanken an die Kinder erahnen. Fabian von Schlabrendorff, ein enger Vertrauter Henning von Tresckows und ebenfalls über Monate im Keller der Gestapozentrale festgehalten, sagte später über diese Zeit: »Wer diesen Folterungen der Gestapo unterworfen war, machte die Erfahrung, daß der Mensch mehr ertragen kann, als er selbst glaubt. Wer es noch nicht konnte, lernte beten und erlebte, daß in solchen Lagen das Gebet und nur das Gebet Trost spendet und übermenschliche Kraft verleiht.«[27]

16

Gefangener der SS und Hinrichtung

»Hausgefängnis« ist eine euphemistische Bezeichnung für die Kellerzellen der Gestapozentrale in der Prinz-Albrecht-Straße. Es klingt nach häuslich, persönlich, familiär. Dabei bedeutete es nichts anderes als die unmittelbare Nähe zu den höchsten SS-Schergen in den Büros des Reichssicherheitshauptamts. Ein »Polizeigewahrsam der besonderen Art«[1] nannte es der Reichsführer SS Heinrich Himmler. Hier wurden diejenigen untergebracht, an deren Vernehmung der Polizeistaat ein besonderes Interesse hatte, in erster Linie politische Gegner, anfangs viele Kommunisten.

Im Sommer 1944 füllten sich die 38 kleinen Zellen mit Männern aus dem Umfeld der Verschwörung des 20. Juli. Die meisten blieben nur wenige Wochen, die Zeit der intensiven Verhöre, bis sie entweder in ein anderes Gefängnis verlegt oder hingerichtet wurden.

Mein Großvater verbrachte hier vom 30. Juli bis zum 20. Dezember mehrere Monate, und es gibt nur eine plausible Erklärung für diese recht lange Zeitspanne: Man wollte ihn auch nach seinem Prozess für weitere Verhöre in der Nähe behalten. Hitler hatte die schnelle Aburteilung und sofortige Hinrichtung der Verschwörer gefordert. Stauffenberg, Beck, Olbricht und Mertz waren schon in der Nacht zum 21. Juli erschossen, wichtige im Bendlerblock verhaftete Verschwörer bereits in der ersten Augusthälfte hingerichtet worden. Tresckow und andere hatten den Freitod gewählt – sie alle standen nicht mehr für weitere Verhöre zur Verfügung.

Nachdem die Gestapoermittler aus dem Reichssicherheitshauptamt vom 20. Juli überrascht worden waren, wollten sie jetzt herausfinden, wie weit das Netz der Opposition reichte, wer alles dazugehörte, welche wichtigen gesellschaftlichen Kreise mit eingebunden waren. Die Gestapo hielt meinen Großvater für eine Schlüsselfigur mit Kontakten in den engsten Berliner Widerstandszirkel, in die Pariser Gruppe, zu den Feldmarschällen Kluge und Rommel und in die Wirtschaft. Sie brauchte Zeugen, auch um die umfangreichen schriftlichen Darlegungen Carl Goerdelers zu überprüfen, der zunächst geflohen und erst am 12. August verhaftet worden war. Aus dem innersten Kreis blieben nicht mehr viele übrig.

Außer kleinen, gekritzelten Zetteln mit Fragen nach seiner Frau und den Kindern, die er in seiner Schmutzwäsche hinausschmuggelte, gelangten keine Schriftstücke aus der Haftzeit meines Großvaters nach draußen. Wir wissen nicht, welchen Schikanen er ausgesetzt war, wir kennen nicht seine Gefühle und Gedanken. Wir können nur aus den Schilderungen der Überlebenden einen Eindruck gewinnen, was es bedeutete, mehr als viereinhalb Monate dem ständigen Zugriff einer durch das Attentat aufgestachelten Polizeimacht ausgeliefert zu sein. Allerdings ist kein Fall übertragbar, es gab kein festes System, das gleichermaßen auf alle angewandt wurde. Manch kleine Privilegien wurden den einen gewährt, den anderen hingegen nicht; die einen durften schreiben, die anderen nicht; manche bekamen Lebensmittel und Bücher von draußen, anderen wurden sie nicht ausgehändigt. Wer im Fokus der Ermittler stand, hatte in der Regel größere Schikanen zu erdulden.

Das Gestapoamt, einst Kunstgewerbeschule, war ein imposantes Gebäude aus wilhelminischer Zeit. In der zentralen Halle hingen zwischen den riesigen bleiverglasten Fenstern Hakenkreuzfahnen über Büsten von Hitler und Göring. Doch die Gefangenen des 20. Juli wurden zumeist durch die Hintertür hineingeschleust, möglichst unbeobachtet, ohne Öffentlichkeit.

Welche Aufnahmeprozedur mein Großvater am Sonntag, den 30. Juli, über sich ergehen lassen musste, wissen wir nicht, nur dass der Empfang dort für ihn nicht sehr freundlich war, wie ein Mithäftling später berichtete.[2] Wurden von ihm erkennungsdienstliche Fotos gemacht – von vorne, im Profil und im Halbprofil? Es gibt keine Bilder. Mit Sicherheit führte der Weg zur Effektenkammer am Eingang zum Kellertrakt. Alle persönlichen Gegenstände mussten abgegeben werden: Uhr, Portemonnaie, Fotos, Briefe, Papier und Stift, auch Schlips, Gürtel, Hosenträger und manchmal selbst die Schnürsenkel.

Die nächste Station war dann die Zelle im Keller: etwa anderthalb mal knapp drei Meter groß, mit einem kleinen, vergitterten Fenster direkt unter der Decke und einem Haken an der Wand, an dem tagsüber die hochgeklappte Pritsche befestigt wurde. Ein Schemel, eventuell ein kleiner Tisch.

Wer zum Tode verurteilt wurde, blieb in Fesseln, auch beim Essen und Schlafen. Tagsüber erforderte das ein gewisses Geschick, die notwendigen Handgriffe so eingeschränkt auszuführen, nachts wurde die erzwungene Unbeweglichkeit auf dem Rücken liegend zur Tortur. Aus Sorge, dass sich jemand durch Selbstmord dem Verhör entziehen könnte, waren die Wachen verstärkt worden – beim Rasieren zweimal die Woche standen neben jedem Gefangenen drei Mann. Es gab keinen Hof, um für wenige Minuten das Tageslicht zu sehen und frische Luft zu atmen, kein Gefängnisseelsorger bekam Zutritt in die Prinz-Albrecht-Straße.

Manche Häftlinge berichteten später, dass sie sich über Klopfzeichen mit ihren Nachbarn verständigten – Goerdeler soll in der Zelle neben meinem Großvater inhaftiert gewesen sein. Andere erzählten von kurzen, abgehackten Wortwechseln im gemeinsamen Wasch- oder Luftschutzraum. Niemand von ihnen erwähnte meinen Großvater, vielleicht weil sie ihn nicht kannten. Einige von ihnen teilten im Frühjahr 1945 als Sonderhäftlinge die letzten Stationen der langen Gefangenschaftsodyssee meiner Großmutter und ihrer beiden ältesten Kinder. Fabian von Schlabrendorff zum Beispiel, Hjalmar Schacht, Hitlers langjähriger Reichsbankpräsident, oder Josef Müller, der für den Widerstand die Verbindung zum Vatikan hielt. Auch Pastor Dietrich Bonhoeffer saß zeitgleich mit Hofacker im Hausgefängnis ein und verbrachte später die letzten Tage seines Lebens auf dem Transport der Sippen- und Sonderhäftlinge. Keiner von ihnen konnte meiner Großmutter etwas Persönliches aus dieser letzten schweren Zeit ihres Mannes übermitteln.

Da mein Großvater sein eigenes Mitwirken an der Verschwörung nie geleugnet hatte, konnte es der Gestapo nur darum gehen, Namen von anderen Beteiligten aus ihm herauszubekommen. Dazu dienten die Vernehmung und die »verschärfte Vernehmung«. Obersturmbannführer Kießel, Leiter der Auswertungsstelle der Sonderkommission 20. Juli im Reichssicherheitshauptamt, sagte während seiner Haft aus, dass unter den Ermittlern im Sadismus geschulte »Schläger« waren und manche Anweisung zu einer verschärften Vernehmung von Hitler direkt gekommen sei. Wo beginnt Folter? Einsamkeit, Fesseln, Kälte, Hunger und Schlaflosigkeit, grelle Beleuchtung in der Zelle bei Tag und Nacht, ständige Kontrolle, auch bei den intimsten Verrichtungen, und stundenlange Verhöre zu jeder Tages- und Nachtzeit schwächten die physische und psychische Widerstandskraft. Echte oder auch fingierte Schriftstücke sowie angebliche Geständnisse anderer Gefangener sollten als »Beweise« den Widerstandswillen brechen. Schlabrendorff berichtete später:

»Meistens hatte man drei Beamte vor sich. Der eine bedrohte und überschüttete einen mit Schimpfworten, der zweite sprach in beruhigendem Ton auf einen ein und erklärte, man möge sich doch erst einmal beruhigen und eine Zigarette rauchen. Der dritte Beamte versuchte es mit der Hervorkehrung des Ehrenstandpunktes. So war für jedes Naturell gesorgt, bis der Häftling entweder einer Methode oder der Abwechslung aller Methoden erlag.«[3]

Wer standhielt, hatte damit noch keinen Beweis erbracht, wirklich nichts zu wissen. Etliche Zeugen berichteten später von

Schlägen, willkürlich und überfallartig in der Zelle oder auch systematisch beim Verhör. Schläge von vorne ins Gesicht. Schläge von hinten gegen durch Fesseln wehrlos gemachte Körper, die auf Kopf und Gesicht stürzten. Schlabrendorff musste noch andere mittelalterliche Foltermethoden mit Fingerschrauben und Streckvorrichtungen erdulden. »Diese Justitz ist vollkommen in ihrem komplexen Vernichtungswillen. Ihre drei Stadien sind: 1. die Zerstörung deiner Lebensumstände, 2. die Auslöschung deiner Persönlichkeit und schließlich 3. die Vernichtung deines Körpers auf irgendeine möglichst billige Weise«, schilderte der zum Widerstandsnetzwerk Rote Kapelle gehörende Günther Weisenborn die Situation. In der Zelle sei man allein von der Frage nach der nächsten Tortur beherrscht und ob man ihr standhalten würde.

Blutspuren an seiner Wäsche[4] und die Schilderungen von General Speidel lassen den Rückschluss zu, dass Hofacker gefoltert wurde. Seine Pariser Freunde konnte er nachweislich aus den Ermittlungen heraushalten. Fraglich ist, ob seine Aussagen die Feldmarschälle von Kluge und Rommel belastete. Die Kaltenbrunner-Berichte bleiben vage, aber die Unzuverlässigkeit der SS-Quellen muss auch in diesem Zusammenhang betont werden. Je höher der militärische Rang, je bekannter der Name, desto größer die Geheimhaltung. Die Spur zu Kluge scheint eher über die Heeresgruppe Mitte und Tresckow geführt zu haben.

Noch undurchsichtiger verlaufen die Fäden bei Rommel. Dass Hofacker mit ihm Anfang Juli gesprochen hatte, war der Gestapo bekannt. Kießel schrieb später, von Putsch und Attentat sei bei diesem Treffen keine Rede gewesen. Der SS-Mann bezog sein Wissen zwar direkt aus den Verhören, gilt aber auch nicht als vertrauenswürdiger Zeuge, zumal sich in seinem Bericht eigene Äußerungen mit Ergänzungen der kommunistischen Nachkriegsermittler vermischten. Rommel hatte schon länger den Argwohn Hitlers geweckt, seine offene Kritik an den Durchhalteparolen nach der Invasion verdeutlichte seine Distanz zum »Führer«. Kluges Selbstmord erhärtete schließlich den Verdacht, dass die

Führung der Heeresgruppe B in Frankreich in Staatsstreichpläne einbezogen gewesen war.

Anfang September wurde Rommels Stabschef Speidel verhaftet und in das Hausgefängnis der Gestapo überführt. In dieser Zeit unmittelbar nach Prozess und Todesurteil wird es in den offensichtlich »verschärften Vernehmungen« meines Großvaters vermutlich um Rommel gegangen sein. Speidel schreibt in seinen Erinnerungen: »Mit einer mehrstündigen Gegenüberstellung mit dem schon zum Tode verurteilten und gefesselten Oberstleutnant Dr. von Hofacker schloß die Kette der ersten Vernehmungen. Dr. von Hofacker, der einstige Vertraute Stülpnagels, hatte sich völlig in der Hand, obwohl er Spuren von Mißhandlungen aufwies. In souveräner Weise stellte er sich vor mich.«[5]

Für Hitler stand fest, dass Rommel kompromittiert war. »Führer lässt mich Meldung lesen, die Kaltenbrunner über die Aussagen von Oberstleutnant Hofacker wegen Besprechungen mit K[luge] und R[ommel] gemacht hat. Will Rommel nach seiner Wiederherstellung befragen und ihn dann entlassen, ohne weiteres Aufheben«,[6] schrieb der Chef des Wehrmachtführungsstabs, General Alfred Jodl, am 1. August 1944 in sein Tagebuch. Rommel galt offenkundig als ausreichend belastet, um entlassen zu werden – von einem Todesurteil war noch keine Rede.

Knapp zwei Monate später, am 27. September 1944, vermerkte Hitlers Sekretär Martin Bormann in einer Aktennotiz, dass nach Aussagen Stülpnagels, Hofackers sowie anderer bereits hingerichteter Verschwörer und noch lebender Angeklagter Rommel im Bilde gewesen sei und sich einer neuen Regierung nach gelungenem Attentat zur Verfügung gestellt habe.[7] Der Wortlaut der genannten Aussagen ist nicht bekannt, genauso wenig, unter welchen Umständen sie zustande gekommen waren. Die Historiker interessieren sich für die Notiz vor allem als Beweis dafür, dass Rommel dem Widerstand zuzurechnen ist. An einer öffentlichen Verurteilung des beliebten Volkshelden konnte Hitler nicht gelegen sein. Er ließ ihm Gift schicken, ließ ihn sich selbst das Leben nehmen und ihn anschließend mit viel Pomp und Ehre – aber ohne Anwesenheit führender NS-Größen – beisetzen.

Rommel starb am 14. Oktober, während meinem Großvater noch weitere zwei Monate im Keller der Prinz-Albrecht-Straße bevorstanden. Warum, bleibt Spekulation. Ein möglicher Grund könnte bei den umfangreichen Darlegungen Goerdelers zu finden sein. Dieser unermüdliche Kämpfer, der wie kein anderer den zivilen Widerstand verkörperte, offenbarte schonungslos für sich, aber auch für andere die Hintergründe und Ziele der Verschwörer und hinterließ so dem verhassten System und der Nachwelt ein bleibendes Zeugnis. Anhand dieser Aufzeichnungen lässt sich vermuten, dass die Gestapo Verbindungen des Widerstands in Wirtschaftskreise und insbesondere in die Rüstungsindustrie genauer untersuchen wollte und meinen Großvater deshalb weiter verhörte. Kießel schrieb dazu: »Die Liste war so umfangreich und die Funktionen einer Reihe von Genannten in der Wirtschaft waren von so großer Wichtigkeit, daß Speer die Festnahme einer erheblichen Zahl Beschuldigter verhinderte, um Ausfälle in der Rüstungsproduktion zu vermeiden.«[8]

So gehörten dem Goerdeler nahestehenden Reusch-Kreis neben dem jahrzehntelangen Vorstandsvorsitzenden der Gutehoffnungshütte, Paul Reusch, oder Hjalmar Schacht auch Fritz Thyssen und Albert Vögler an. Beide zählten zum Urgestein der Vereinigten Stahlwerke (VSt). Während Thyssen aus Protest gegen Hitlers Kriegspolitik 1939 Deutschland verlassen hatte, jedoch 1940 von Frankreich ausgeliefert wurde und seitdem als Sonderhäftling im KZ saß, besetzte Vögler nach wie vor führende Posten bei den VSt und im Rüstungsministerium unter Speer. Mein Großvater hatte in Paris im nahen Austausch mit führenden Vorstandsmitgliedern der Vereinigten Stahlwerke gestanden und wusste sich mit ihnen einig in seiner Kritik an Hitlers Besatzungspolitik. Als er im Herbst 1943 in Stülpnagels direkten Stab überwechselte, schickte er unter anderem auch Vögler und dem langjährigen Vorstandsvorsitzenden Ernst Poensgen ein erklärendes, eindeutig gegen Hermann Röchlings umfangreiche Kompetenzerweiterung gerichtetes Schreiben mit dem Hinweis, dass weitere Gründe nur mündlich genannt werden könnten. Es wäre nicht verwunderlich, wenn das Reichssicherheitshauptamt gern diese führenden Rüstungsindustriellen näher unter die Lupe genommen hätte – und dazu auch Hofacker verhörte. Leitende Mitarbeiter der Vereinigten Strahlwerke hatten wohl einen entsprechenden Hinweis erhalten, wie aus einem Tagebucheintrag von Annele vom 27. November 1945 hervorgeht.

»Wir bekamen heute einen Brief von einem führenden Mann aus den Vereinigten Stahlwerken, der uns schrieb, daß Vater seelisch und körperlich unter schwerem Druck gestanden hat, weil man aus ihm die Zusammenhänge der Wirtschaft mit dem 20. Juli erpressen wollte. So schwer es ist; das heißt Folter. Aber Vater schwieg und verriet keinen!«

Es blieb für die Führungsetage der VSt ohne Folgen. Lediglich Carl Wentzel-Teutschenthal, ein Agrarunternehmer aus der Nähe von Halle, der ebenfalls zum Reusch-Kreis gehörte, wurde zum Tode verurteilt und gehängt: am Nachmittag des 20. Dezember 1944 – zusammen mit meinem Großvater.

Während seiner fünfmonatigen Haftzeit im Hausgefängnis der Gestapozentrale in Berlin wird es Phasen gegeben haben, in denen mein Großvater in Ruhe gelassen wurde. Seine Verbindung zur Außenwelt war Josef Boslack, der als Bote bei den Vereinigten Stahlwerken arbeitete und, nachdem er ausgebombt worden war, mit seiner Familie in Hofackers Zehlendorfer Haus wohnte. Zwischen ihm und meinem Großvater hatte sich ein Vertrauensverhältnis entwickelt, das auch den Gestapoverhören standhielt. Boslack brachte ihm seinen Winteranzug ins Gefängnis, versorgte ihn mit frischer Wäsche, Lebensmitteln, Zigaretten und Büchern – alles Dinge, die er selbst erst mühsam beschaffen oder von anderen erbitten musste, zum Beispiel von der Witwe des früheren VSt-Chefs Sempell . Bei manchen fragte er vergeblich, »manche, die feige oder aber eben die Sache von Juli nicht gutheißen taten und mir eine Zigarettenspende versagten«[9]. Noch anderthalb Jahre später sprach aus seinem Brief die Empörung über diese Menschen.

Anders »Püzze« (Bertha) Yorck, inzwischen verheiratete Siemens, der mein Großvater als zwanzigjähriger Fliegerleutnant im Ersten Weltkrieg eine Zeit lang heimlich offenbar zu viele Briefe schrieb, bis die Sache aufflog und von der Mutter unterbunden wurde: Sie »hatte auch sehr viel mit beigesteuert« und erkundigte sich immer wieder bei Boslack nach seinen Besuchen in der Prinz-Albrecht-Straße. Für meine Großmutter bedeutete der ausführliche Brief dieses mutigen Angestellten die einzige Brücke zu den ansonsten in Dunkel gehüllten letzten Monaten ihres Mannes.

»Sehr verehrte gnädige Frau v. Hofacker, Sie können sich beruhigt fühlen, habe alles getan, was ich nur konnte für Ihren lieben treusorgenden Gatten, sei es Beschaffung an zusätzlicher Verpflegung an Obst Zigaretten und vieles mehr, für Sauberhaltung von Wäsche und Lesestoff. […] Zuerst war es mir möglich, wöchentlich zweimal die Betreuung in sehr reichlichem Maße auszuführen. Später wurde es nur einmal gestattet, da hatte die SS alles unter sich bekommen. Die Grüße von gnädige Frau und Kindern, Mutter und Geschwister wurden mir nicht mehr abgenommen, auch nicht erwidert. Es waren furchtbare Leute, schade, daß man sie heute nicht mehr sieht oder den Namen kennt. Zuletzt ging auch die Sache mit der Wäsche nicht mehr in Ordnung, bekam keine schmutzige Wäsche zurück. Wenn man dann nachfragte, bekam man Antworten zurück, daß man sich eben nach und nach nicht mehr traute danach zu fragen. Die Betreuung unter der SS war jedenfalls schwer, bin aber nicht müde geworden. An Wäsche, wie schon im Brief erwähnte, ist mir zuletzt von der SS nichts mehr zurückgegeben, wurde auch sehr abweisend sonderlich behandelt, bis mir eben am 20.12.44 mitgeteilt wurde, daß es zwecklos wäre, weiter was abzugeben. Meine weiteren Nachforschungen bestätigten dann alles Weitere.«[10]

Speidel, der inzwischen in die Sicherheitspolizeischule Drögen bei Fürstenberg verlegt worden war, aber noch einmal im Reichssicherheitshauptamt vernommen wurde, traf meinen Großvater »in ungebeugter Haltung« ein letztes Mal am 19. Dezember im Kellergang der Prinz-Albrecht-Straße. »Nur mit den Augen konnten wir uns grüßen.«[11] Am Abend dieses Tages schrieb Pastor Dietrich Bonhoeffer in einer der Nachbarzellen meines Großvaters an seine Verlobte Maria von Wedemeyer:

»Hier noch ein paar Verse, die mir in den letzten Abenden einfielen. Sie sind der Weihnachtsgruß für Dich und die Eltern und Geschwister.

›Von guten Mächten treu und still umgeben
Behütet und getröstet wunderbar, –
So will ich diese Tage mit euch leben
und mit euch gehen in ein neues Jahr [...]‹«[12]

Am nächsten Tag, dem 20. Dezember, wurde Cäsar von Hofacker gegen Mittag abgeholt und zwischen 15 und 15:30 Uhr im Hinrichtungsschuppen des Strafgefängnisses Berlin-Plötzensee gehängt. Mit gefesselten Händen, ruhig und gefasst sei er an die Richtstätte getreten, so berichtete es im Juni 1946 der katholische Gefängnispfarrer Peter Buchholz in einem Brief an meine Großmutter. Geistigen Beistand durfte er auch in der letzten Stunde vor der Hinrichtung nicht leisten.

»Unter normalen Umständen hätte ich während dieser Zeit die Möglichkeit gehabt, mit ihm zu sprechen und letzte Wünsche und Grüße für seine Angehörigen mitzunehmen, aber leider ist durch ein ausdrückliches Verbot von Hitler auch dieser letzte Trost den Männern vom 20. Juli genommen worden. Als zusätzliche Strafe durften sie vor der Hinrichtung nicht seelsorglich betreut werden. [...]

Ich war am 20.12. in der Anstalt anwesend und habe mich auch in der Nähe gehalten und so aufgestellt, dass er auf seinem Gang zum Schafott mich hat sehen müssen und mich als Pfarrer erkannt hat. So durfte er das tröstliche Gefühl mitnehmen, dass Gebet und Segen des Geistlichen ihm auf seinem letzten Gang das Geleit gaben. Und ich kann bezeugen, dass er in aufrechter mannhafter Haltung den letzten Weg gegangen ist. [...]Die Hinrichtung hat so stattgefunden, daß der Tod sofort eingetreten ist. Alle anderweitigen Darstellungen und Gerüchte sind falsch, darüber kann ich Sie aus meiner genauen Kenntnis aller dieser Dinge mit letzter Gewissheit beruhigen.«[13]

Der Hinrichtungsraum in Berlin Plötzensee – heute eine Gedenkstätte, Aufnahme von 1964 [18]

Es gibt keinen Abschiedsbrief von meinem Großvater. Viele der zum Tode Verurteilten durften vor der Hinrichtung einige letzte Zeilen an ihre Familie verfassen, und wir kennen sehr bewegende Zeugnisse voller Schmerz, aber auch liebevollen Trostes, Dank und Glaubensstärke. Auch Carl Wentzel, der zusammen mit meinem Großvater hingerichtet wurde, hinterließ seinen Angehörigen einen letzten Gruß. Für meine Großmutter bedeutete das Fehlen eines persönlichen Wortes aus der Gefangenschaft einen lebenslangen Schmerz. Eberhard forschte lange Zeit vergebens nach einem eventuell vorhandenen und verloren gegangenen Abschiedsbrief, zuletzt nach der Wende in früheren DDR-Archiven.

So schlimm es war, diese Zeilen nicht zu bekommen, so schmerzlich muss es für meinen Großvater gewesen sein, sie nicht schreiben zu dürfen. Er, der so gern formulierte, mit so viel leidenschaftlichem Schwung seine Gedanken zu Papier brachte, wie sehr muss er darunter gelitten haben, seiner Lotte keine seelische Zehrung für ihren weiteren Weg ohne ihn mitgeben zu können. Er wusste, wie viel ihr seine Worte des Trostes, der Liebe und Zuversicht bedeuten würden.

Im Frühjahr 1944 hatte er angesichts einer größeren Gefährdung durch die bevorstehende Invasion in Frankreich und sicher auch aufgrund seiner Rolle in der Verschwörung gegen Hitler einen langen Abschiedsbrief an sie geschrieben und zur Aufbewahrung seiner Mutter in Tübingen geschickt. Er bat sie, sicherheitshalber eine Kopie anzufertigen und an einem zweiten Ort zu hinterlegen. Albertine von Hofacker versteckte das Original in ihrem Haus und vertraute die Abschrift ihrer Schwester, der Gräfin Stauffenberg, an. Beide Briefe wurden von der Gestapo gefunden, beschlagnahmt und sind seitdem verschollen. Es kostete Cäsars Mutter viel Kraft, ihrer Schwiegertochter im Februar 1945 – in einer Zeit trostloser Ungewissheit – von dem Verlust der Schreiben zu berichten. Sie selbst war mit 72 Jahren nach vier Monaten Haft geschwächt, die Familie gefangen und auseinandergerissen, der Luftkrieg eine tägliche Bedrohung. Sie konnte nicht mehr mit einem Wiedersehen rechnen und versuchte deshalb, aus dem Gedächtnis den Inhalt des Briefes, den sie zur Anfertigung der Kopie abgeschrieben hatte, wiederzugeben.

»Der Brief enthält trotz seiner Länge kein Wort realer Anweisungen, Verhaltensmaßregeln, Ratschläge, ja nicht einmal reale Wünsche – so groß war sein Vertrauen in Dich. Sondern er war ein von heißer Liebe diktiertes Hohelied auf Dich, das Glück, das Du ihm bereitest, auf das, was Du ihm in all den Jahren gewesen bist. Er habe keinerlei Todesahnung, glaube an seinen Stern, aber die Invasion stehe vor der Tür. Sollte es ihn doch treffen, so sollte sie sich auch im ersten großen Schmerz nie von ihm verlassen fühlen, er werde immer um sie sein u. ihr tragen helfen u. je früher der erste Schimmer momenteweis wiederkehrender Beruhigung, ja Frohsinn ihr aufleuchte, desto glücklicher sein. Bei jedem harmonischen Zusammensein von ihr u. den Kindern sollten sie ihn mit frohem Lächeln unter sich wissen.

Und dann geht er ihr gemeinsames Leben in Einzelheiten durch bis zu zärtlichen kleinen Neckereien u. Konflikten.«[14]

Sie schloss mit einem kleinen Hoffnungsschimmer, dass die Gestapo dieses rein persönliche Vermächtnis doch noch zurückgeben würde. »Mit welcher Seligkeit würde ich auf unbegrenzt in die Zelle zurückkehren, wenn Dir dadurch sein eigenes lebendiges Wort würde.«

Die Briefe meines Großvaters an Annele hat die Gestapo nicht gefunden. Ich weiß nicht, wo meine Mutter sie versteckt hatte, aber sie überdauerten Krieg und Gefangenschaft. Sie hütete diese Korrespondenz wie einen geheimen Schatz und wollte sie später auch keinem Historiker anvertrauen. Als sie im Münchner Gefängnis erfahren hatte, dass ihr Vater zum Tode verurteilt worden war, versuchte die Vierzehnjährige sich in einem Gedicht mit seinen Gedanken zu trösten.

»Vater, Gott wird Dich erlösen,
Vater, bald bist Du bei Gott …
Bist fern dann von allem Bösen,
Und fern von der Erdennot.

Für uns wird das Leben dann öde und kahl,
Für uns gibt es wenig Freuden;
Wir müssen ertragen so manche Qual,
Und so manches herbe Leiden.

Unsere Augen werden von Tränen naß,
Und die Seele wird zentnerschwer:
Denn das Plätzchen wo der Geliebte einst saß,
Es ist jetzt verlassen und leer.

Doch ob uns der Schmerz das Herz zerreißt,
Und ob wir ihm folgen wollen,
Solange uns Gott zu leben heißt,
Dürfen wir seinem Willen nicht grollen.

Die Pflichten, die Vaters Händen entgleiten,
Wir müssen sie nun ergreifen;

Wir müssen an ihnen weiterarbeiten,
Bis die göttlichen Aufgaben in uns reifen.

Mutti, wir haben den Vater verloren
In diesen schweren Zeiten;
DICH hat Gott dazu auserkoren,
Uns in Vaters Sinn durchs Leben zu leiten.

Wir müssen den Schmerz gemeinsam tragen,
In festem Vertrauen auf Gott:
Doch unser Empfinden kann keiner sagen,
Und unsere Liebe reicht über den Tod.«[15]

17

Sippenhaft und Nachkriegswehen

Als meine Großmutter die Nachricht vom Todesurteil im Gefängnis erreichte, versuchte sie in einem ersten Impuls ihre beiden großen Kinder mit dem Gedanken an den festen Zusammenhalt der Familie zu trösten und versprach ihnen, ihr Leben so schön wie möglich zu gestalten[1] – in dieser Aufgabe sah sie ihre Bestimmung, und darin fand sie später auch Erfüllung. Doch der Anspruch, bei jeder Auseinandersetzung und Entscheidung gleichzeitig den Part des Vaters mit übernehmen zu müssen und nicht allein nach eigenem Gutdünken zu handeln, sondern so, wie es Cäsar wohl getan hätte, lastete später auf ihr und verunsicherte sie auch bisweilen.

Zunächst aber galt es, die Familie zusammenzuhalten. Die Hoffnung an eine baldige Entlassung aus dem Gefängnis und Heimkehr zu ihren drei jüngsten Kindern gab Lotte die Kraft, nach vorne zu blicken. Doch entgegen aller Erwartung ging es nach dem lange herbeigesehnten Aufbruch am 31. Oktober nicht nach Krottenmühl, sondern einem ungewissen Ziel irgendwo im Osten entgegen. Ihre Verzweiflung erreichte einen neuen Tiefpunkt. Unvergesslich waren Annele die nächtlichen Stunden im Zug, in denen sie nur stumm die Hände der Mutter streicheln konnte.

Sie kamen allerdings nicht wie befürchtet in ein KZ, sondern in ein für damalige Verhältnisse luxuriöses Hotel im Riesengebirge – mit beheizten Zimmern, warmem Wasser und frisch bezogenen Betten. Nach monatelanger Isolation trafen sie in der einsam gelegenen »Hindenburgbaude« auf Schicksalsgefährten: Alexander Stauffenberg, den Bruder von Claus und Berthold, Bertholds Frau Mika sowie einige entferntere Stauffenberg-Verwandte, Angehörige der Familie Goerdeler und der geflüchteten, beziehungsweise in sowjetischer Gefangenschaft lebenden Widerstandskämpfer Gisevius und Kuhn, sowie Fey von Hassell, die Tochter des früheren Botschafters in Rom.

Mindestens genauso überwältigend wie das unverhoffte Wiedersehen waren die Neuigkeiten, mit denen sie empfangen wurden. Cäsar von Hofacker lebte noch, zwar nach wie vor in Gestapohaft, doch das Todesurteil war noch nicht vollstreckt worden. Die Welle neuer Hoffnung überstrahlte die zweite, erschreckende Mitteilung, dass Christa, Alfred und Liselotte längst nicht mehr zu Hause in Krottenmühl lebten, sondern vor mehr als zwei Monaten in ein NS-Kinderheim in den Harz verschleppt worden waren.

Die Neuigkeiten stammten von Melitta, der Frau von Alexander Stauffenberg. Als Flugingenieurin und Testpilotin war sie für die Nazis unabkömmlich und wurde – nachdem man sie als Jüdin durch Verleihung eines Ehrenstatus »arisiert« hatte – nach wenigen Wochen Sippenhaft wieder entlassen. Melitta willigte notgedrungen ein, ihre militärisch wertvollen Testflüge als »Gräfin Schenk« fortzusetzen. Der Name Stauffenberg durfte nicht mehr auftauchen. Die Familie sollte wenn auch nicht ausgelöscht, so gänzlich aus der öffentlichen Wahrnehmung getilgt werden. Dank eines ihr wohlgesonnenen SS-Kriminalkommissars in der Sonderkommission 20. Juli und eigener Beharrlichkeit gelang es Melitta, in losem Kontakt zu einigen der gefangenen Familienangehörigen zu bleiben. Es gehörte zu den Eigenheiten des Willkürsystems, dass die selbst aufgestellten Regeln nicht immer befolgt wurden und nach eigenem Gutdünken auch Ausnahmen möglich waren. Am Ende entschied als oberste Instanz SS Reichsführer Heinrich Himmler – oft nach Rücksprache mit Hitler.

Himmler setzte auch »monatliche Gnadenzuwendungen« für die Witwen der Widerstandskämpfer durch, damit sie »vor dem Schlimmsten bewahrt und versorgt werden«[2] – nachdem zuvor auf seine Veranlassung ihr Vermögen, teilweise bis hin zum Hausrat, beschlagnahmt worden war. Eine »Fürsorge« aus Taktik, nicht aus Mitgefühl, die noch dazu kaum umgesetzt wurde. Bei aller bedingungslosen Hitlerhörigkeit beschlich den obersten SS-Führer eine wachsende Skepsis bezüglich des Endsiegs, und er bemühte sich, sein Image bei den Alliierten zu glätten. Dazu gehörte es, die im Ausland verfemte und in der Bevölkerung gefürchtete Sippenhaft – diese willkürliche Verhaftung ganzer Familien, ohne jegliche juristische Grundlage – als eine Art humanitäre »Schutzhaft« zu tarnen. Ab Oktober 1944 durften die meisten Angehörigen der inzwischen hingerichteten Verschwörer wieder nach Hause zurückkehren – unter der strengen Auflage, über alles Gewesene zu schweigen.

Berichte darüber kursierten dennoch, und Gerüchte fanden so einen günstigen Nährboden. Ernst Kaltenbrunner, der Chef des Reichssicherheitshauptamtes, ließ im Dezember ein Rundschreiben der Sonderkommission 20. Juli 1944 an alle Dienststellen von Gestapo und Sicherheitsdienst schicken, denn er hielt es für »erforderlich, den verschiedentlich auftretenden, von blutrünstigen Phantasien getragenen Gerüchten über ›liquidierte Kinder und ausgerottete alte Frauen‹ sachlich entgegenzutreten«. In einem perfide verharmlosenden, aber immerhin erstmals offiziell schriftlich festgehaltenen Bekenntnis zur Sippenhaft hieß es dazu:

»Im Zuge der Untersuchungen zum 20. 7. mußte eine größere Anzahl von Frauen in Haft genommen werden. Gleichzeitig mit der Inhaftnahme wurden die Kinder unter 16 Jahren Heimen der NSV [Nationalsozialistischen Volkswohlfahrt] überstellt. Um sie nicht unnötigen Anfeindungen seitens ihrer Umgebung auszusetzen, wurde ihnen für die Dauer des Aufenthalts in den betr. Heimen ein neutraler Name gegeben. Der wirkliche Name wurde lediglich dem zuständigen Gauamtsleiter der NSV und der zuständigen Heimleiterin bekannt. Die Kinder wurden in den Heimen normal betreut. Sie kamen, sobald eine der Frauen aus der Haft entlassen werden konnte, wieder zur Mutter zurück. [...] Eine Inhaftnahme der ganzen Sippe wurde für die Familie Stauffenberg (gräfliche Linie) durchgeführt. [...] Weitere Maßnahmen der Sippenhaftung erstrecken sich auf die Familie Goerdeler sowie auf die näheren Angehörigen der flüchtigen Gisevius und Kuhn sowie des zum Tode verurteilten Oberst [sic!] von Hofacker.«[3]

So beschönigend der Text aus dem Reichssicherheitshauptamt auch klingen mochte, die erpresserische Intention der Sippenhaft konnte er nicht verbergen: Solange einer der Verschwörer noch am Leben, den Verhören im Gestapokeller ausgesetzt oder auf der Flucht war, erhöhte das Schicksal der Angehörigen den Druck auf ihn, auszusagen oder sich zu stellen. »Wenn man in so jungem Alter alles weggenommen bekommt, weiß man nicht mehr, wer man ist. Das macht es so bodenlos«, sagte Liselotte Jahrzehnte später in einem Interview über ihre Zeit in Bad Sachsa.[4] Ja, sie wurden »normal betreut«, mit Essen und bei Bedarf mit Medizin versorgt, nicht körperlich misshandelt; sie durften spielen, litten keine äußere Not – aber sie hatten auch keine Bezugsperson, keinen liebevollen Trost und keinerlei Halt in ihrer Verlorenheit.

Zu dem Zeitpunkt, als das Rundschreiben versendet wurde, befand sich die zusammengelegte Gruppe der erwachsenen Sippenhäftlinge schon nicht mehr in der Hindenburgbaude, sondern hinter elektrisch geladenem Stacheldraht in einer zugigen Holzbaracke des KZ Stutthof, 30 Kilometer östlich von Danzig. Abgeschirmt von dem noch sehr viel größeren Elend der übrigen KZ-Häftlinge und auch etwas besser versorgt, bedeutete das Lagerleben unter strenger SS-Bewachung dennoch einen erneuten Absturz in die Hoffnungslosigkeit. Eine Freilassung war nicht mehr zu erwarten, die heranrückende Rote Armee eine zusätzliche Bedrohung. Kälte, Krankheiten und vor allem die Ungewissheit über das Los der kleineren Kinder in Bad Sachsa lasteten in der Eintönigkeit der besonders emotionsgeladenen Vorweihnachtstage schwer auf der Gruppe.

Allein die Gemeinschaft tröstete und stärkte – in den späteren Erzählungen meiner Mutter nahmen der Humor von »Onkel

Moppel« Stauffenberg, die Kartenspiele mit Tante Annie Lerchenfeld, der Schwiegermutter von Claus Stauffenberg, oder die beeindruckende Bildung seines älteren Bruders Alexander einen größeren Raum ein als alles Elend. Erst als sie mir ihre schriftlichen Aufzeichnungen zu lesen gab, bekam ich einen Eindruck von der Wirklichkeit des Haftlebens.

»Am 24. Dezember 1944 stand ein einfach geschmückter Weihnachtsbaum in unserem Gemeinschaftsraum, unter welchem wir eine selbstgebastelte Krippe aufgestellt hatten. Gegen Abend erhielt jeder eine Tüte Gebäck und ein Stück Kuchen. Nachher zündeten wir den Baum an und ich las als Jüngste der Sippenhäftlinge das Weihnachtsevangelium vor. Die Stimmung an diesem Abend war zu ergreifend, um sie näher zu beschreiben. Jeder war in Gedanken zu Hause bei seinen Lieben. Wo mochten die 3 Kleinen dieses Christfest feiern? Was würden sie sich denken, daß sie immer noch nicht mit uns zusammen waren? Wo würde Vater diesen so unendlich schweren Tag erleben?«[5]

Die Todesnachricht erreichte Lotte erst Mitte Januar 1945 in einem Moment schwerster Belastung. Im Lager waren Typhus, Scharlach und Ruhr ausgebrochen, und die Seuchen machten auch vor den abgeschirmten Sonderhäftlingen nicht halt. Meine Großmutter, inzwischen wieder einigermaßen von Scharlach genesen, blieb in dem streng isolierten Krankenzimmer, um meine Mutter zu pflegen, die außer Scharlach eine eitrige Mittelohrentzündung und so hohes Fieber hatte, dass zusätzlich noch der Verdacht auf Typhus bestand und Gustav Goerdeler, der ältere Bruder des Widerstandskämpfers und Arzt, sich ernsthaft Sorgen um sie machte.

Als Eberhard in Erwartung von Post nach den Weihnachtstagen den großen Umschlag vom Reichssicherheitshauptamt aufriss, enthielt dieser außer zwei persönlichen Briefen ein offizielles Schreiben vom Oberreichsanwalt des Volksgerichtshofs. Völlig unvorbereitet hielt der Sechzehnjährige die Nachricht von der Vollstreckung des Todesurteils gegen seinen Vater in den Händen – und durfte sie seiner Mutter zunächst nicht geben. Der Arzt riet dazu, damit zu warten, bis es Annele wieder etwas besser gehe. Nach vier Tagen hielt es Eberhard nicht mehr aus und schrieb ihr einen Brief.

»Bitte erst ganz durchlesen!!!! 10. 1. 45
Liebe Mutti!
Ich muss Dich heute leider auf die sehr ernste und traurige in beiliegendem Brief enthaltene Nachricht vorbereiten. Bitte, liebe Mutti, erschrecke deshalb nicht zu sehr, wenn ich Dir sagen muß, daß unser heißgeliebter Vater doch nicht mehr lebt, was Dir in dem Brief vom Volksgerichtshof offiziell mitgeteilt wird. Ich erhielt diesen Brief schon am vergangenen Samstag Nachmittag, zusammen mit den beiden anderen Briefen. Es ist ein furchtbarer Schlag für uns alle, besonders aber für Dich, und Du kannst Dir denken, wie mir fast das Herz stehen blieb, als ich diesen Brief so ahnungslos öffnete. Gerade weil wir uns in letzter Zeit mit Recht so große Hoffnungen gemacht hatten, trifft es uns heute umso furchtbarer, und ich kann es auch bis heute nicht verstehen, daß uns der Liebe Gott so Schreckliches antun mußte, aber er wird es ja wissen. Es tut mir so leid, daß ich Dich in diesem schweren Leid und bitteren Schmerz ganz allein lassen muß, aber tröste Dich etwas in dem Gedanken an uns und die Kleinen, wie wir es uns ja im Gefängnis so fest vorgenommen hatten.

Nun habe ich noch eine große Bitte an Dich; nämlich: Behalte bitte diese Nachricht vorläufig ganz für Dich, sage sie bitte auf keinen Fall Ännerle oder den übrigen Kranken im Krankenzimmer (insbesondere der alten Frau Goerdeler wegen) und lasse Dir nach Möglichkeit nach außen nichts anmerken. Denn: nach Ansicht von Herrn Dr. G. sowie allen übrigen Menschen hier, kann Ännerle, die doch wohl auf dem Höhepunkt des Scharlachs jetzt angekommen ist, diese Nachricht seelisch nicht vertragen, und wenn, würde es für sie nur einen ernsten Rückschlag bedeuten. Sie darf es einfach unter keinen Umständen jetzt noch nicht erfahren, und deswegen habe ich Dir die Nachricht auch bis jetzt verschwiegen, in der Hoffnung, daß es Ännerle bis heute schon besser gehen würde, was aber leider nicht der Fall ist, und deswegen darf sie es eben noch nicht erfahren. [...] Ich weiß, daß Du Dich furchtbar zusammennehmen mußt, aber Du wirst es schaffen. Später, wenn es ihr einmal viel besser geht, kann man es ihr ja sagen! Wir müssen und wir werden es schaffen. Dies Schicksal, und sei es noch so schwer, werden wir meistern. So, Du Liebe, nun lebe wohl, alles, alles Gute,

Dein Eberhard«[6]

Mit dem russischen Vormarsch begann Ende Januar die Evakuierung des KZ Stutthof bei eisigen Temperaturen, Sturm und Schnee. Die Sippenhäftlinge gehörten zu den wenigen Privilegierten (das Wort kann nur im Vergleich mit der unfassbaren Grausamkeit der Todesmärsche aus den KZs richtig verstanden werden), die sich nicht zu Fuß auf den Weg machen mussten, sondern in zugigen Eisenbahnwaggons auf Stroh lagernd in einmonatiger Fahrt nach Buchenwald gebracht wurden. Das Flüchtlings- und Häftlingselend, das ihnen auf dieser Reise begegnete, ließ sie das eigene Schicksal geduldiger ertragen. Anna von Lerchenfeld starb unterwegs an einer Lungenentzündung. Anfang März kamen sie in dem Konzentrationslager an, wurden wieder in einer etwas abseits gelegenen Baracke untergebracht und trafen dort auf weitere Familienangehörige von Männern des 20. Juli sowie des in sowjetischer Gefangenschaft agierenden Nationalkomitees Freies Deutschland.

Eine Woche bevor die Amerikaner am 11. April 1945 Buchenwald befreiten, wurden die Sippenhäftlinge in einer auf 56 Personen angewachsenen Gruppe in zwei Bussen zusammengepfercht Richtung Dachau geschickt. Eigentlich sollten die Kinder aus dem gar nicht so weit entfernten Bad Sachsa zu dem Transport hinzukommen, doch ein englischer Luftangriff auf die Stadt Nordhausen, in den die Kleinen auf der Fahrt zum Bahnhof mitten hineingerieten, verhinderte in letzter Minute die geplante Zusammenführung. Christa, Alfred und Liselotte mussten noch bis Anfang Juni in dem Kinderheim ausharren, bis sie dort von ihrer Großtante, der Rotkreuzschwester Alexandrine von Üxküll gefunden und abgeholt wurden.

Für manche Kinder war es vielleicht ein Segen, in der gewohnten Umgebung bleiben zu können und nicht die letzten Stationen der Sippenhaftodyssee teilen zu müssen. Für Hofackers – so denke ich zumindest – traf das nicht zu. Drei Monate gemeinsame Haft, so bedrohlich sie sicherlich in der Schlussphase auch noch war, hätten die Familie in anderer Art und Weise das Erlebte verarbeiten lassen, mit viel Nähe und Zeit füreinander. Meiner Großmutter wären lange Wochen der schrecklichen Ungewissheit über den Verbleib ihrer drei Jüngsten erspart geblieben. So fanden sie erst Ende Juli 1945 wieder zueinander, und im harten Nachkriegsalltag verdrängten andere Nöte den Blick zurück. Lieber nicht an unliebsamen Erinnerungen rühren.

Unter den prominenten 139 Gefangenen aus 17 Nationen,[7] die schließlich vom Konzentrationslager Dachau aus Ende April einem letzten Befehl Himmlers folgend in eine imaginäre Alpenfestung in Südtirol gekarrt wurden, befanden sich neben den Sippenhäftlingen auch Politiker, Diplomaten, Geheimagenten, ausländische und deutsche Offiziere sowie Geistliche: Hjalmar Schacht, Fritz Thyssen, der Prinz von Hessen, Pastor Martin Niemöller, der frühere französische Premierminister Léon Blum, der österreichische Bundeskanzler Kurt Schuschnigg sowie Fabian von Schlabrendorff. Sie alle wurden genau wie die Hofackers und ihre Gefährten kurz vor Kriegsende in den Dolomiten von Wehrmachtssoldaten aus den Händen der SS befreit. Dietrich Bonhoeffer erlebte dieses glückliche Ende nicht mehr. Am 8. April war er zwischen Buchenwald und Dachau von der Gestapo aus dem Transport herausgeholt und am Tag darauf im Konzentrationslager Flossenbürg ermordet worden.

Die Tage vor der Befreiung zählten wahrscheinlich zu den gefährlichsten der Gefangenschaft. Die Häftlinge waren einer 80-köpfigen SS-Wachmannschaft ausgeliefert, die in dem allgemeinen Chaos des Zusammenbruchs keinerlei Kontakt mehr zu ihren Vorgesetzten hatte. Was hinderte sie daran, die »Verräter« zu liquidieren, anstatt sich mit Holzvergaserbussen über den Brenner zu quälen und mit einer mühsamen Quartiersuche zu plagen? Wem hätten diese Geiseln noch nutzen können? Zahlreiche willkürliche SS-Morde an Gefangenen zeigen, dass solche Gedanken nicht abwegig waren, und die Schergen drohten den Häftlingen mehrmals damit, sie zu erschießen.

In der kleinen Südtiroler Ortschaft Niederdorf im Pustertal drohte die Situation zu eskalieren. Das vorgesehene Quartier war von einem Wehrmachtsstab belegt, die Bewacher wussten nicht, wohin mit ihren Gefangenen, und diese sahen in dem organisatorischen Chaos nunmehr Möglichkeiten zur Flucht. Genau das aber hätte die gefürchtete Kurzschlussreaktion der SS auslösen können. In dieser angespannten Situation gelang es einem der Häftlinge, einem deutschen Offizier in Uniform, heimlich Kontakt zum Oberkommando der Heeresgruppe Süd aufzunehmen. Die Geiseln sollten unter den Schutz der Wehrmacht gestellt werden. Am Tag darauf riegelte eine 150 Mann starke Kompanie den Marktplatz von Niederdorf ab und verlieh damit der Forderung zusätzlichen Nachdruck. Das Kräftemessen zwischen den Soldaten der Wehrmacht und den SS-Bewachern endete unblutig mit einem wütenden Abzug der SS – nicht zuletzt dank der Intervention des ranghöchsten SS-Repräsentanten in Italien, Karl Wolff. Dieser frühere Adjutant Himmlers verhandelte in einem späten Gesinnungswandel, der in erster Linie auf die eigene Haftverschonung abzielte, mit den Amerikanern einen Waffenstillstand, um in den letzten Apriltagen 1945 den Krieg in Italien zu beenden. Dafür brauchte er die Zustimmung des Oberbefehlshabers Süd und musste jeden Konflikt zwischen SS und Wehrmacht vermeiden. Ganz abgesehen davon, dass bei einem Massaker der SS an den internationalen, zum Teil illustren Geiseln seine Gespräche mit den Alliierten sicherlich gescheitert wären. Meine Mutter empfand es zeitlebens als versöhnlich, dass sie zuerst von deutschen Soldaten befreit worden waren.

Es sollte weitere zwei Monate dauern, bis Hofackers nach Krottenmühl zurückkehren konnten. Am 4. Mai 1945 wurden die Häftlinge ein zweites Mal befreit – diesmal von den Amerikanern. Damit endete eine kurze, ganz besondere Phase: Fünf Tage lang hatte sich die bunt zusammengewürfelte Gruppe in einem abgeschiedenen Berghotel am Pragser Wildsee dank Lebensmittelspenden der Bevölkerung selbst versorgt. Fünf Tage außerhalb von Raum und Zeit, in denen die Erleichterung und das gemeinsam Erlebte alles Trennende belanglos werden ließ und es keine Rolle spielte, wer welche Uniform trug. Mit den Amerikanern kamen die Journalisten und die Fragen nach nationaler und politischer Zugehörigkeit. Meine Mutter realisierte erstmals den Zwiespalt, als Deutsche durch eine andere Nation befreit zu werden:

»Die Amerikaner kamen und befreiten uns endgültig. Ihr riesiger Tross überflutete die ganze Umgebung des Hotels: Jeeps und Lastautos, Funkwagen, Zelte, Feldküchen. Soldaten und Offiziere waren ungeheuer freundlich, zuvorkommend und hochgestimmt. War das der Moment, den wir neun Monate lang herbeigesehnt hatten? Ich weiß es nicht. Unsere wirkliche Befreiung hatte in Niederdorf stattgefunden; heute wurden unsere Befreier selbst entwaffnet und gefangengenommen. Es war ein sehr zwiespältiges Gefühl: in den Siegestaumel unserer ausländischen Gefährten und der amerikanischen Soldaten konnten wir nicht recht einstimmen. Wir waren gleichzeitig befreit und auf der Seite der Besiegten; es ist schwer zu erklären.«[8]

Wassilij Kokorin konnte der Ankunft der Alliierten noch weniger abgewinnen. Der Neffe des sowjetischen Außenministers Molotow, der auch zur Geiselgruppe gehörte, setzte sich rechtzeitig zu italienischen Partisanen ab, um sich nicht von der »Hure England«[9] befreien zu lassen. Zuvor forderte er Annele auf, ihn doch recht bald in Russland zu besuchen, und schrieb ihr seine Adresse auf einen Zettel: Moskau, Roter Platz 17. Doch er starb wenig später an Wundbrand in einer kleinen Berghütte mangels medizinischer Versorgung, als in der Kälte alte Frostbeulen neu aufbrachen.

Meine Großmutter drängte es nach Hause. Sie hatte im KZ Buchenwald von der Gestapo gehört, dass der Harz zum Kampfgebiet erklärt worden war und das Kinderheim in Bad Sachsa vor dem Einmarsch der Amerikaner evakuiert werden sollte – ohne Näheres über einen Ort zu erfahren, zu dem man die Kinder bringen wollte, geschweige denn von der geplanten und dann missglückten Zusammenführung. Auf dem Transport quer durch Deutschland hatte sie die zerstörten Landstriche und Städte gesehen, und die Vorstellung, irgendwo in diesen Trümmern ihre Kinder zu wissen – falls sie überhaupt noch lebten –, ließ sie voller Sorge und Ungeduld den Aufbruch nach Deutschland herbeisehnen.

Doch die Amerikaner brachten die Deutschen zunächst nach Süditalien – zur Erholung, vor allem aber, um die NS-Sonderhäftlinge etwas genauer unter die Lupe zu nehmen. Männer wie Thyssen oder Schacht hatten Hitler ja zunächst durchaus tatkräftig unterstützt, bevor sie sich 1939 von ihm abwandten. Fast fünf Wochen verbrachten Hofackers auf Capri, und selbst Eberhard und Annele konnten nach ein paar Tagen diesem zwangsverordneten Urlaub nichts mehr abgewinnen. Die Rückreise über Paris führte ihnen deutlich vor Augen, was es hieß, einer verhassten Nation anzugehören. Bei ihrem zweiwöchigen Zwischenstopp im zerbombten Frankfurt erlebten sie hingegen eine Welle der spontanen Anteilnahme und Sympathie seitens der Bevölkerung. In dieser frühen Nachkriegszeit war von der später verbreiteten Abwehrhaltung gegenüber dem Widerstand noch nichts zu spüren.

Am 27. Juni 1945 kamen Hofackers wieder in ihrem Zuhäusl in Krottenmühl an. Drei Wochen später hatte Lotte die nötigen Passierscheine, ein Auto, einen Fahrer und den Sprit für die Reise organisiert, um Christa, Alfred und Liselotte bei württembergischen Verwandten in der französischen Besatzungszone abzuholen. Am 28. Juli 1945 notierte meine Mutter in ihr Tagebuch:

»Ich weiß nicht, wie ich diesen Tag beschreiben soll, er war zu erschütternd, denn heute kam Mutti mit den 3 Kleinen zurück. Dieses Wiedersehen nach einem vollen Jahr war so schön, daß ich es nicht weiter beschreiben kann. Am meisten verändert fand ich Goldi [Liselotte], aber auch Christa ist sehr viel erwachsener geworden.«

Bei diesem kurzen Eintrag blieb es. Schon am nächsten Tag schrieb sie in ihr Tagebuch, dass sie heimlich mit ihrer Freundin Hertha Zigaretten aus Schilfgras geraucht habe.

Sie mussten als Familie erst wieder zusammenwachsen. Jeder trug seine eigenen Narben aus diesem Jahr der Trennung. Worte konnten die unterschiedlichen Erfahrungen nur schwer überbrücken – und es wurde auch nicht viel darüber gesprochen. Der Alltag hatte sie schnell im Griff. Die Schule für die drei Großen begann zwar erst wieder ein halbes Jahr später, doch die Pflichten in Haus und Gemüsegarten, auf dem Kartoffel- und Zuckerrübenacker, bei der Beeren-, Bucheckern- und Brennholzsuche waren umso vereinnahmender. Die Versorgung blieb trotz sogenannter KZ-Zulagen schwierig, doch es herrschte dank der Hilfsbereitschaft von Freunden, Nachbarn und Bauern in der Umgebung keine existenzielle Not.

»Sonst kümmert sich kein Mensch um uns. Gott sei Dank hatte ich noch Geld auf d. Bank in Rosenheim, sodass ich leben kann. Die Stahlwerke werden eine Pension zahlen, aber nach den Nachrichten, die ich habe, nicht mehr als 400 Mk. Trostlos wenig mit den 5 Kindern, die doch nun erst anfangen zu kosten«, schrieb meine Großmutter im November 1945 an eine Freundin.[10] Sie fühlte sich um zehn Jahre gealtert.

Die finanzielle Lage blieb wenn auch nicht besorgniserregend, so doch angespannt. Studieren konnten nur die Söhne – dank der Unterstützung des Hilfswerks 20. Juli 1944. Ein Antrag auf »Entschädigung für Schaden an Leben« wurde 1958 vom Bayrischen Landesentschädigungsamt für die Hinterbliebenen abgewiesen mit der Begründung, dass Cäsar von Hofacker zwar »unter Einsatz von Freiheit, Leib oder Leben den Nationalsozialismus aus Gründen, die den Verfolgungsgründen des Par. BEG entsprechen, bekämpft hat und deshalb verfolgt worden ist«[11]. Seine Mitgliedschaft in der NSDAP könne jedoch nicht als lediglich nominell betrachtet werden, da er außerdem den Dienstgrad eines Obersturmführers der SA gehabt habe. Das bayrische Finanzministerium intervenierte dann zugunsten Hofackers beim Landesentschädigungsamt und stellte klar, dass er mit diesem Dienstgrad vom Stahlhelm in die SA überführt und danach nicht weiterbefördert worden sei. Am Ende stand der Erbengemeinschaft eine Kapitalentschädigung für vier Haftmonate meines Großvaters zu: pro Monat 150 DM, insgesamt 600 DM. Angerechnet wurden nur volle Monate, also nicht die Zeit vom 25.7. bis zum 31.7.1944 und vom 1.12. bis zum 20.12.1944. Wie deprimierend müssen solche bürokratischen Auseinandersetzungen für meine Großmutter gewesen sein!

Schneller und vor allem großzügiger als vom Staat erfolgte die finanzielle Unterstützung durch die Vereinigten Stahlwerke. Auch hier muss die korrekte, aber sehr nüchterne Abrechnung meiner Großmutter zugesetzt haben: Zu der üblichen monatlichen Verbliebenenrente von 455 Mark kamen noch ausstehende Zulagen vom Oktober 1944 bis zum Sterbemonat Cäsars hinzu, dann noch weitere drei Monate Gnadenquartalsbezüge und eine Tantieme für das Geschäftsjahr 1943/44 von 8250 Mark – das alles abzüglich der Lohnsteuer.[12] Dass die Gehaltsansprüche ihres als »Hochverräter« hingerichteten Mannes nachträglich ausgezahlt wurden, war absolut keine Selbstverständlichkeit. Die Anteilnahme, die Lotte von einigen seiner ehemaligen Vorgesetzten erfuhr, reichte weit in die Nachkriegszeit und äußerte sich nicht zuletzt in einem großzügigen Geschenk zur Hochzeit meiner Mutter – Cäsars ältester Tochter – 1956.

18
Dornen oder Lorbeeren?

Meine Großmutter erfuhr in ihrem persönlichen Umfeld viel Mitgefühl und Unterstützung – bei Freunden, Nachbarn und auch den Bauern der Umgebung, die sie regelmäßig mit dem Fahrrad aufsuchte, um ein paar abgetragene Kinderschuhe oder einen Wintermantel von Cäsar gegen Lebensmittel einzutauschen. Manch einer kam zu ihr mit der Bitte um einen »Persilschein«, ein Zeugnis darüber, dass diese Person kein Nazi gewesen sei. Wildfremde Menschen schickte sie wieder weg, nicht aber den früheren Turnlehrer ihrer Kinder, der in der Erinnerung meiner Mutter Parteimitglied war. Er hatte sie im Münchner Gefängnis mit Lebensmitteln und Nachrichten aus Krottenmühl versorgt. Doch Hofackers erlebten auch, dass Menschen ihnen mit zurückhaltender Ablehnung begegneten. Selbst nach dem Krieg, als die kaum zu ertragenden Bilder von der Befreiung der Konzentrationslager gezeigt wurden und sich das Ausmaß der von Deutschen begangenen Verbrechen immer eindeutiger offenbarte, blieb die Frage nach Legitimation und dem Verdienst von Männern wie meinem Großvater strittig – und für einige ist sie es bis heute.

Weite Kreise der Bevölkerung empfanden den Widerstand gegen Hitler als unliebsamen Stachel. Er trübte das geflissentlich gepflegte Bild, dass Opposition in der NS-Diktatur nicht möglich gewesen sei.

Leichter, als das eigene Nichtstun oder sogar systemtreue Handeln infrage zu stellen, war es, das Attentat gegen den »Führer« in guter Nazidiktion als Verrat anzusehen. Noch zehn Jahre nach dem versuchten Staatsstreich stellte die Meinungsforscherin Elisabeth Noelle mit Entsetzen fest: »Beinahe die Hälfte aller Leute, die über den 20. Juli mitreden können, sagen über die Verschwörer nur Nachteiliges, vor allem, daß es sich um Verrat handele, um Hochverräter, Landesverräter, Volksverräter oder Staatsverräter.«[1]

»Ich hoffe und glaube, daß den Männern des 20. Juli einmal in der Geschichte der richtige Platz zuteil wird«, schrieb meine Großmutter im Oktober 1945.[2] Sie ahnte wohl nicht, wie komplex dieser Prozess sein würde, auch wenn sich die Stimmung ab Mitte der Fünfzigerjahre langsam änderte. Im Zuge des Kalten Kriegs passte es zunehmend in das politische Selbstverständnis der Bundesrepublik, an eine antitotalitäre Widerstandstradition anzuknüpfen. Das führte zur öffentlichen Würdigung der Männer des 20. Juli – an eine aktive Rolle der Frauen dachte man in diesem Zusammenhang noch nicht –, gleichzeitig aber auch zu ihrer Vereinnahmung als geistige Väter der neuen demokratischen Ordnung.

Dieses wenig differenzierte Widerstandsbild musste früher oder später Widerspruch hervorrufen, denn es weckte die Erwartung, dass Männer wie Beck, Goerdeler, Stauffenberg oder auch Hofacker schon 1944 einem Demokratieverständnis entsprachen, das sich in der Bundesrepublik erst nach und nach entwickeln würde. Auch schloss die antitotalitäre Verengung des Begriffs die Kommunisten aus – und damit gerade die Menschen, die sich der NS-Diktatur schon in ihren Anfängen widersetzt hatten, die aber angeblich nur die braune Diktatur durch eine rote ersetzen wollten.

Als die jüngere Generation in den Sechzigerjahren verstärkt das Verhalten ihrer Eltern während der NS-Diktatur hinterfragte und eine radikalere Aufarbeitung forderte, setzte eine notwendige und zugleich weit über das Ziel hinausschießende Gegenbewegung in der Bewertung des versuchten Umsturzes des 20. Juli ein. Während linke Widerstandsgruppen endlich gewürdigt wurden, richtete sich der Blick auf den politischen Hintergrund der konservativen und militärischen Verschwörer mit neuen – teilweise auch altbekannten Vorwürfen: Sie seien eine elitäre, im Grunde antidemokratische und imperialistisch denkende Gruppe gewesen, die sich erst angesichts des offensichtlich verlorenen Krieges zum Handeln durchringen konnte.

Die Radikalität der Beurteilung des Staatsstreichversuchs in die eine oder andere Richtung als Begleiterscheinung einer offenen Debatte und historischen Aufarbeitung des Widerstands vom 20. Juli war für die Angehörigen oft schmerzlich: Denn wenn in der Öffentlichkeit bewundernd oder abschätzig, immer aber distanziert über Helden, Verräter oder eine kompromittierte Elite und ihre Ideale gestritten wurde, so verbanden die Familien damit ein Gesicht, einen Menschen, der ihnen fehlte und den sie doch selbst am besten zu kennen meinten.

»Du weißt, dass Cäsar für mich der Inhalt meines Lebens war, und ihn zu verlieren war der härteste Schlag«,[3] schrieb meine Großmutter 1945 an ihre Freundin. Kinder und Enkel vermochten diese Lücke auch später nie ganz zu schließen. In einem eigenständigen Leben eine neue Erfüllung zu finden kam ihr jenseits der 50 nicht mehr in den Sinn. 1947 zog die Familie in das hofackersche Haus nach Tutzing – ein enormer Kraftakt für meine Großmutter, da sie neben ihren täglichen Aufgaben und über eine Entfernung von mehr als 100 Kilometern hinweg die künftige Bleibe erst einmal herrichten lassen und möblieren musste. Vor allem aber bedeutete es eine erneute Entwurzelung und Trennung von engen Freunden.

Jetzt stand für sie weniger der tägliche Überlebenskampf im Mittelpunkt als die Erziehung der heranwachsenden fünf Kinder. Cäsar fehlte ihr mit seinen klaren Wertvorstellungen und seiner selbstverständlichen Autorität. »DICH hat Gott dazu auserkoren, uns in Vaters Sinn durchs Leben zu leiten«, hatte Annele mit der Ernsthaftigkeit einer Vierzehnjährigen im Gefängnis gedichtet und dabei ungewollt bei meiner Großmutter einen wunden Punkt getroffen. Das Bestreben, seinen vermeintlichen Maßstäben gerecht zu werden, überforderte sie und die Kinder. Der Vater als mahnendes Denkmal, das habe einerseits zu verstärktem Widerstand, andererseits zu großer Ratlosigkeit geführt und das Erwachsenwerden erschwert, erinnerte sich meine Mutter, denn auch sie und ihre Geschwister fühlten sich ja seinem Vermächtnis verpflichtet.

Sie alle bewahrten das Bild eines äußerst zugewandten, liebevollen und nahen Vaters, der mit ihnen tobte, ihnen Geschichten erzählte und sie ernst nahm. Er fehlte ihnen – wie viel auch immer sie bewusst von ihm erlebt hatten. So ging es vielen Kindern ihrer Generation, und doch machte es einen Unterschied, ob der Vater wie so viele andere im Krieg gefallen – oder verhaftet und gehängt worden war. Sie spürten sein Schicksal als Erbe, das sie auf unterschiedliche Weise begleitete und prägte.

Die drei Älteren hatten intensivere Erinnerungen an den Vater, vor allem aber konnten sie sein Handeln besser einordnen. Ihre Liebe und der Verlust, den sie empfanden, fanden in ihrer spontanen Bewunderung Ausdruck. Die Jüngeren hatten zunächst keine Erklärung für das, was mit ihnen geschehen war: die Trennung von der Familie, eine fremde Umgebung und fremde Menschen, Heimweh. Im Kinderheim durfte nicht einmal der Name ihres Vaters erwähnt werden, aber nach der Befreiung bezeichnete der neue Bürgermeister von Bad Sachsa ihn auf einmal als Helden. »Ich wusste gar nicht, was das war«, sagte Liselotte; und sie habe doch das verpflichtende Gefühl verspürt, selbst auch besonders mutig sein zu müssen. Später flossen dann zunehmend die Erzählungen und Emotionen der Mutter in die eigene Erinnerung an den Vater ein.

Gleichzeitig begriffen die Kinder schnell, dass man besser nicht von der Tat und allem, was damit zusammenhing, sprach, weil die meisten es nicht hören wollten. Alfred erlebte es in der Volksschule als ausgrenzend, dass die Väter seiner Klassenkameraden Entnazifizierungsverfahren durchlaufen mussten. Auch wenn er nicht offensichtlich angefeindet wurde, so gehörte er einfach nicht dazu. Zu Hause schmeichelte es ihm allerdings, wenn er schon aufgrund seines Äußeren mit dem Vater verglichen wurde – und doch hat genau das seine Kindheit auch belastet.

Sie beide, Alfred und Liselotte, mussten sich aus diesem Schatten erst befreien. Dabei halfen ihnen gerade die Lebensabschnitte des Vaters, mit denen wir uns heute schwertun. Als meine Großmutter 1974 in Tutzing starb, entdeckte Alfred neben den Briefen meines Großvaters auch dessen Redemanuskripte aus der Studentenzeit und den frühen Dreißigerjahren. Der Schock war zunächst gewaltig. Die demokratiefeindlichen Schriften und radikal-nationalen Aufrufe passten so gar nicht in sein Bild. Nach und nach holten sie den Vater von seinem Podest. In seinen Irrwegen war er anfechtbar und fehlbar, dem Sohn menschlich aber wieder nahbar geworden.

Das Vaterbild der Eltern hat auch uns Enkel geprägt. Meine Mutter hatte nie den anfänglichen Zuspruch ihres Vaters zu Hitlers Politik und Großmachtstreben geleugnet – aber es spielte für sie keine Rolle, gehörte zum Zeitgeist und musste deshalb nicht kritisch hinterfragt werden. Was zählte, war der Mensch, den sie viel zu früh verloren hatte – und natürlich die Tat. Das alles hatte ich mit der Muttermilch aufgesogen. Später kamen dann die verstörenden Schriften meines Großvaters hinzu, genauso wie die zutiefst berührenden Briefe voller Empathie und Wärme. Das Bild verdichtete sich, gewann in einer Mischung aus menschlicher Nähe und zeitlicher Distanz an Lebendigkeit und räumlicher Kontur.

Die Tragweite und historische Bedeutung seines Handelns kann ich jetzt besser ermessen. Ich empfinde es als tröstlich, dass es in diesem dunkelsten Abschnitt deutscher Geschichte Menschen gab, die persönliches und familiäres Glück hinter ihren Wertvorstellungen zurückstellten. Ich bin dankbar für den Entwurf ihrer Regierungserklärung, der die von Deutschland begangenen Verbrechen klar benannte und die Wiederherstellung der »Majestät des Rechts« an oberste Stelle setzte.

Auch wenn die politischen Vorstellungen von Männern wie meinem Großvater noch nicht unserem Demokratieverständnis entsprachen, vermag ich seine politischen Abwege als Student aus der Stimmung der Zeit heraus nachzuvollziehen. Aber ich hadere mit der Bereitschaft eines erwachsenen Menschen, den Versuchungen einer Diktatur zu erliegen und an die Integrität eines Tyrannen zu glauben.

Ich bewundere seine konsequente Umkehr.

Nach einer Studie der Friedrich-Ebert-Stiftung befürworteten im Jahr 2023 mehr als sechs Prozent der befragten Deutschen eine rechtsgerichtete Diktatur mit einer einzigen Partei und einem starken Führer »zum Wohle aller«. 23 Prozent stimmen dieser Staatsform in Teilen zu – Tendenz steigend.

Dank

Ohne das große Vertrauen meiner Hofacker-Familie und den Langmut meiner Kernfamilie hätte ich dieses Buch nicht schreiben können.

Christopher Dowe hat mich mit seiner profunden Fachkenntnis begleitet, Annette Brüggemann mit ihrem Rat und Enthusiasmus. Stellvertretend für viele, die mich mit hilfreichen Hinweisen bei der Recherche unterstützt haben, möchte ich Christian Schweizer, Piotr Chruscielski und Jacques Renard nennen. Catharina Stohldreier und Niko Baumann haben mir mit einem großartigen Lektorat den Weg zum Buch geebnet. Ihnen allen danke ich von Herzen.

Anhang

Kurzbiografien aus dem engsten Widerstandskreis

Claus Schenk Graf von Stauffenberg (15.11.1907 – 20.7.1944): Berufsoffizier, Cousin Cäsar von Hofackers, ab 1943 treibende Kraft des militärischen Widerstands, ließ am 20. Juli 1944 die Bombe in der Wolfsschanze detonieren und kämpfte bis zuletzt – vergeblich – für die Umsetzung des Staatsstreichs in Berlin. Er wurde in der Nacht zum 21. Juli erschossen.

Berthold Schenk Graf von Stauffenberg (15.3.1905 – 10.8.1944): Jurist und Völkerrechtler, Bruder von Claus und früher als dieser in Verbindung zu Widerstandskreisen. Er wurde am 10. August vom Volksgerichtshof zum Tode verurteilt und in Berlin Plötzensee hingerichtet.

Fritz-Dietlof, »Fritzi«, Graf von der Schulenburg (5.9.1902 – 10.8.1944): Verwaltungsjurist, naher Freund Cäsar von Hofackers, zunächst überzeugter Mitstreiter der NS-Bewegung und bis zum Krieg in hohen Verwaltungsposten tätig, ab 1938 entschiedener Verfechter von Staatsstreich und Attentat. Er besaß Verbindungen in unterschiedliche Widerstandskreise. Am 10. August wurde er zum Tode verurteilt und hingerichtet.

Adam von Trott zu Solz (9.8.1909 – 26.8.1944): Diplomat, geprägt durch Auslandsstudien und -aufenthalte und mit vielen persönlichen Kontakten nach England. Er gehörte mit zum Kreisauer Kreis und in den Wochen vor dem Attentat zu den nahen Vertrauten Stauffenbergs. Am 15. August wurde er zum Tode verurteilt und am 26. in Berlin Plötzensee gehängt.

Ulrich-Wilhelm Graf von Schwerin von Schwanenfeld (21.12.1902–8.9.1944): Landwirt, Freund Yorcks und Schulenburgs. Er war ein Verbindungsglied zwischen militärischem und zivilem Widerstand und besaß nahe Kontakte zu den Kreisauern sowie auch zu Witzleben, Beck und Stauffenberg. Er wurde am 20. Juli im Bendlerblock verhaftet, am 21. August zum Tode verurteilt und am 8. September hingerichtet.

Albrecht Ritter Mertz von Quirnheim (25.3.1905–20.7.1944): Berufsoffizier, Freund Stauffenbergs, als Chef des Stabes bei General Olbricht im Bendlerblock maßgeblich für die Umsetzung des versuchten Staatsstreichs verantwortlich. Er wurde in der Nacht zum 21. Juli erschossen.

Georg Alexander Hansen (5.7.1904–8.9.1944): Berufsoffizier, Nachfolger von Admiral Canaris als Chef der Abwehr, seit 1938 in Verbindung zu Widerstandskreisen. Den 20. Juli verbrachte er zur Taufe seiner Tochter in Bamberg, kehrte am Tag danach mit den Worten »Mein Platz ist in Berlin« in die Hauptstadt zurück und wurde dort verhaftet. Am 10. August wurde er zum Tode verurteilt und am 8. September gehängt.

Peter Graf Yorck von Wartenburg (13.11.1904–8.8.1944): Jurist, Vetter Hofackers und Stauffenbergs, Freund von Schulenburg und Schwerin, Mitinitiator der Kreisauer Gespräche. Er gehörte zum engsten Widerstandskreis, der Gedanken über eine grundsätzliche Neuordnung einbrachte. Am 20. Juli wurde er im Bendlerblock verhaftet, am 8. August zum Tode verurteilt und in Berlin Plötzensee gehängt.

Ludwig Beck (29.6.1880–20.7.1944): war Generalstabschef des Heeres bis zu seinem Rücktritt 1938 aus Opposition zu Hitlers Kriegspolitik, danach Mittelpunkt des militärisch-bürgerlichen Widerstands und designiertes Staatsoberhaupt im Falle eines geglückten Staatsstreichs. Er war Mitverfasser einer Regierungserklärung, die eine Wiederherstellung des Rechtsstaats an oberste Stelle setzte. Nach dem Scheitern des Umsturzes versuchte er, sich das Leben zu nehmen, und wurde auf Befehl von General Fromm in der Nacht zum 21. Juli 1944 erschossen.

Friedrich Olbricht (4.10.1888–20.7.1944): nahm als Chef des Allgemeinen Heeresamtes beim Oberkommando des Heeres in Berlin eine zentrale Position für den versuchten Staatsstreich ein und manipulierte schon 1942 heimlich die Walküre-Befehle, um nach einem Attentat auf Hitler eine Machtübernahme durch die Verschwörer zu ermöglichen. Als eine der Schlüsselfiguren wurde er noch am 20. Juli im Hof des Bendlerblocks zusammen mit Stauffenberg, Mertz von Quirnheim und Werner von Haeften erschossen.

Henning von Tresckow (10. 1. 1901 – 21. 7. 1944): war einer der entschiedensten Verfechter des Widerstandsgedankens unter den Offizieren. Bereits seit Mitte 1942 arbeitete er mehrmals vergeblich daran, Attentate auf Hitler zu organisieren. Zusammen mit Stauffenberg überarbeitete er die von Olbricht angepassten Walküre-Pläne zu einer detaillierten Regieanweisung für den Staatsstreich. Als Generalmajor im Herbst 1943 an die Ostfront versetzt, konnte er sich nicht aktiv an den unmittelbaren Umsturzvorbereitungen beteiligen, drängte jedoch bis zuletzt auf die Notwendigkeit zu handeln. Nach dem Scheitern des Staatsstreichversuchs erschoss er sich an der Frontlinie.

Carl Heinrich von Stülpnagel (02. 1. 1886 – 30. 8. 1944): war Militärbefehlshaber in Frankreich und ein enger Vertrauter Hofackers. Sein entschiedenes Handeln am 20. Juli 1944 ließ den Umsturz in Paris ungeachtet der hoffnungslosen Lage in Berlin zunächst gelingen. Nach der Weigerung des Oberbefehlshabers West, sich der Verschwörung anzuschließen und im Westen zu kapitulieren, mussten jedoch alle Putschmaßnahmen rückgängig gemacht werden. Am 21. Juli nach Berlin zitiert, versuchte Stülpnagel sich bei Verdun das Leben zu nehmen, überlebte jedoch schwer verletzt und erblindet und wurde am 30. August vor dem Volksgerichtshof zum Tode verurteilt und am selben Tag in Plötzensee gehängt.

Stammbaum der Familie Üxküll-Gyllenband

Alfred Graf Üxküll-Gyllenband 1838 – 1877 ∞ **Valerie Gräfin von Hohenthal** 1842 – 1878

- **Albertine** 1872 – 1946 ∞ **Eberhard von Hofacker** 1861 – 1928
  - Cäsar 1896 – 1944
  - Alfred 1897 – 1917
  - Brigitte 1899 – 1991
  - Annemarie 1905 – 1981
  - Eva 1907 – 1954
- **Alexandrine (Lasli)** 1873 – 1963
- **Karoline** 1875 – 1956 ∞ **Alfred Schenk Graf von Stauffenberg** 1860 – 1936
  - Berthold 1905 – 1944
  - Alexander 1905 – 1964
  - Claus 1907 – 1944
- **Nikolaus (Nux)** 1877 – 1944 ∞ **Ida Huberta Freiin von Pfaffenhofen-Chledowsky** 1887 – 1952
  - Alexander 1909 – 1999
  - Elisabeth 1911 – 1980
  - Olga (Dusi) 1920 – 2014

Aufbau der Militärverwaltung im besetzten Frankreich

Der Militärbefehlshaber in Frankreich
General Otto von Stülpnagel 1940 – 1941
General Carl-Heinrich von Stülpnagel 1942 – 1944

Kommandostab
Oberst Hans Speidel 1940 – 1942
Oberst Karl Richard Koßmann 1942 – Juni 1944
Oberst Hans-Otfried von Linstow Juni/Juli 1944

Verwaltungsstab
Ministerialdirektor Jonathan Schmid 1940 – 1942 (pers. Referent: Walter Bargatzky)
Ministerialdirektor Elmar Michel 1942 – 1944

Abteilung Verwaltung
Ministerialdirektor Werner Best 1940 – 1942
Ministerialdirektor Franz Albrecht Medicus 1942 – 1944

Verwaltung I	Allg. Verwaltung
Gruppe 1 – 5	
Gruppe 1	**Allg. und innere Verwaltung (Friedrich Freiherr v. Teuchert)**
Verwaltung II	Justiz
Verwaltung III	Finanzen

Abteilung Wirtschaft
Ministerialdirektor Elmar Michel 1940 – 1944

Wirtschaft I	Allg. Wirtschaftsangel. + Wi-Transport
Wirtschaft II	Gewerbliche Wirtschaft
Grupe A – L	
Gruppe D	**Eisenschaffende Industrie und Gießereien (Cäsar von Hofacker 1940 – 1943)**
Wirtschaft III	Ernährung und Landwirtschaft
Wirtschaft IV	Forst u. Jagdwesen
Wirtschaft V	Außenhandel, Geld- und Versich.wesen
Wirtschaft VI	Preisregelung
Wirtschaft VII	Arbeitseinsatz und Sozialwesen
Wirtschaft VIII	Finanzen

Abbildungsnachweis

[1], [2], [6], [7], [11–15], [17] in Privatbesitz; [3] © GL Archive/Alamy Stock Foto; [4] © Gedenkstätte Deutscher Widerstand; [5] © bpk/Bayerische Staatsbibliothek/Archiv Heinrich Hoffmann; [8] © The Protected Art Archive/Alamy Stock Foto; [9] © GRANGER – Historical Picture Archive/Alamy Stock Foto; [10] © The Print Collector/Alamy Stock Foto; [16] © CBW/Alamy Stock Foto; [18] © bpk.

Anmerkungen

Persönliche Einführung

1 Brief an Anna-Luise von Hofacker vom 25.01.1944, Privatbesitz.

1 Letzte Absprachen

1 Ernst Kaltenbrunner war der Chef des Reichssicherheitshauptamts.
2 Brief an Lotte von Hofacker vom 30.12.1939, HdGBW DLG 1196/007/30.
3 Brief an Cäsar von Hofacker vom 02.01.1941, HdGBW DLG 1196/008/02.
4 Hans-Adolf Jacobsen: *Spiegelbild einer Verschwörung. Die Opposition gegen Hitler und der Staatsstreich vom 20. Juli 1944 in der SD-Berichterstattung. Geheime Dokumente aus dem ehemaligen Reichssicherheitshauptamt,* Stuttgart 1984, Bd. 1, S. 101.
5 Ebenda, S. 101.
6 Ebenda, S. 136.
7 Ebenda, S. 103 f., 136.
8 Brief an Lotte von Hofacker vom 17.07.1944, HdGBW DLG 9611/010/46.

2 Familienbande

1 Alfred Späth: *Zum Andenken an Nikolaus Graf von Üxküll,* Vierteljahreshefte für Zeitgeschichte, Jahrgang 8, Heft 2.
2 Ebenda.
3 Ebenda.
4 Brief vom 06.09.1914, HdGBW DLG/1196/050/03.
5 Peter Hoffmann: *Claus Schenk Graf von Stauffenberg. Die Biographie,* München 2007, S. 33.
6 Paul Sauer: *Württembergs letzter König. Das Leben Wilhelms II.,* Stuttgart 1994, S. 290.
7 Brigitte von Kaehne: *Erinnerungen,* Familienbesitz.
8 Rede zum Sedantag 1913, HdGBW DLG 1196/043/03.
9 Gotthard Freiherr von Falkenhausen, In Memoriam Cäsar von Hofacker, HdGBW DLG1196/011/06, S. 6.

3 Der große Krieg

1 *Der große Krieg.* Eine Chronik von Tag zu Tag. Urkunden, Depeschen und Berichte der *Frankfurter Zeitung.* Heft 1, Frankfurt a. Main 1914, S. 21.

2 Ebenda, S. 38.
3 Brief an die Eltern vom 04.08.1914, HdGBW DLG 1196/050/02.
4 Eberhard von Hofacker: *Der Weltkrieg*, Stuttgart 1927, S. 7.
5 Barbara Tuchmann: *August 1914*, Frankfurt a. M. 2013, S. 332.
6 Brief an Albertine von Hofacker vom 03.12.1914, HdgBW DLG 1196/050/09.
7 Brief an Albertine von Hofacker vom 23.12.1914, HdGBW DLG 1196/050/12.
8 Alfred Satter: *Die deutsche Kavallerie im Ersten Weltkrieg*, München 2004, S. 22.
9 Ebenda, S. 41 ff.
10 Brief an Eberhard von Hofacker vom 01.02.1916, HdGB DLG 1196/053/02/30.
11 Brief an Albertine von Hofacker vom 04.02.1916, HdGBW DLG 1196/053/02/34.
12 Briefentwurf an Bertha Gräfin Yorck von Wartenburg vom 02.08.1916, HdGBW DLG 1196/053/09/01.
13 Ebenda.
14 Brief an Albertine von Hofacker vom 06.09.1916, HdGBW DLG 1196/053/11/08.
15 Brief an Albertine von Hofacker vom 15.02.1917, HdGBW DLG 1196/047/05.
16 Brief an Albertine von Hofacker vom 17.01.1917, HdGBW DLG 1196/047/02/13.
17 Brief an Albertine von Hofacker vom 09.02.1917, HdGBW DLG 1196/047/05.
18 Brief an Albertine von Hofacker vom 25.02.1917, HdGBW DLG 1196/047/06.
19 Brief an Albertine von Hofacker vom 24.02.1917, HdGBW DLG 1196/047/06.
20 Brief an Albertine von Hofacker vom 7.04.1918, HdGBW DLG 1196/048/04/01.
21 Jacobsen: *Spiegelbild einer Verschwörung*, S. 169.
22 Brief an Albertine von Hofacker vom 05.02.1923, HdGBW DLG 1196/042/10/02.
23 Brief an Albertine von Hofacker vom 01.09.1918, HdGBW DLG 1196/048/09/01.

4 Sabotage, Flucht und Gefangenschaft

1 *Balkanerlebnisse*, 1920, HdGBW DLG 1196/039.
2 Ebenda.
3 Ebenda.

4 Ebenda.
5 Jacques-Marcel Renard: *Les prisonniers allemands en mains françaises durant le premier conflit mondial 1914–1920,* Paris 2023, S. 168.
6 Ebenda, S. 166 sowie Comité international de la croix-rouge, documents publiés à l'occasion de la guerre (1914–1918), 21ième série, Genève 1919, S. 25 ff. sowie Bericht des Leutnants d. R. Fürwentsches vom 03. 09. 1920, HdGBW DLG 1196/022/05.

5 Frankreich – eine schwierige Liebe

1 Eckart Conze: *Die große Illusion.* Versailles 1919 und die Neuordnung der Welt, München 2018, S. 184.
2 Friedensvertrag von Versailles. Artikel 231 bis 247. Völkerbundssatzung (28. Juni 1919), in: documentArchiv.de [Hrsg.], URL: http://www.documentArchiv.de/wr/vv01.html, Stand: 15. 02. 2024.
3 Ernst von Salomon: *Die Geächteten,* Berlin 1930, S. 151.
4 Walther Schulz: *Die Hochschulring-Bewegung. Ihre Grundlagen und Auswirkungen,* Berlin 1927, S. 26 f.
5 *Die Wehrhaftmachung der Deutschen Studentenschaft.* Ansprache gehalten von Cäsar von Hofacker in Tübingen im Februar 1921 vor den Württembergischen Hochschulringen, HdGBW DLG 1196/01/36.
6 Ebenda.
7 Brief an Albertine von Hofacker vom 13. 06. 1922, HdGBW DLG 1196/042/09/20.
8 Brief an Albertine von Hofacker vom 03. 02. 1922, HdGBW DLG 1196/042/09/02.
9 Handschriftliches Redemanuskript für die Mitgliederversammlung am 15. Dezember 1920, das Hofackers Urheberschaft des gedruckten 1. Tätigkeitsberichts des Nationalen Studentenbunds Tübingen vom 15. Oktober 1920 bis 10. Februar 1921 belegt. HdGBW DLG 1196/001/04/23. Nach Manfred Schmid hatte sich der Tübinger Bund durch seine rührigen Aktivitäten innerhalb der nationalen und studentischen Organisationen einen Namen gemacht und führte den »Arierparagrafen« ein, um dieses Ansehen zu behaupten. Manfred Schmid: *Die Tübinger Studentenschaft nach dem Ersten Weltkrieg 1918–1923,* Tübingen 1988, S. 66.
10 Brief an Eberhard von Hofacker vom 10. 04. 1922, HdGB DLG 1196/042/09/10.
11 Brief an die Eltern vom 17. 11. 1919, HdGBW DLG 1196/023/05/10.
12 Brief an Cäsar von Hofacker vom 07. 12. 1919, HdGBW DLG 1196/06/08.
13 Brief an Eberhard von Hofacker vom 02. 07. 1922, HdGBW DLG 1196/042/09/21.
14 Cäsar von Hofacker an Anna-Luise, Brief vom 22. 11. 1943, Privatbesitz.

15 Brief an einen französischen Professor (Anfang mit Anrede und Datum fehlt, datiert 1928), HdGBW DLG/1196/05/12/01.

6 Zwischen allen Stühlen

1 Hofacker, Stahlhelmrede 1933, HdGBW DLG 1196/005/17.
2 Brief an Erich von Prittwitz vom 24.07.1928, HdGBW DLG1196/005/11/01.
3 Brief an Albertine von Hofacker vom 19.08.1934, DLG1196/016/35/01.
4 Brief an Albertine von Hofacker vom 23.08.1934, DLG1196/016/35/03.
5 Hofacker, Außenpolitische Betrachtungen 1939, HdGBW DLG1196/006/04.
6 Ebenda.
7 Ebenda.
8 Ebenda.
9 Brief an Albertine von Hofacker vom 19.09.1937, HdGBW DLG 1196/115/16.
10 Brief an Albertine von Hofacker vom 28.04.1939, HdGBW DLG/1196/115/27.
11 Ebenda.
12 Brief an Lotte von Hofacker vom 28.08.1939, HdGBW DLG/1196/007/019/07.
13 Brief an Lotte von Hofacker vom 30.06.1944, HdGBW DLG 1196/10/44/08.
14 Brief an Albertine von Hofacker vom 16.09.1939, HdGBW DLG 1196/115.
15 Brief an Albertine von Hofacker vom 31.12.1939, HdGBW DLG 1196/115.
16 Brief an Lotte von Hofacker vom 30.12.1939, HdGBW DLG 1196/07/30.
17 Brief an Albertine von Hofacker vom 31.12.1939, HdGBW DLG 1196/115.
18 Brief an Lotte von Hofacker vom 28.06.1940, HdGBW DLG 1196/007/35.
19 Brief an Lotte von Hofacker vom 15.07.1940, HdGBW DLG 1196/007/44.
20 Ebenda.
21 Brief an Lotte von Hofacker vom 30.06.1944, HdGBW DLG 1196/10/44/08.
22 Brief an Lotte von Hofacker vom 15.07.1940, DLG 1196/007/44.
23 Brief an Lotte von Hofacker vom 03.07.1940, HdGBW DLG 1196/007/37.
24 Walter Bargatzky: *Hotel Majestic. Ein Deutscher im besetzten Frankreich*, Freiburg 1987, S. 41.
25 Ebenda.
26 Brief an Lotte von Hofacker vom 07.07.1940, HdGBW DLG1196/007/38.

27 Undatierter Brief an Lotte von Hofacker, HdGBW DLG 1196/007/41.
28 Brief an Lotte von Hofacker vom 10.07.1940, HdGBW DLG 11996/007/39.
29 Ebenda.
30 Philippe Mioche: »Les entreprises sidérurgiques sous l'occupation«, in: Histoire, économie et société, 1992/11–3, S. 399.
31 Undatierter Brief an Lotte von Hofacker, HdGBW DLG 1196/007/52.
32 Ernst Jünger: *Strahlungen.* Vierte durchgesehene Auflage, Tübingen 1955, S. 378.
33 Brief an Lotte von Hofacker vom 15.07.1940, HdGBW DLG 1196/007/44.
34 Brief an Lotte von Hofacker vom 10.07.1940, HdGBW DLG 1196/007/39.
35 Philippe Mioche: »Les entreprises sidérurgiques«, S. 400, Françoise Berger: *La France, l'Allemagne et l'Acier (1932–1952). De la stratégie des cartels à l'élaboration de la CECA,* Paris 2000, S. 497 f., 502, 589.
36 Briefe von Jules Aubrun, Eugène Roy, Henri Fayol und Pierre Ricard im Nachlass Hofacker, Haus der Geschichte Baden-Württemberg, Stuttgart.
37 Bernhard Brunner: *Der Frankreich-Komplex, Die nationalsozialistischen Verbrechen in Frankreich und die Justiz der Bundesrepublik Deutschland,* Frankfurt a. M. 2007, S. 34 ff.
38 Ebenda, S. 46.
39 Ebenda.
40 Brief an Lotte von Hofacker, 14.12.1941, DLG 1196/008/41/05.
41 Brunner: *Der Frankreich-Komplex,* Seite 31.
42 Françoise Berger, Alexis Aaron: »Ingénieur sidérurgiste«, in: *Archives juives,* Nr. 44/1, mars 2011, S. 136–139.
43 Die Zahlen sind der Website der Gedenkstätte Yad Vashem entnommen.

7 Von Kooperation zu Konspiration

1 Hofacker, *Außenpolitische Betrachtungen,* Frühjahr 1939, HdGBW DLG 1196/006/04.
2 Brief an Lotte von Hofacker vom 05.01.1941, HdGBW DLG 1196/008/04.
3 Brief an Lotte von Hofacker vom 19.01.1941, HdGBW DLG 1196/008/11/03.
4 Brief an Lotte von Hofacker vom 26.01.1941, HdGBW DLG 1196/008/14/09.
5 Brief an Lotte von Hofacker vom 23./24.04.1941, HdGBW DLG 1196/008/22/05.
6 Brief an Lotte von Hofacker vom 29.07.1941, HdGBW DLG 1196/008/26/03.

7 Brief an Lotte von Hofacker vom 10.08.1941, HdGBW DLG 1196/008/27/05.
8 Brief an Lotte von Hofacker vom 28.08.1941, HdGBW DLG 1196/008/28/07.
9 Brief an Fritz-Dietlof Graf von der Schulenburg vom 27.10.1941, HdGBW, DLG 1196/006/13.
10 Brief an Lotte von Hofacker vom 10.08.1941, HdGBW DLG 1196/008/27/05.
11 Brief an Lotte von Hofacker vom 23./24.04.1941, HdGBW DLG 1196/008/22/05.
12 Brief an Lotte von Hofacker, vermutlich Juni 1942 (Anfang nicht mehr vorhanden), HdGBW DLG 1196/008/72/09.
13 Ebenda.
14 Brief an Cäsar von Hofacker vom 19.06.1942, HdGBW DLG 1196/008/60.
15 Brief an Lotte von Hofacker, Juni 1942, HdGBW DLG 1196/008/72/09.
16 Brief an Lotte von Hofacker vom 08.08.1942, HdGBW DLG 1196/008/64/05.
17 Hoffmann: *Claus Schenk Graf von Stauffenberg*, S.347.
18 Brief an Cäsar von Hofacker vom 04.11.1941, HdGBW DLG 1196/008/33.
19 Brief an Lotte von Hofacker vom 21.08.1941, HdGBW DLG 1196/008/67/09.
20 Arne Radtke-Delacor: »Die ›gelenkte Wirtschaft‹ in Frankreich«, in: Alain Chatriot, Dieter Gosewinkel (Hrsg.): *Figurationen des Staates: Deutschland und Frankreich 1870–1945*, Pariser Historische Studien, Bd.72, München 2006, S.253.
21 Brief an Lotte von Hofacker vom 22.09.1942, HdGBW DLG 1196/008/71/07.
22 Vernehmungsprotokoll von Rudolf Damrath, London 1945, National Archives Research Administration (NARA), Washington DC, USA, Record Group 226 (OSS records), OSS R and A Branch Summaries XL 8003; London-OSS-OP-3, Container #208, Folder 71 ARC# 595664.
23 Falkenhausen: *In Memoriam Cäsar von Hofacker*, S.8.
24 Ebenda.
25 Ebenda.

8 Vom Planen, Zaudern und Misslingen

1 Jürgen Schmädeke: »Militärische Umsturzversuche und diplomatische Oppositionsbestrebungen zwischen der Münchener Konferenz und Stalingrad«, in: Peter Steinbach, Johannes Tuchel (Hrsg.): *Widerstand gegen den Nationalsozialismus*, Bonn 1994, S.297.

2 Ebenda, S. 301.
3 Jünger: *Strahlungen*, S. 379.
4 Schmädeke: »Militärische Umsturzversuche«, S. 313.
5 Brief an Cäsar von Hofacker vom 05. 02. 1943, HdGBW DLG 1196/009/04.
6 Ulrich von Hassell: *Die Hassel Tagebücher 1938–1944, Aufzeichnungen vom anderen Deutschland*, Eintrag vom 09. 06. 1943, Berlin 1988, S. 411 f.
7 Detlef Graf von Schwerin: »*Dann sind's die besten Köpfe, die man henkt«, Die junge Generation im deutschen Widerstand*, München 1994, S. 323.

9 Die Verschwörung

1 Brief an Cäsar von Hofacker vom 27. 08. 1943, HdGBW DLG 1196/009/28.
2 Hoffmann: *Claus Schenk Graf von Stauffenberg*, S. 320.
3 Brief an Lotte von Hofacker vom 18. 07. 1943, HdGBW DLG 1196/009/26/07.
4 Brief an Cäsar von Hofacker vom 23. 08. 1943, HdGBW DLG 1196/009/27/02.
5 Abschiedsrede im Hôtel Royal-Monceau am 27. 09. 1943, HdGBW DG 1196/006/45/01.
6 Ebenda.
7 Brief an Lotte von Hofacker vom 12. 09. 1943, HdGBW DLG 1196/009/31/07.
8 Brief an Lotte von Hofacker vom 13. 06. 1944, HdGBW DLG 1196/010/34/11.
9 Jacobsen: *Spiegelbild einer Verschwörung*, S. 521.
10 Friederike Gräfin von Podewils: *Aufzeichnungen der Sekretärin von General von Stülpnagel über den 20. Juli 1944*, Institut für Zeitgeschichte München, ZS 0284, S. 2 f.
11 Peter Hoffmann, Stauffenberg, S. 356.
12 Brief an Cäsar von Hofacker vom 09.O1.1944, HdGBW DLG 1196/010/02.
13 Brief an Lotte von Hofacker und die Kinder vom 15. 01. 1944, HdGBW DLG 1196/010/03.
14 Bargatzky: *Hotel Majestic*, S. 127.
15 Friedrich Freiherr v. Teuchert, undatierte Aufzeichnungen, Institut für Zeitgeschichte München, ZS-0309, S. 11.
16 Falkenhausen: *In Memoriam Cäsar von Hofacker*, S. 8.
17 Reichsführer SS Heinrich Himmler auf der Gauleitertagung am 3. August 1944 in Posen, Institut für Zeitgeschichte, Vierteljahreshefte 1953, Heft 4, S. 381.

18 Brief an Lotte von Hofacker vom 26.06.1944, HdGBW DLG 1196/010/42.
19 Teuchert: *undatierte Aufzeichnungen,* S. 16.
20 Gotthard Freiherr von Falkenhausen: *Erinnerungen an die deutsche Widerstandsbewegung,* 1953, Institut für Zeitgeschichte München, ZS-0225, S. 17.
21 Teuchert, *undatierte Aufzeichnungen,* S. 16 f.
22 Die Informationen stammen aus: Elmar Michel: *Pariser Erinnerungen,* München. 1953, Institut für Zeitgeschichte, ZS 0272, S. 10.
23 Jacobsen: *Spiegelbild einer Verschwörung,* S. 68.
24 Michel: *Pariser Erinnerungen,* S. 10.
25 Brief an Lotte von Hofacker vom 13.06.1944, HdGBW DLG 1196/010/34/11.
26 Die Schilderungen beruhen auf den Berichten von Teuchert und Bargatzky.

10 Attentat und Staatsstreich

1 Hans Freiherr von Boineburg-Lengsfeld: »Als Kommandant von Groß-Paris am 20. Juli 1944«, in: Bengt von zur Mühlen/Frank Bauer: *Der 20. Juli in Paris, Verlauf, Hauptbeteiligte, Augenzeugen,* Berlin 1995, S. 198.
2 Zitiert nach Wilhelm von Schramm: *Aufstand der Generale,* München 1978, S. 93.
3 Persönliche Aufzeichnungen des Generals d. Inf. Blumentritt über den 20. Juli 1944 aus dem Jahr 1946, Institut für Zeitgeschichte München, ZS 0208.
4 Schramm: *Aufstand der Generale,* S. 105. Der Autor beruft sich auf Blumentritt, dessen Aufzeichnungen deutlich weniger ausführlich sind, sowie auf persönliche Mitteilungen der Beteiligten. Blumentritt sagte 1957, die Darstellung Schramms sei sachlich richtig, wenn auch in den wörtlich angeführten Partien gewiss etwas journalistisch ausgeschmückt. Schramm war als Wehrberichterstatter in Paris tätig, nicht in die Verschwörung eingeweiht, jedoch mit dem Umfeld des Umsturzes vertraut. Er sammelte die hier verwendeten Zeugenberichte und stellte sie anschließend dem Institut für Zeitgeschichte zur Verfügung.
5 Blumentritt: *Persönliche Aufzeichnungen.*
6 Schramm: *Aufstand der Generale,* S. 109.
7 Blumentritt: *Persönliche Aufzeichnungen.*
8 Schwerin: »*Dann sind's die besten Köpfe, die man henkt*«, S. 410 ff.
9 Max Domarus: *Hitler. Reden 1932–1945,* München 1965, Bd. 4, S. 2128.
10 Ebenda.

11 Paris in den Tagen danach

1 Zitiert nach Anthony K. Martienssen: *Hitler and his Admirals,* New York 1949, S. 215.

2 Boineburg-Lengsfeld, Hans Freiherr von: »*Als Kommandant von Groß-Paris*«, S. 200.

3 Michel: *Pariser Erinnerungen,* S. 13.

4 Ebenda, S. 14.

5 Gotthard Freiherr von Falkenhausen: *Erinnerungen an die deutsche Widerstandsbewegung,* S. 21.

6 Hans Buwert: *Erinnerungen an den 20. Juli 1944 in Paris,* 1953, Institut für Zeitgeschichte München, ZS 0023.

7 Friederike Gräfin von Podewils: *Aufzeichnungen der Sekretärin von General von Stülpnagel über den 20. Juli 1944,* S. 6 f.

8 Ebenda.

9 Zitiert nach Robert Smelser: *Robert Ley, Hitlers Mann an der »Arbeitsfront«,* Paderborn 1989, S. 285.

10 Falkenhausen: *Erinnerungen an die deutsche Widerstandsbewegung,* S. 29.

11 Ebenda.

12 Jacobsen: *Spiegelbild einer Verschwörung,* S. 426.

13 Michel: *Pariser Erinnerungen,* S. 22.

14 Jacobsen: *Spiegelbild einer Verschwörung,* S. 715.

15 Ebenda, S. 717.

16 Ebenda, S. 718.

17 Brief an Lotte von Hofacker vom 17. 07. 1944, HdGBW DLG 9611/010/46.

18 Siehe die Berichte von Elmar Michel und Friedrich Freiherr v. Teuchert im Institut für Zeitgeschichte sowie Schramm: *Aufstand der Generale* und Friedrich Freiherr Hiller von Gaertringen: »›Sie sollen jetzt schweigen, Herr Präsident‹ – Oberstleutnant d. R. Cäsar von Hofacker«, in: Bengt von zu Mühlen, Frank Bauer (Hrsg.): *Der 20. Juli 1944 in Paris,* S. 41–60, hier S. 41.

19 Teuchert: *undatierte Aufzeichnungen,* S. 29.

12 »Stark bleiben und den Helm doppelt fest binden«

1 Peter Longerich: *Heinrich Himmler. Biographie,* München 2008, S. 717. Zum Thema Sippenhaft: Valerie Riedesel: *Geisterkinder. Fünf Geschwister in Himmlers Sippenhaft,* Holzgerlingen 2017.

2 Reichsführer SS Heinrich Himmler auf der Gauleitertagung am 3. August 1944 in Posen. Institut für Zeitgeschichte, Vierteljahreshefte 1953, Heft 4, S. 385.

3 Brief an Eberhard von Hofacker vom 31. 08. 1943, HdGB DLG1196/178.

4 Brief an Anna-Luise von Hofacker vom 11. 03. 1943, Privatbesitz.

5 Brief an Cäsar von Hofacker vom 15.03.1943, Privatbesitz.
6 Brief an Cäsar von Hofacker vom 11.04.1943, Privatbesitz.
7 Brief an Lotte von Hofacker vom 17.04.1943, Privatbesitz.
8 Brief an Anna-Luise von Hofacker vom 16.04.1943, Privatbesitz.
9 Brief an Anna-Luise von Hofacker vom 22.11.1943, Privatbesitz.
10 Brief an Hete Pahl vom 26.11.1945, HdGBW DLG 1196/202.
11 Brief an Cäsar von Hofacker vom 12.04.1944, HdGBW DLG 1196/10/19.
12 Brief an Lotte von Hofacker vom 30.06.1944, HdGBW DLG 1196/43/05.
13 Riedesel: *Geisterkinder*, S. 82.
14 Schriftliche Erinnerung im Nachlass Anna-Luise von Rosen, geb. von Hofacker, undatiert, Privatbesitz.

13 Der Prozess

1 Persönliche Aufzeichnungen des Generals d. Inf. Blumentritt über den 20. Juli 1944 aus dem Jahr 1946, Institut für Zeitgeschichte München, ZS 0208.
2 HdGBW DLG1196/012/33/01.
3 »Aufzeichnungen des SS-Obersturmbannführers Dr. Georg Kiesel« [richtig: Kießel], in: *Nordwestdeutsche Hefte*, Heft 1/2 (1947), S. 32.
4 Jacobsen: *Spiegelbild einer Verschwörung*, Bericht vom 16.10.1944, S. 453 ff.
5 Zitiert nach Johannes Tuchel: »Vor dem ›Volksgerichtshof‹. Schauprozesse vor laufender Kamera«, in: Gerhard Paul (Hrsg.): *Das Jahrhundert der Bilder 1900–1945*, Göttingen 2009, S. 648 ff.
6 Walter Wagner: »Der Volksgerichtshof im nationalsozialistischen Staat«, in: Quellen und Darstellungen zur Zeitgeschichte, Band 16/III *Die Deutsche Justiz und der Nationalsozialismus*, Band. 3, Stuttgart 1974, S. 676.
7 Ebenda, S. 681.
8 Jacobsen: *Spiegelbild einer Verschwörung*, S. 275 ff.
9 Hinweise über Aussagen in den Verhören finden sich an etlichen Stellen bei Jacobsen, *Spiegelbild einer Verschwörung*.
10 Ebenda, S. 169.
11 Ebenda, S. 136.
12 Ebenda, S. 521.
13 Ebenda, S. 135.
14 Ebenda, S. 92.
15 Ebenda, S. 418.
16 Abschrift des Urteils des Volksgerichtshofs vom 30. August 1944, Archiv Haus der Geschichte Baden-Württemberg, Stuttgart.

17 Abschrift der Geheimen Reichssache, Pg. Dr. Friedrich, z. Zt. Dienststelle Berlin, an Herrn Reichsleiter Bormann, Führerhauptquartier, Institut für Zeitgeschichte, 277/52.
18 Ebenda.
19 Zitiert nach Annedore Leber (Hrsg.): *Das Gewissen entscheidet,* Frankfurt a. M. 1959, S. 258.
20 Abschrift des Urteils des Volksgerichtshofs.
21 Ebenda.
22 Ebenda.
23 Jacobsen: *Spiegelbild einer Verschwörung,* S. 523.

14 Abkehr von der Diktatur

1 Adolf Hitler: *Mein Kampf.* 504.–508. Auflage. München 1940, S. 104.
2 Nicolai Hammersen, *Politisches Denken im deutschen Widerstand, Ein Beitrag zur Wirkungsgeschichte neokonservativer Ideologien 1914–1944,* Berlin 1993, S. 167.
3 Detlef Lehnert: »Die unterschätzte Republik. Ein fragwürdiger Negativkonsens über das Scheitern von ›Weimar‹ in zeitgenössischer Sicht der politischen Gegner des Nationalsozialismus«, in: Peter Steinbach, Johannes Tuchel (Hrsg.): *Widerstand gegen den Nationalsozialismus,* Bonn 1994, S. 86.
4 Zitiert nach: https://www.gdw-berlin.de/de/vertiefung/themen/10-ziele-des-umsturzversuches.
5 Hofacker: *Außenpolitische Betrachtungen.*
6 Klemens von Klemperer, *Die verlassenen Verschwörer.* Der deutsche Widerstand auf der Suche nach Verbündeten, Berlin 1994, S. 320.
7 Brief an Eberhard von Hofacker vom 09. 09. 1926, HdGBW DLG 1196/042/04/041.
8 Undatierter Brief an Prof. Koesler in Paris, 1928, HdGBW DLG 1196/105/12.
9 Cäsar von Hofacker: *Die Arbeitslosigkeit. Ihre Ursachen und ihre Bekämpfung,* Heidelberg 1931, S. 3.
10 Brief an Herbert von Samson-Himmelstjerna vom 01. 09. 1930, HdGBW DLG 1196/005/13.
11 Ebenda.
12 Brief an Albertine von Hofacker vom 20. 09. 1930, HdGBW DLG 1196/016/11.
13 Hofacker, Stahlhelmrede 1932, HdGBW DLG 1196/005/16.
14 Hofacker, Stahlhelmrede 1933, HdGBW DLG 1196/005/17.
15 Undatierter Brief an Albertine von Hofacker vom Sommer 1933, HdGBW DLG 1196/16/23.

16 Brief an Albertine von Hofacker vom 24.06.1933, HdGBW DLG/1196/016/21.
17 Hofacker, Stahlhelmrede 1933, HdGBW DLG 1196/005/17.
18 Brief an Albertine von Hofacker vom 10.03.1931, HdGBW DLG 1196/016/18/03.
19 Brieffragment vom 19.04.1935, HdGBW DLG 1196/005/20. Hofacker erstellte Abschriften von ihm wichtigen Briefpassagen. Der Name des Adressaten fehlt hier.
20 Ebenda.
21 Ebenda.

15 Rückkehr zum Glauben

1 Brief an Albertine von Hofacker vom 02.09.1933, HdGBW DLG 1196/016/28.
2 Brief an Albertine von Hofacker vom 06.09.1914, HdGBW DLG 1196/050/03.
3 Brief an Albertine von Hofacker vom 30.12.1915, HdGBW DLG 1196/052/15/28.
4 Brief an Albertine von Hofacker vom 23.12.1915, HdGBW DLG 1196/052/15/19.
5 Brief an Albertine von Hofacker vom 30.12.1915, HdGBW DLG 1196/052/15/28.
6 Brief an Albertine von Hofacker vom 10.07.1917, HdGBW DLG 1196/047/13/04.
7 Brief an die Eltern vom 24./25.12.1923, zitiert bei Gerhard Ringshausen: *Widerstand und christlicher Glaube angesichts des Nationalsozialismus,* Berlin 2007, S. 407.
8 Brief an Albertine von Hofacker vom 02.09.1933, HdGBW DLG 1196/016/28.
9 Brief an Cäsar von Hofacker vom 29.04.1944, Privatbesitz.
10 Brief an Anna-Luise von Hofacker vom 08.05.1943, Privatbesitz.
11 Brief an Cäsar von Hofacker vom 13.05.1943, Privatbesitz.
12 Brief an Anna-Luise von Hofacker vom 26.04.1943, Privatbesitz.
13 Ebenda.
14 Brief an Albertine von Hofacker vom 25.01.1916, HdGBW DLG 1196/053/02/19.
15 Bargatzky: *Hotel Majestic,* S. 152.
16 Rudolf Damrath, Passionsandacht vom 18.04.1944, Archiv der Amerikanischen Kathedrale in Paris.
17 Brief an Lotte von Hofacker vom 30.05.1943, HdGBW DLG 1196/009/20.

18 Rede zur Taufe von Fritz-Dietlof (jr.) von der Schulenburg vom 16.07.1938, HdGBW DLG 1196/177.
19 Brief an Anna-Luise von Hofacker vom 22.11.1943, Privatbesitz.
20 Brief an Albertine von Hofacker vom 24./25.12.1923.
21 Brief an Albertine von Hofacker vom 04.02.1916, HdGBW DLG 1196/053/02/34.
22 Brief zur Konfirmation an Eberhard und Anna-Luise von Hofacker vom 02.04.1944, Privatbesitz.
23 Ebenda.
24 Ebenda.
25 Ein Bote aus den Vereinigten Stahlwerken durfte ihm zunächst Lebensmittel und Wäsche bringen, aber keine Bibel.
26 Hans Speidel: *Aus unserer Zeit. Erinnerungen,* Berlin 1982, S. 216.
27 Fabian von Schlabrendorff: *Offiziere gegen Hitler,* Frankfurt a. M. 1965, S. 162, nach einem Erlebnisbericht von 1946.

16 Gefangener der SS und Hinrichtung

1 Das Zitat wie auch die diesem Kapitel zugrunde liegenden Informationen sind der Sonderausstellung »Ein Polizeigewahrsam der besonderen Art«, Das Hausgefängnis der Geheimen Staatspolizei Berlin 1933–1945, Gedenkstätte Topographie des Terrors, 2023, entnommen.
2 Brief von Heinz Koeppel an Alfred von Hofacker vom 21. Juni 2010, Privatbesitz.
3 Schlabrendorff: *Offiziere gegen Hitler,* S. 161.
4 Aussage von Josef Boslack gegenüber Lotte von Hofacker.
5 Speidel: *Aus unserer Zeit,* S. 216.
6 Zitiert nach Maurice Philip Remy: *Mythos Rommel,* Berlin 2004, S. 302.
7 Ebenda, S. 277.
8 Aufzeichnungen des SS-Obersturmbannführers Dr. Georg Kießel, S. 31.
9 Brief von Josef Boslack an Lotte von Hofacker, 19.02.1946, Privatbesitz.
10 Ebenda.
11 Speidel: *Aus unserer Zeit,* S. 192.
12 Zitiert nach Eric Metaxas: *Bonhoeffer. Pastor, Agent, Märtyrer und Prophet,* Stuttgart 2011, S. 622.
13 Brief von Pfarrer Peter Buchholz an Lotte von Hofacker vom 03.06.1946, HdGBW DLG 1196/01/05.
14 Brief an Lotte von Hofacker, Ende Februar 1945, HdGBW DLG 1196/115.
15 Anna-Luise von Hofacker: Gedicht nach Vaters Todesurteil, Privatbesitz.

17 Sippenhaft und Nachkriegswehen

1 Anna-Luise von Hofacker: *Hafttagebuch,* Mai 1945, Privatbesitz.
2 Gerd R. Ueberschär: *Für ein anderes Deutschland. Der deutsche Widerstand gegen den NS-Staat 1933–1945,* Frankfurt a. M., 2006, S. 219.
3 Zitiert nach Hett, Tuchel: *Die Reaktion des NS-Staates auf den Umsturzversuch vom 20. Juli 1944,* in: Peter Steinbach/Johannes Tuchel: Widerstand gegen den Nationalsozialismus, Bonn 1994, S. 384.
4 Filminterview, Archiv Gedenkstätte Deutscher Widerstand, Berlin.
5 Anna-Luise von Hofacker: Hafttagebuch.
6 Brief an Lotte von Hofacker vom 10. 01. 1945, HdGBW 1196/011/40.
7 Hans-Günter Richardi: SS-Geiseln in der Alpenfestung, Bozen 2005.
8 Anna-Luise von Rosen: *Sippenhaft 1944/45. Zum Andenken an die Eltern,* Manuskript aus den 70er-Jahren, Privatbesitz.
9 Hans-Günter Richardi: *SS-Geiseln in der Alpenfestung.* S. 228.
10 Brief an Hete Pahl vom 26. 11. 1945, HdGBW DLG 1196/202.
11 Bayrisches Hauptstaatsarchiv München, LEA 17086.
12 Brief an Lotte von Hofacker vom 10. 08. 1945, Thyssenkrupp Corporate Archives Duisburg, VSt 3784.

18 Dornen oder Lorbeeren?

1 Zitiert bei Norbert Frei: »Erinnerungskampf. Zur Legitimationsproblematik des 20. Juli 1944 im Nachkriegsdeutschland«, in: Christian Jansen et al. (Hrsg.): *Von der Aufgabe der Freiheit: Politische Verantwortung und bürgerliche Gesellschaft im 19. und 20. Jahrhundert,* Berlin 1995, S. 496.
2 Brief an Paul Berrang vom 21. 10. 1945, Thyssenkrupp Corporate Archives Duisburg, VSt 3784.
3 Brief an Hete Pahl vom 26. 11. 1945, HdGBW DLG 1196/202.

Register

Das Schtetl Föhrenwald – das Paradies, die Hölle

Coveränderungen vorbehalten

Alois Berger

Föhrenwald, das vergessene Schtetl

Ein verdrängtes Kapitel deutsch-jüdischer Nachkriegsgeschichte

Piper, 240 Seiten
ISBN 978-3-492-07106-2

Von 1945 bis 1957 lebten im bayerischen Wolfratshausen im Ortsteil Föhrenwald zeitweise mehr als 5000 Juden – mit Synagogen, einer jiddischen Zeitung und einer jüdischen Polizei. 1957 wurde Föhrenwald aufgelöst, die Bewohner auf deutsche Großstädte verteilt. Föhrenwald wurde aus dem Gedächtnis gelöscht. Der Autor ist dort aufgewachsen, er hat das Schweigen erlebt. Er verwebt die Spurensuche in seiner Heimat mit den Geschichten der Überlebenden, die aus dem Land der Täter nicht wegkonnten.

Leseproben, E-Books und mehr unter www.piper.de

Vom Dilemma, ein Fan zu sein

Coveränderungen vorbehalten

Claire Dederer

Genie oder Monster

Von der Schwierigkeit, Künstler und Werk zu trennen

Aus dem amerikanischen Englisch von Violeta Topalova

Piper, 320 Seiten

ISBN 978-3-492-07227-4

Woody Allen, Pablo Picasso, Michael Jackson – sie alle haben Großartiges geschaffen, und ihnen allen wurde vorgeworfen, etwas Schreckliches getan oder gesagt zu haben. Können und dürfen wir mit diesem Wissen dennoch ihre Werke lieben? Und lassen sich unser Sinn für Moral und unsere Liebe zur Kunst überhaupt ins Gleichgewicht bringen? Klug, tiefgründig und scharfsinnig setzt sich Claire Dederer in diesem Buch mit der Frage auseinander, ob und wie wir Künstler*innen von ihrer Kunst trennen können.

Leseproben, E-Books und mehr unter www.piper.de